JN101142

イギリスにおける銀行業と自己資本の展開

自己資本比率規制に対する歴史的検証

北野友士［著］

文眞堂

まえがき

銀行業に対する国際的な自己資本比率規制の枠組みであるバーゼルⅠ（以前はBIS規制を呼ばれていたもの）が1988年7月に成立してから，今年（2022年）で34年が経過した。何をもって「銀行」と呼ぶかについてはさまざまな意見があると思うが，預金，貸出，為替という3つの業務を行う銀行業の起源の1つを17世紀イギリスのゴールドスミスに見出すとすれば，銀行業の歴史は400年弱になる。銀行業の歴史全体からみれば，バーゼル合意は10分の1にも満たない歴史しか持たない。言い換えれば，残り10分の9以上の期間のほとんどは銀行の自己資本は極めて存在感が薄かった。本書の大きな特徴は，ひねくれものの筆者が銀行の自己資本の薄かった期間から掘り起こして，現在の自己資本比率規制をとらえようとしている点にある。

自己資本比率規制に関する研究と筆者との出会いは紆余曲折を経ている。筆者はもともと金融に全く興味がなく，大学時代も管理会計のゼミを選んでおり，大学卒業後も金融とは全く関係のない民間企業で働いていた。働きながら勉強不足を痛感して，学生時代にもっと勉強しておけばよかったと後悔する典型的なサラリーマンであった。しかしながら，多重債務者の増加が社会問題化した際に，金融，とくにFP（ファイナンシャル・プランナー）に興味を持った。そして，会社を辞めてAFPを取得したが（当時はまだ国家資格であるFP技能士もなかった），金融機関での実務経験もない筆者が独立系のFPとして生計を立てられるわけもなかった。他方でFPのような知識を普及させる必要性を強く感じ，筆者自身がそうした普及活動に貢献できる立場になりたいと考え，2003年4月に大阪市立大学大学院経営学研究科に入学し，研究職を志した。当初は何らかの形でFP関連の研究を念頭に置いていたが，学術的な研究テーマとして設定する難しさを感じた。そこに，入学早々の2003年5月17日にりそな銀行が実質国有化されたニュースをきっかけとして自己資本比率規制に興味を持った。もともと持っていた会計の知識を活かせるのではないかという直感が働いたのと，FPや現在で言う金融リテラシーの普及にしか関心がなかった筆者にとって，りそな銀行の国有化は金融システム自体の効率性や安全性，健全性も同様もしくはそれ以上に重要であることを強く意識するきっかけともなった。筆者自身は，現在も自己資本比率規制を軸としたコアな金融システムの健全性の維持と，金融サービスの需要者側の金融リテラシーの向上に向けた取り組みという２つを研究活動の両輪としている。

筆者が前期博士課程に在学していた2003～2005年は，バーゼルＩからバーゼルⅡへの改訂時期にあたり，バーゼルⅡの全体像が固まったころは修士論文の追い込み時期であった。当時，銀行の自己資本比率規制の研究は非常にニッチな研究分野だった。規制当局やエコノミストは比較的高い関心を持っていたものの，学会では経済学的な観点からバブル崩壊後の不良債権問題に苦しむ邦銀を縛る規制，あるいは景気変動を増幅させるプロシクリカリティーの問題を持つ不要もしくは有害な規制，という扱いが主流であったと思われる。筆者自身は金融機関論研究として金融システムの健全性に資するかどうかという問題意識は持ちつつ，経営学部会計学科出身ということもあって，自己資本比率をどのように算出し，その数値から銀行自身や我々預金者が何をどう判断すべきか，という会計的な考え方を意識しながら自己資本比率規制を理解しようとしていたように思う。

後期博士課程に進学してからも会計的な考え方を意識しながら金融機関論としての自己資本比率規制の研究を進めていた。バーゼルＩ成立の歴史的な経緯を調べるうちに，イギリスが与えた影響に興味を持ち，イギリスの銀行業と自己資本比率との関係が筆者の研究の軸となっていった。そしてさまざまな文献から昔の銀行は必ずしも自己資本比率が低いわけではないという事実を知った。そして，銀行業と自己資本との関係について調査していくうちに，故木村和三郎先生の『銀行簿記論』に行き着いた。『銀行簿記論』は単なる銀行取引の仕訳をまとめた書物ではもちろんなく，経済発展と銀行業の歴史的な発展のなかで銀行の諸勘定がどのように展開してきたかを考察している。『銀行簿記論』に出会うことで，もともと低かったわけではなかった銀行業の自己資本比率が低下し，自己資本比率規制という形で銀行の自己資本充実が求められるようになった歴史が一本の線でつながった。この線がつながることで，ゴールドスミスの時代からバーゼルⅡへと至る博士学位論文の構成が一気に開けたときの感覚は，筆者の研究者人生で最も忘れられない瞬間である。2008年3月には博士学位論文『銀行の自己資本と自己資本比率規制の展開―イギリス銀行業の発展との関連で―』で博士（商学）を取得することができた。

しかしながら，2008年9月15日にリーマン・ショックが起きると，自己資本比率規制はニッチな研究分野から，瞬く間に学会にとって重要な研究テーマへと変貌した。筆者自身，博士学位論文で財務会計的な視点から銀行自身のリスク計測に依拠する内部格付手法の問題点を指摘していたが，内部格付手法の問題は誰もが知る内容となった。規制当局者でも実務家でもない筆者がやっとの思いで理解したバーゼルⅡは，あっという間にバーゼルⅢにとってかわられた。このときの挫折感も筆者の研究者人生で忘れられない瞬間である。そこから14年の時間を要したが，本書は博士学位論文を発展させてバーゼルⅢへと至った銀行業と自己資本との歴史的な展開を追加的に検証したものである。

本書の執筆にあたっては，まず縁もゆかりもない筆者を大学院生として受け入れてくれた大阪市立大学（現大阪公立大学）大学院経営学研究科に感謝したい。そもそも大阪市立大学大学院に入学していなければ故木村和三郎先生の著書に行き着くこともなかったであろう。通常，大学院の受験生は事前に希望する指導教官を訪問して相談しておくものであるが，筆者はそうした作法を知らず，入学して最初の演習で初めて研究室を訪れてしまった。しかしながら，青山和司先生は驚きながらも温かく迎え入れてくれた。青山先生は「院生が自分の知らないことを研究してくれれば自分自身の勉強になる」とおっしゃってくれて，基本的に我々院生自身の発想を大事にしてくださった。そのような青山先生のご指導の下でなければ，会計的なとらえ方と金融機関論との融合を目指す本書のような研究は進められなかっただろう。『銀行簿記論』を参考にして，筆者なりにイギリス銀行業と自己資本との関係を歴史的にとらえた論文の構想を報告した際に，青山先生からいただいた「学問の香りがした」というお言葉は筆者の一生の宝物である。残念ながら青山先生は2019年1月に他界され，本書を生前にお届けできなかったことは筆者にとって痛恨の極みである。

片岡尹先生には修士論文だけでなく，博士学位論文でもいろいろとご指導いただいた。修士論文のテーマを自己資本比率規制に決めたものの，当初は筆者自身も表面的な議論にしっくりこず，片岡先生に相談した際，「やっと気づいてくれたか。あんなものが何で必要かを考えて欲しかったんだ」という言葉をいただいた。銀行の自己資本の本質をとらえる必要があると思えるようになったのは，片岡先生のおかげである。

清田匡先生にも修士論文や博士学位論文の審査を通じていろいろご指導いただいた。金融機関論と会計的な議論を用いて自己資本比率規制を理解しようとする学際的なアプローチについては，正直なところ筆者自身もどっちつかずの議論なのではないかと迷う部分が現在でもある。清田先生から，簿記や会計を理解できていることが筆者の強みである旨を折に触れて聞くことができたことは，筆者にとって大きな心の支えである。

本書がこうして研究成果として出版できることは，母校であり，現在の勤務先でもある大阪公立大学大学院経営学研究科・商学部における同僚の先生方からの刺激，商学部支援室をはじめとした事務局の理解と協力，優秀な大学院生や学生への指導を通じた議論の整理など職場環境のおかげである。また筆者を初めて教育研究職として採用していただいたノースアジア大学，イングランド銀行への出張など本書のベースとなる研究期間となった金沢星稜大学，現在の職場に勝るとも劣らない研究環境を提供してくれた桃山学院大学，というこれまでの職場での環境や経験がなければ，研究成果が本書のような形で結実することはなかっただろう。

また筆者にとっては関西EU研究会での定期的な報告機会をいただいていなければ，イギリスの自己資本比率規制の研究が継続できていたかどうかも怪しいというのが正直なところである。研究会に誘っていただいた本田雅子先生をはじめ，筆者のまとまりに欠ける報告に対して，いつも的確なコメントをくださる棚池康信先生，高屋定義先生，星野郁先生，岩見昭三先生，豊嘉哲先生，貴志幸之佑先生，山本いづみ先生，など関西EU研究会に参加しておられる先生方には心より感謝したい。イギリスはEUから離脱してしまったが，筆者は関西EU研究会に残留して，今後も先生方からいろいろと学ばせていただきたい。

さらに本書の最終的な執筆にあたっては，佐藤隆広先生が主催されている国際金融・開発経済研究会において，本書の原案にあたる報告の機会をいただいたことが大きかった。研究会に参加された神野光指郎先生，由里宗之先生，掛下達郎先生，簗田優先生，西尾圭一郎先生，髙山浩二先生からは，厳しくも的確で有益な助言をいただいた。筆者がばらばらに書いてきた論文を，曲がりなりにも一冊の本としてまとまめることができたのは国際金融・開発経済研究会の先生方のおかげである。

出版にあたっては，文眞堂出版の前野弘太様に大変お世話になった。単著を出版した経験もないくせに，出版助成さえ受けられればなんとかなるのだろうという勝手な思い込みで，出版の話をお願いした無知な筆者に対して，懇切丁寧に説明しながら出版まで導いてくださった。また2022年8月で脱稿する約束でお引き受けいただいたにもかかわらず，校正の段階で2022年10月27日にBISが公表するTriennnial Central Bank Surveyの統計数値を反映したい，という筆者のわがままを聞いていただいたことも付け加えておきたい。

最後に筆者はワークライフバランスを心がけているつもりであるが，本書の執筆期間中は妻の理解と協力がなければ本書の完成はなかったであろう。妻自身もさまざまな仕事を抱えていながら，本書の執筆を支え，励ましてくれたことに深く感謝したい。幼いながらもなんとなく邪魔をしてはいけない雰囲気を感じて，作業部屋におやつを差し入れしてくれた息子にも感謝したい。

なお本書の出版にあたっては，大阪公立大学経営学研究科の「『特色のある研究』に対する研究助成」を受けている。また本書の内容に何か誤りがあればすべて筆者個人の責任である。

2022年8月　研究室にて

北野友士

目　次

序　章

本書の分析視角と問題意識

1. 本書の分析視角

銀行業に対する国際的な自己資本比率規制の枠組みであるバーゼル合意は，1988年に初めてバーゼルⅠが成立し，1996年には市場リスク規制が追加され，2006年にはバーゼルⅡが適用され始め，金融危機を経て現在はバーゼルⅢが適用されている[1]。バーゼルⅢは2010年に合意されたが，その後の細かな取り決めを経て最終合意が2017年とされているため，バーゼル合意はおよそ10年に1回程度の改訂を行っていることになる。金融リテラシー教育の研究にも関心のある筆者にとっては，ちょうど学習指導要領の改訂時期と似ていて，大きな枠組みというのは，およそ10年程度で大きな改訂をする必要があるのかと考えさせられる。バーゼル合意が銀行業界の学習指導要領だとすると，それまでは国によってバラツキのあった銀行の規制監督の手法について，国際的に統一されたカリキュラムにしたがって行うことになったといえるだろうか。

なお学習指導要領は，全国のどの地域で教育を受けても，一定の水準の教育を受けられるようにするために，学校教育法等にもとづき，各学校で教育課程を編成する際の基準であり，例えば各教科での年間の標準授業時数等が定められている[2]。ただし，学習指導要領によって各都道府県で一定水準の以上の授業が行われているものの，実際には全国学力調査において，さまざまな要因があるとはいえ，都道府県ごとの学力差が報じられたりしている。バーゼル合意においても統一的な自己資本比率規制が課されているが，銀行業の健全性等の水準には各国間で差が生じている状態であろうか。

例え話が長くなってしまったが，さてそれでは自己資本比率規制とは何であろうか。アーマー他（2020）は銀行の取付けに対する脆弱性と，システミック・リスクの存在を前提に，銀行の資産に係る損失がまず株主に帰属するため，自己資本の水準が高いほど破綻のリスクは小さくなることを説明している（p.425）。そのうえで，アーマー他（2020）は銀行業が短期で流動性が高く無リスクの預金を，長期で流動性が低くリスクのある貸出への変換を行っており，仮に全額を株式によって資金調達する銀行があったとすれば，何の変換機能も果たさないことを指摘している。つまり，資金余剰主体である預金者から預金を受け入れて，資金不足主体である企業等に貸出を行う，という金融仲介機能を果たしている銀行業は，本質的に脆弱であるため，自己資本の充実を図る必要があるということである。

アーマー他（2020）による説明は端的ながら自己資本比率規制が銀行に課される論拠としては過不足のないものとなっており，本書としてもとくに付け加えることはない。本書の分析視角として強調しておきたいのは，脆弱性という銀行業の本質と銀行の自己資本が結びついているという点である。銀行がいつから資金仲介機能を果たしてきたといえるかはさまざまな意見があるだろうが，後述するようにイギリスでゴールドスミスが銀行の役割を果たすようになったことが確認できるのが17世紀ごろ，有限責任制の株式会社銀行の登場が19世紀である。長くみて400年ほど，短くみても200年ほどの銀行業の歴史のなかで，バーゼル合意が課されるようになったのはたかだか直近30年ほどである。つまり，直近30年ほどの時代を迎えるにあたって，銀行業の本質が大きく変化し，自己資本比率規制が必要になったと考えられる。別の言い方をすれば，自己資本比率規制が課される前は，少なくとも自己資本比率規制が求められるような脆弱性は存在しなかったともいえる。こうした銀行業の本質と結びついた脆弱性の変化と，自己資本比率規制との関係を検証したいというのが，本書の分析視角の1つである。ただし，世界各国の銀行のさまざまな発展段階を網羅しながら，銀行業の本質の変化と自己資本比率規制の導入および展開を考察するのは，筆者の能力を大幅に超える作業である。

自己資本比率規制に関する研究はさまざまな形で行われている。経済学的な分析において自己資本比率規制を組み込んだ代表的なものとして池尾（1990）がある。またバーゼルⅠという国際的な自己資本比率規制が合意された背景について検証したものとして，Kapstein（1991）はこの分野の研究において外すことのできない古典といえるだろう。近年ではバーゼル合意の形成過程において，規制当局者として携わった著者による貴重な研究成果が出されるようになった。バーゼルⅠの成立過程については渡部(2012)が非常に詳しい。バーゼルⅠの成立からバーゼルⅡの合意へと至る過程については，氷見野(2005)が必読書といってもよい。そしてバーゼルⅢへと至る過程については，秀島(2021)が当事者にしか知りえない情報や経験，背景を述べている。一方で，宮内(2015)はバーゼルⅢやマクロプルーデンス政策について批判的に検証している。

筆者自身，自己資本比率規制，とりわけバーゼル合意の研究を始めるにあたって，Kapstein (1991) と氷見野 (2005) は非常に参考になった。ところで，Kapstein (1991) も渡部 (2012) もバーゼルⅠの成立については，アメリカだけでなく，イギリスの影響が大きかったことに触れている。秀島 (2021) ではバーゼルⅢにおいてもイギリスの影響が強かった旨の記述がある。しかしながら，わが国ではイギリスにおける自己資本比率規制がどのような内容であるかについて，詳しく論じた先行研究は皆無である。バーゼル合意の成立に携わった当事者からイギリスの影響の大きさが語られている割に，イギリスの自己資本比率規制がどのようにして導入されて，バーゼル合意にどのように影響を与えたかについてはほとんど論じられてこなかったのである。

もちろんわが国の立場からみれば，バーゼル合意の成立にイギリスがどのような影響を与えたかよりも，実際に成立したバーゼル合意がどのようにわが国の銀行業ひいては金融システムに影響を与えるかの方が重要であるのは間違いない。太田 (2011) もバーゼルⅠや，バーゼルⅡ，バーゼルⅢに至るまでの経緯について，ジャーナリストの立場から詳細に論じており，イギリスが果たした役割についても触れているが，基本的には日本側がどこで対応を間違えたかという点を検証している。イギリスがバーゼル合意に与えた影響について論じた研究においても，例えば鹿児島 (2000) のようにイギリスが永久劣後債をバーゼルⅠの導入時に自己資本としたことなど，イギリスの国益という観点から論じられている。しかしながら，なぜイギリスが永久劣後債を自己資本にしていたのか，あるいはそもそもイギリスがなぜ自己資本比率規制を導入済みだったのか，といった点は詳しく論じられていない。既述の分析視角になぞらえると，イギリスにおける銀行業の本質の変化は，どのような自己資本比率規制を必要とし，その結果，バーゼル合意に与えた影響を明らかにしたいということが本書の分析視角となる。

2.　本書の問題意識と構成

本書はイギリスにおける銀行業の発展と，自己資本比率規制の導入および展開について考察し，自己資本比率規制の現代的な意義を明らかにすることである。本書の構成は以下のとおりである。なお，以下で各章に対応する既発表論文について触れているが，ほとんどの章が書き下ろしに近いといえるほど原型をとどめていない。

第1章では，自己資本比率規制以前のイギリスの銀行業と，自己資本との関係について，個人銀行（ゴールドスミス）の時代から，無限責任制の株式会社銀行，有限責任制の株式会社銀行，中央銀行制度の確立を経て，1970年前後の金融自由化までの期間を分析する。結論の一部を示しておくと，この期間のほとんどは基本的に銀行の自己資本があまり重視されていなかったのであるが，そこから自己資本充実が求められるようになった変化について考察する。第1章の内容は，北野（2007b）「銀行業の銀行業の発展と銀行自己資本の意義―イギリスを事例として―」（『経営研究』第58巻第3号所収）を加筆修正したものである。

第2章では，イギリスにおいて自己資本比率規制を導入した際の議論と，実際に導入された内容について検証する。イギリスにおける自己資本比率規制の導入に至る直接のきっかけは，第二銀行危機という不動産バブルの問題があったが，それにとどまらない金融構造の変化への対応という側面があったことを考察する。第2章の内容は，北野（2007a）「銀行規制における自己資本比率規制の位置付け―イギリスを事例として―」（『経営研究』第58巻第2号所収），および北野（2017）「イギリスにおける金融構造の変化と自己資本比率規制の導入過程の検証 ― イングランド銀行アーカイブ資料に基づいて」（『経営研究』第67巻第4号所収）を再構成して加筆修正したものである。

第3章は，1980年に導入された自己資本比率規制の改訂の動きと，銀行業の変化，およびバーゼルⅠなど国際合意への動きを考察する。イギリスにおける自己資本比率規制は，当初からの課題に対する改訂と，自己資本比率規制の導入を受けた銀行業の変化に対応した改訂によって，断続的に変化しながら，アメリカとの米英合意を経て，バーゼルⅠの導入に至った。その過程を考察しながら，銀行業の変化を各種の指標で検証する。第3章の内容は，北野友士(2010)「イギリスにおける自己資本比率規制の展開―80年基準からバーゼル合意の適用まで―」(『証券経済学会年報』第45号所収）を大幅に加筆修正したものである。

第4章は，バーゼルⅠ導入後のバーゼル合意における改訂の動きと，イギリスの銀行における対応，それらの帰結としての金融危機への動きを考察する。バーゼルⅠからの改訂の動きについてはイギリスが大きな役割を果たしたと言えないが，積極的に導入・適用しており，金融危機との関係を検証する。第4章の内容は，北野（2012)「バーゼル合意導入後のイギリスにおける銀行行動」(『証券経済学会年報』第47号所収）を大幅に加筆修正したものである。

第5章は，金融危機後に導入されたバーゼルⅢの概要と，イギリスの大手銀行による対応状況を検証する。金融危機を防げなかった反省から，イギリスでは抜本的な金融制度改革を行いながら，バーゼルⅢも導入しており，その結果について現時点でのデータから分析を試みる。第5章の内容は，北野（2021)「バーゼルⅢおよびリングフェンス構造の導入がイギリス金融業に与えた影響の検証」(『経営研究』第72巻第2号所収）を再構成して加筆修正したものである。

続いて第6章から第8章はイギリスにおける自己資本比率規制の歴史的な展開を考察してきた筆者の視点で，重要と考えられる個別論点について検証していく。

第6章では，イギリスにおいて自己資本比率規制が導入されて以降の銀行規制監督体制の変化について考察し，現時点での金融規制監督体制の到達点について検証する。イギリスの金融業においては伝統的に自主規制による分業体制がとられていたが，イングランド銀行による銀行監督が法制化される際に自己資本比率規制が導入されており，その後も自己資本比率規制の改訂と金融規制監督の変化は密接な関係を持っている。第6章の内容は，北野（2015)「イギリスにおける金融規制監督アプローチの変化と課題」(『金沢星稜大学論集』第48巻第2号所収）を大幅に加筆修正したものである。

第7章では，自己資本比率規制において銀行が保有する国債に対してリスク・ウェイトを課すべきかどうかの問題を検証するため，自己資本比率規制の導入時から国債等に対して0%ではないリスク・ウェイトを課していたイギリスの対応を検証する。EUの債務危機等の経験から銀行が保有する国債についても金利リスクを把握して，自己資本賦課をすべきという議論がバーゼル銀行監督委員会でも巻き起こった。結局，銀行の保有する国債の金利リスクに対する直接的な自己資本賦課こそ回避されたものの，監督対象となるなど国債の金利リスクの問題が解消したわけではない。そのためイギリスでの経験を考察しておきたい。第7章の内容は，北野（2009）「イギリスの自己資本比率基準と国債のリスク・ウェイト」（『経済論集』第6号所収），および北野（2016）「ソブリンリスクに対する自己資本比率規制の対応と影響」（『証券経済学会年報』第51号所収）を再構成して加筆修正したものである。

第8章では，イギリスにおける自己資本比率規制と国際銀行業務との関係について検証する。イギリスは世界有数の国際金融センターであるが，相対的には厳しい自己資本比率規制を課してきた。その背景には，イギリスにおける自己資本比率規制と国際銀行業務が相互に影響しあって発展してきたといえるため，その関係に対する歴史的な考察を試みる。また今後のイギリスにおける国際銀行業務を考えるうえで，LIBORの公表停止およびEUからの離脱の影響についても現状のデータから分析してみる。第8章の内容は，北野（2022）「イギリスにおける国際銀行業務と自己資本比率規制―LIBOR公表停止への示唆―」（*OCU-GSB Working Paper*　No.202201）の内容を加筆修正したものである。

終章は，本書の内容をまとめながら，イギリスにおける銀行業の発展と自己資本の意義，および自己資本比率規制の役割の関係について検証しつつ，本書で十分に触れられなかった論点などについても述べたい。

注

1　本書では，国際決済銀行（BIS）内にあるバーゼル銀行監督委員会による国際的な自己資本比率規制の枠組みについて，時代を問わずに議論する際には「バーゼル合意」，1988年に成立した合意を「バーゼルⅠ」，1996年に追加されたものを「市場リスク規制」，2005年に最終合意して2006年から適用が開始したものを「バーゼルⅡ」，2010年に合意されて現在適用されているものを「バーゼルⅢ」と，それぞれ表記する。サブプライムローン問題に端を発する金融危機後に証券化商品等の保有を制限する合意として，いわゆる「バーゼル2.5」も存在するが，本書ではあまり立ち入らない。

2　文部科学省HP内「学習指導要領と何か？」（https://www.mext.go.jp/a_menu/shotou/new-cs/idea/1304372.htm）より引用。

第1章

イギリスにおける銀行の発展と自己資本

1. はじめに

現代の銀行を中心とした金融機関における自己資本比率の低さは，なかば常識である。自己資本の充実を要求する自己資本比率規制の存在がそのことを物語っている。ところが，OECD（1980）は銀行業における自己資本比率について，19世紀初頭においては40%の自己資本比率はきわめて一般的であったが，歴史を通じて低下してきており，ここ数年を通じてとくに急激であると指摘している（p.115)。つまり，1970年代以降の金融自由化を経て，自己資本比率規制が課されるようになった背景には，銀行の自己資本が銀行業の歴史的な発展を通じて，効率的に活用される（または節約される）方向でほぼ一貫して進み，1970年代ごろに急低下したことがある。さらに付け加えれば，自己資本比率規制の導入は自己資本を効率的に活用しようとしてきた銀行業にとって，大きな歴史的転換であったともいえる。銀行業の歴史的な発展に伴う自己資本比率の低下と，自己資本比率規制の導入に至る歴史の転換点を検証することが本章の目的である。

本章では，イギリスにおける銀行業の発展と銀行の自己資本との関係について歴史的に検証する。第2節では，個人銀行における自己資本の性格と自己資本比率について考察する。第3節では，民間での株式会社銀行の登場と，その後に定着した銀行株主の有限責任制との関係の中で，株式会社銀行の自己資本の性格と自己資本比率がいかに変化したかについて考察する。第4節では，イングランド銀行が中央銀行としての役割を確立する中で，個別銀行レベルでの自己資本の信用の基礎という役割，ひいては銀行ディスクロージャー自体の役割が低下し，それとともに個別銀行の自己資本比率が低下していく過程を考察する。第5節では，中央銀行制度が確立してから長らく安定していた銀行制度において，金融自由化の影響により再び個別銀行レベルで自己資本の役割が重視された過程と，その含意を明らかにする。

2. 個人銀行における自己資本

本節では，初期の銀行業の形態である個人銀行[1]におけるビジネスモデルと自己資本について確認したうえで，イギリスにおいて株式会社銀行が認められる以前の個人銀行レベルでの銀行業の発展と，自己資本の性格，および自己資本比率について考察する。

2.1 個人銀行と自己資本

まずここでは個人銀行と自己資本との関係について木村（1935）に依拠して整理してみたい。木村（1935）によると，初期の銀行は個人銀行である。この段階での銀行は商業に隷属したものであり，銀行の主要な業務は商人間の支払取引を調整することであった。商人は銀行に自己の当座勘定を開いて振替の用に供した。遠隔地間の振替も頻繁に行われたため，銀行家は自己の営業取引関係において決済を引き受けていた（木村，1935，pp.1–2）。したがって，この段階での銀行簿記は，個人銀行家と商人との貸借関係を記録するものであり，銀行家は単に自己の私有する貨幣を商人や製造業者への貸付を行っていた（木村，1935，p.6）。つまり，初期の個人銀行は商人間の決済を引き受けながら，必要に応じて自己が保有する貨幣等を元手に貸付を行うというビジネスモデルである[2]。

以上を踏まえたうえで，個人銀行における自己資本の性質をとらえると，原理的には純粋な貸出の原資といえる。また，初期の個人銀行における簿記は，商人や製造業者に対する貸付に応じて，人名勘定への記入をするだけで充分であった。したがって，損益計算上の手続も極めて簡単で，商人との貸借関係から元本と利息とは明確に区別することができた（木村，1935，p.6）[3]。この段階では経営者であり出資者でもある個人の銀行家以外からの資本の受入れもなく，受託資本に対する説明責任も生じなかった。そのため，初期の個人銀行の段階での自己資本比率は，預かり資産と比較してどれだけ自己資本による貸出が行われたかに依存する。ただし，個人銀行も発展していくと，預金の受入れや銀行券の発券が行われる。一方で，銀行の自己資本が貸出の原資としての性格を有している以上，貸出のほとんどを預金債務に依存する現代的な銀行業と比較して，高い自己資本比率を維持していたと考えられる。OECD（1980）が指摘していた19世紀初頭の40%という自己資本比率も年代的にみて，こうした個人銀行の自己資本比率について指摘したものであろう。

2.2　イギリスのゴールドスミスにおける自己資本

前項での議論を踏まえたうえで，実際のイギリスにおける個人銀行を確認してみよう。銀行に対する法人格の付与の問題については次節で詳しくみるが，1826年銀行共同出資法が制定されるまで，イギリスにおける銀行は個人，ないし6人未満の小規模パートナーシップ形態をとっていた（山浦，1993，p.7）。つまり，イギリスにおける個人銀行とは，6人未満の個人が経営者として無限責任を負って経営を行っている小規模な銀行であった。そしてイギリスにおける初期の個人銀行としてはゴールドスミスが，やはり小額の支払いを行うために貨幣を預かる一方で，自己の保有する貨幣を貸し付けていた[4]。楊枝（1982）によると，1650年代には個人銀行としてのゴールドスミスによる銀行業務が，すでにロンドンの商人たちに受け入れられ，満期為替手形の支払に関連してゴールドスミスの貨幣取扱業務（＝当座勘定業務）も見出すことができるという（p.169）。また，1660年代には，ゴールドスミスの発券業務についても確認でき，さらに1684年の資料では預金証書作成による貸付も確認できるという（p.170）[5]。預託証としてのゴールドスミスのノートは銀行券の起源の1つとされる。そして，銀行券は，銀行によって発行される自己宛て債務証書と定義される（片岡，2002，p.107）。つまり，この時点で他人資本による貸付けも行われている。

ところで個人銀行の段階での銀行経理と銀行券流通の関係について，Holgate

(1948) はつぎのように指摘している。「18世紀には自ら銀行券を発行していたその多くが個人の業者である小さな銀行は，帳簿をつけていたかもしれないし，つけていなかったかもしれない。実際そのような帳簿は公開されなかった。銀行券は，『銀行家』がその地方における仲間内で占められているという信頼の度合いに従って流通していた」(Holgate, 1948, p.11)。つまり，個人銀行の発行する銀行券に対する信頼は，銀行家個人が信頼されているか（あるいは無限責任を負えるか）が問題であった。このことは，信用を得るという意味での自己資本の充実が問題とならなかったということでもある。そのため，個人銀行においても徐々に他人資本による貸付けも行われるようになったとはいえ，銀行の自己資本の性格は依然として貸出の原資であった。また，無限責任を負う経営者は，リスク回避的に責任を負える範囲内で，貸出をなるべく自己資本で行おうとするインセンティブを有していたとも考えられる[6]。したがって，個人銀行の段階での自己資本比率はやはり比較的高かった。Hoare's Bank (1955) によると，個人銀行であった1702年9月21日時点でのバランスシートでRichard Hoare個人に帰属する部分は，約22%である[7]。

なお，イギリスにおける個人銀行は，ロンドンにおける個人銀行と地方における個人銀行とで，その後やや異なる発展をした。その発展の違いに影響を与えたのは，1694年のイングランド銀行の創設とその発展である。イングランド銀行そのものについては4節で論じるが，イングランド銀行の創設とイングランド銀行券の流通が，ロンドンの個人銀行に与えた影響について，三輪 (1965) はつぎのように述べている。「イングランド銀行の銀行券流通の増大によって，ロンドンではゴールドスミス・バンカー＝個人銀行は漸次に発券を停止し，1770年代には唯一の例外を除いて，小切手制度による預金銀行に転化していた。そしてこれら個人銀行は1775年にロンドン手形交換所を設立した。これら手形交換所における残高は，はじめはイングランド銀行券によって，のちにはイングランド銀行あての小切手によって決済された」(三輪，1965，p.33)。つまり，ロンドンの銀行は銀行券の発券業務をやめて預金銀行となり，イングランド銀行に一定の準備金を預けて，ロンドン手形交換所で集中して決済するようになったのである。

これに対し，ロンドン以外の地方の銀行は，イングランド銀行券の流通が増大したのちも，銀行券の発券業務を続けた。それは，イングランド銀行はロンドンの銀行としてとどまり，地方に支店をおかなかったためである（三輪，1965，p.34）。仮にロンドン以外の地方の銀行間で決済を行う場合には，ロンドンの銀行とコルレス関係を結んで，決済するという形をとった。ただ，いずれにしても個人銀行の段階では，自己資本は貸出の原資としての性格を有しており，まだ比較的高い自己資本比率を維持していたと考えられる。

3. 株式会社銀行における自己資本

本節では，個人銀行に代わって株式会社銀行が登場し，株式会社銀行の株主の預金債務に対する責任が無限責任制から有限責任制へと変化し，その過程において銀行自己資本の性格も変化し，自己資本比率が低下した過程を考察する[8]。

3.1　銀行の株式会社化と自己資本

本節でもまずは，木村（1935）に依拠して，株式会社銀行におけるビジネスモデルと自己資本について確認する。時代が進むと個人銀行に代わって株式会社制度をとる銀行が登場する。その契機となったのは，18 世紀後半の産業革命などを経て製造業が大規模化したことである。まず，大規模化した製造業者は株式会社化する。そして，その大規模化した製造業者への資金需要に応えるため，銀行自身も株式会社化する（木村，1935，p.7）[9]。銀行が株式会社化するにいたって，銀行簿記は，⑴勘定の統一原理，⑵総合転記および総合仕訳帳の完成，⑶統制勘定の生成，⑷支店会計（連結会計）の生成発展などの形で発展した[10]。このうち，とくに支店会計（連結会計）については，銀行業の発展と自己資本の性格の変化を考えるうえで重要である。木村（1935）によると，銀行が大規模化した製造業者の資金需要に応えるには自己資本の蓄積だけでは充分ではなくなったため，預金を吸収するようになり，預金獲得競争が支店開設競争をもたらしたという（p.9）[11]。この預金吸収と株式会社化により，「銀行は社会における休息死蔵資本を最低限まで減少せしめ，社会全般の資本の効率を大ならしめる」（木村，1935，p.11）。いわば，黒字主体から余剰資金を受入れ，その受入れた余剰資金を赤字主体への貸付けを行う，という金融仲介機能を果たすビジネスモデルへの発展ととらえられる[12]。

預金を受入れて貸出を行う金融仲介機関への変化の過程で，貸出の原資という銀行の自己資本の役割はほぼ失われていった。木村（1935）はあくまで銀行簿記を考察の対象としているため，銀行会計への発展をあまり明示的に取扱っていない。そのため，ここでは銀行簿記から銀行会計への展開と，自己資本の性質の変化について，簡単に触れておく。銀行が株式会社化すると，経営者でない株主や預金者に対して，利益を分配する必要が生じる。利害関係者間での利益の分配の問題は簿記から会計への発展の契機となる。銀行会計への展開の過程で，自己資本には利害関係者からの銀行に対する信用の基礎という役割が生じることとなる。

3.2　イギリスにおける無限責任制の株式会社形態の銀行の設立と自己資本

イギリスでは，1694年にイングランド銀行が個人株主によって所有される株式会社組織として設立され，その後，イングランドにおいて認可される唯一の株式会社組織の銀行として，法律で保証されていた（山浦，1993，p.7）。しかしながら，イングランド銀行の発券は，地方における貨幣流通量の増大にもとづく貨幣需要をみたしえず，非常に多くの私人，小売商人，卸売商人，富豪がみずから紙幣を発行し，その他の銀行業務を行う必要があった（ヤッフェ，1965，p.44）。この時点では，前節でみたように地方の個人銀行が自ら銀行券を発行し，地方の資金需要に応えていたのである。しかしながら，ヤッフェ（1965）によると，非常に深刻であった1825年の恐慌において，約700の地方の個人銀行は債務を支払えなかったという（p.44）。この恐慌を契機として，地方の発券を資本力のある機関にゆだねる必要があるという世論が形成された（p.44）。そして，1826年銀行共同出資法が成立し，ロンドンの半径65マイル以内に支店を持てないという条件のもとで，銀行券発行の権利を持つ株式会社銀行の設立が認められた（Holgate, 1948, p.12）。

1826年銀行共同出資法が制定された意義について，千葉（1991）はつぎのように述べている。「法人格付与の問題はここにおいて有限責任制の問題と切り離された。…会社発起人達はこの二つの重要な権利につき，当面はこの有限責任制の方法を留保し，とりあえずは自由な会社設立，法人格付与の方にその運動をかたむけることになる。その第一歩は銀行業において踏み出された」（千葉，1991，p.64）。つまり，それまでイングランド銀行以外には認められていなかった株式会社形態の銀行設立が容認された一方で，株式会社銀行の株主は無限責任を負うことになった[13]。ここでの株主の無限責任は，発行した銀行券や預金債務に対する無限責任である。なお，この1826年銀行共同出資法により設立される銀行には，貸借対照表を公表する法的義務はまったくなかった（桑原，1972，p.49）。これは，実質的に出資者であり経営者でもある株主に無限責任があるため，とくに外部へ財政状態の公表が不要だったのだろう。

株式会社銀行に貸借対照表の公表が義務付けられるのは，1844年株式銀行法からである。しかし，桑原（1972）によれば，現実には，この1844年の株式銀行法によって設立された銀行が少なかったので，重要な法律ではなく，株式会社銀行の貸借対照表の公表にとっては，1858年の法律がいちだんと重要なものであったという（p.51）。1858年株式銀行法は，初めて，銀行株主の有限責任制を認め，有限責任の許可を受ける銀行にたいして，年2回資産および負債の状態を公表する義務を課した（Sayers, 1957, p.224. 邦訳，p.296）[14]。なお，1862年会社法が制定された頃から，イギリスの銀行業の実務において，経理公開および監査についての経営的価値が評価されはじめている（桑原，1972，p.51）。

ところで，株主が無限責任を負う株式会社銀行における自己資本の性格はどうだろうか。株式会社銀行が貸借対照表を作成すれば，持分の考え方に従うと，負債の側には債権者持分である預金債務と，株主持分である自己資本とが資産に対する請求権として記載されている。しかしながら，この時点では，基本的に所有と経営の分離が進んでおらず，株主は大抵経営者でもあり，その出資者兼経営者である株主が預金債務に対して無限責任を負っているのである。そのため，預金者は株式会社銀行のバランスシートにおける資本充実等の内容に関心を持つ必要がなかった。したがって，預金債務と出資者数（ひいては出資額）の増加はあっても，実質的な個人銀行との違いはほとんど規模の大きさだけであったと考えられる。つまり，株式会社化したとはいえ，無限責任制の段階における銀行自己資本の性格は，個人銀行における自己資本の性格ときわめて近く，自己資本比率も比較的高かったと考えられる。例えば，無限責任制の株式銀行であるLondon Joint Stock Bankの1837年11月20日時点での総資産に対する自己資本（払込資本および利益の内部留保）の比率は，約29％であった[15]。

3.3　株式会社銀行への有限責任制の導入と自己資本

既述のとおり，1858年株式銀行法によって銀行株主の有限責任制が認められるようになった。しかしながら有限責任制の株式会社銀行の設立は，1858年株式銀行法の段階ではあまり一般化しなかった。Sayers（1957）によると，銀行家たちが有限責任制の導入にともなう貸借対照表の公開や，監査の義務をきらったためである（p.224）。そして，公衆の銀行に対する信用もまた，銀行経営者自体におかれているとまだ信じられていた（Sayers, 1957, p.224. 邦訳，p.296）。そのため，有限責任制の株式会社銀行の設立が一般化するのは，後述する1879年会社法以後とされる（Sayers, 1957, pp.224–225，参照）。

その1879年会社法の成立に大きな影響を与えたのが，1878年に起こったシティー・オブ・グラスゴー銀行の破産事件である。シティー・オブ・グラスゴー銀行の株主には無限責任があったため，1株100ポンドの額面に対して2750ポンドもの追加払込が請求された（Balogh, 1950, p.6. 邦訳，p.6）[16]。このシティー・オブ・グラスゴー銀行の破産事件は，無限責任を負う多数の株主が破産してもなお，預金者を充分に保護できないことを実証した（Sayers, 1957, p.222. 邦訳，p.294）。そして，株式会社銀行を有限責任制へ移行すべきという世論が形成され，政府は銀行の資本再編成を容易にするための法的な整備をおこなうこととなった（Sayers, 1957, p.222.）。そしてシティー・オブ・グラスゴー銀行の破産事件を受けて，翌1879年に会社法が制定された。

1879年会社法では，無限責任銀行から有限責任銀行への変更に関する規定があった。この無限責任銀行から有限責任銀行への変更に関する規定について，千葉（1991）はつぎのことを指摘している。「本法の最大のメリットは，実は従来の無限責任銀行を有限責任銀行として再登記しうることを認めた点にあった(第4条)。また，完全な無限責任銀行と完全な有限責任銀行の中間形態として，…二重責任制（double liability），すなわち追加払債務制度（reserve liability）に基づく追加払債務銀行形態の存在を認めたことにあった」(千葉，1991，pp.125-129)。つまり，有限責任制の下で設立された株式会社銀行とは別に，過去に無限責任制の下で設立された株式会社銀行を有限責任制へ移行させるに際しては，二重責任制あるいは追加払債務制度（以下，まとめて「追加払債務制度」とする）を課したのである。ここで追加払債務制度とは，公称資本金のうち未払込部分については銀行株主が負う債務として留保する制度である[17]。こうした措置がとられたのは，ひとたび無限責任会社として登記すると，有限責任会社として再登記できず，有力資産家が無限責任制の株式会社銀行の株主になろうとしなかったためである（千葉，1991，p.129)。そして，有限責任制の株式会社銀行への再登記を認める代わりに，今後は銀行の有限責任制にもとづく信用低下を防止するため，有限責任制へ再登記した銀行の清算時における株主による追加払債務制度と強制監査制度を導入した（千葉，1991，p.129)。こうした信用の低下を防止する措置をとることで，負債比率が高く，また銀行券や預金という特殊な債務を負う銀行にも，ようやく有限責任制が認められたのである。

こうした株式会社銀行の株主の無限責任制から有限責任制への変更は，銀行の自己資本の性格および比率にどのような影響を及ぼしたのであろうか。まず，木村（1935）にもあったとおり，銀行は株式会社化することにより，株主による出資とともに銀行券または預金という債務を負っている。ただし，既述のように，銀行券の保有者または預金者は，株主が無限責任を負っているのであれば，銀行のバランスシートに何の関心も持つ必要がなく，自己資本の充実度が株主や預金者からの信用の基礎として機能するということもなかった。しかしながら，そういった状況は，銀行が預金を受入れて金融仲介機能を果たし，銀行株主の責任が有限責任制となることにより変化する。預金者は株主の有限責任制の定着に伴い，銀行という法人そのものの債務弁済能力に注意する必要が生じた。また，株式会社化することで増加した株主数が有限責任制の定着によりさらに増加し，利益の分配に関する説明責任が生じたことから，銀行簿記から銀行会計への展開がみられた[18]。銀行の自己資本は，経営者でない株主や銀行券の保有者あるいは預金者にとって，銀行と取引をするかどうか，あるいは取引を継続するかどうかを決めるに際しての信用の基礎となっていったのである[19]。銀行の自己資本の充実度は，債務の弁済能力に関する一定の指標として認識されるようになったのである。

3.4　有限責任制の下での諸勘定の公表と自己資本比率

イギリスにおける銀行の財務情報の公開につながる大きなきっかけとして，1890年に発生したベアリング恐慌がある。当時の大蔵大臣であったゴッツェン卿は，ベアリング恐慌を機に銀行会計へ介入し，銀行の現金準備が不充分なことや銀行の公表する数値が役に立たないことを批判した（Sayers, 1957, p.214. 邦訳，pp.283-284）。この批判を受けて，銀行間で協議が行われた結果，ロンドンの株式会社銀行は毎月，また地方の株式銀行は3カ月に1回，諸勘定を公開することが決定した（Sayers, 1957, pp.225-226. 邦訳，p.298）。しかし，その決定により各月末および各半期末の報告に際して，現金準備をできるだけ大きく見せるため，巨額の資金が市場から引き上げられるという事態が発生した（ヤッフェ，1965，p.319）。とくに，大銀行の貸借対照表発表に先立って巨額の資金が引上げられると，市場で資金が逼迫するようになった。こうしたことは銀行の収益にマイナスの影響を与え，とくに個人銀行にとっては，現金準備率の大幅な引上げが利益の大幅な減少を意味した。また，個人銀行の場合には，現金準備を確保するには自己資本の増加を図らない限り達成不可能となった。結果として，銀行合同が進行した。さらに，預金者も貸借対照表を公表しない個人銀行のような小銀行を嫌い，大銀行に預金を集中し始めた[20]。こうした銀行合同と大銀行への預金集中は，合同する銀行の自己資本を減少させる傾向や，競争を減らす危険を伴った（Balogh, 1950, p.10. 邦訳，p.10）[21]。そのため，銀行合同は，最終的に1918年のビッグ・ファイブの成立をもって一応の終わりをみる[22]。Balogh（1950）によると，銀行合同の過程においては，「イングランドの株式銀行の預金債務に対する払込資本金と積立金の比率が1890年の18%から，1900年には13%，1910年には11%と下り，1917年には6%という低い水準になった」(p.101. 邦訳，p.98) という[23]。なお，1921年にロイズ銀行が，銀行券発行の権利を有する最後の個人銀行であったフォックス・ファウラー・アンド・カンパニーを合併した (Balogh, 1950, p.17. 邦訳，p.19)。これにより，イングランド銀行が唯一の発券銀行となり，他の銀行は預金銀行となった。

以上でみてきたように，株式会社銀行は，預金を受入れて金融仲介機能を果たすビジネスモデルへと変化し，それを受けて銀行の自己資本は貸出の原資としての役割を失っていった。そして，そのことと並行して，銀行株主の責任が無限責任制から有限責任制へと移行したことに伴い，銀行の自己資本の性格は，株主や預金者が銀行を信頼できるかどうかの基礎的な指標としての信用の基礎へと変化した。しかしながら，銀行の自己資本は，信用の基礎として充実を要求されるようになったにもかかわらず，一方で銀行の自己資本比率は低下していった。この点については，イギリスの預金銀行における自己資本比率が低下した過程をみるかぎり，自己資本の充実した大銀行への預金集中と小銀行の信用の低下による銀行合同がもたらしたものといえる。しかしながら，イギリスで株式会社銀行がそもそも社会的に必要とされたのは，より資本力のある銀行が必要とされたからであった。したがって，より本質的には，木村 (1935) が指摘しているとおり，産業革命等で大規模化した製造業に対する貸付を行ううえで，銀行が大規模化するために預金を受入れる必要があったためである。製造業の大規模化ひいては経済成長により必要な貨幣流通量が増大するため，貨幣を供給する立場の銀行の自己資本充実は抑制されざるを得ない。銀行制度が全体として自己資本充実を図ろうとすると，預金債務としての貨幣流通量の増大が銀行自己資本の増加に対して遅れる必要があるからである[24]。このように，株式会社化と有限責任制の定着により銀行の自己資本は，一方で信用の基礎という性格づけにより資本充実が要求され，他方で経済成長に伴う貨幣流通量の増大に対応するためには比率の低下を免れ得ないという矛盾したものとなった。

4. 中央銀行制度の確立と銀行自己資本の役割低下

前節では民間の銀行が株式会社化し，有限責任制を獲得していく過程を確認した。本節ではそれらの動きと並行して進んだ中央銀行制度の確立が，民間の銀行の自己資本に与えた影響について考察する。

4.1　中央銀行制度と銀行の自己資本

本章の冒頭で引用したOECD（1980）の文章は，つぎのように続いている。「自己資本比率を低下させている可能性のある要因の1つとして，最後の貸し手機能のような中央銀行の役割の増大がある」(OECD, 1980, p.115)。つまり，最後の貸し手機能に代表される中央銀行の役割の増大が，銀行の自己資本比率を低下させている可能性があるというのである。

それでは中央銀行の役割が民間の銀行の自己資本比率を低下させる可能性は，どのような論理にもとづいているのだろうか。山地（2000）は，イングランド銀行を例にして，つぎのように指摘している。「イングランド銀行が『最後の貸し手』として機能しているということが，…金融機関に経済的関係を有している『公衆の大半』にとって『安心材料』になった…民間銀行や金融機関は，イングランド銀行の存在を自行の信用の基礎としていたのである」(山地, 2000, pp.10–11)。つまり，イングランド銀行のような最後の貸し手機能を発揮する中央銀行が存在することで，個々の民間銀行自身が健全性をアピールする必要がなくなっていたということである。その結果はもちろん銀行の自己資本比率の大幅な低下をもたらすはずである。

4.2　イングランド銀行の中央銀行化と銀行の自己資本

イングランド銀行の歴史については，既に多くの優れた研究が存在するため，本章での考察は，中央銀行としての役割を果たすようになった歴史的考察のみに焦点を絞る[25]。イングランド銀行は1694年に，資本金120万ポンドで設立された[26]。既述のとおり，その後は長らく，イングランドにおける唯一の株式会社銀行として独占的な地位を占めていた。1833年には，イングランド銀行券が，イングランドとウェールズにおける法定支払手段となった（ヤッフェ，1965，p.10）。イングランド銀行自体は19世紀を通じて，他の銀行，とくに株式会社銀行とは未だに競争を行っていた。しかしながら，1838年，1839年と1847年の恐慌において若干の市中の株式会社銀行が破産する事態が生じてからは，まず一般公衆が貨幣をイングランド銀行にゆだねるようになった（ヤッフェ，1965，p.14）。また，不安視されたその他の株式会社銀行が現金残高を最も信用があり，かつ安全で費用がかからない保全場所であるイングランド銀行に預けるようになった（ヤッフェ，1965，p.14）。こうして，イングランド銀行は，単一準備制度[27]の下で「銀行の銀行」となっていった。

また，イングランド銀行の最後の貸し手機能について，グリーン（1994）では，「早くも1837年に，イングランド銀行は…リヴァプール商会…の支援に同意している」（p.139）ことを指摘している。これは，英米貿易が混乱しきったパニック状態の時期のことである（グリーン，1994，p.139）。さらに，グリーン（1994）によると，1890年のベアリング恐慌時には，「イングランド銀行の名がベアリング兄弟社の負債を保証するイギリス銀行団の参加者名簿の筆頭にあった」（p.139）という。こうした最後の貸し手機能は，パニックにより預金の取付けがあった場合に，それに見合う払戻しを行うため，資産を売却しようとしてもその売却にはイングランド銀行の援助が必要となるために生まれた機能である[28]。

ところで，一方でイングランド銀行が「銀行の銀行」となり，他方で，前節でみたように大銀行への預金集中とその結果として銀行合同があった。また，主要な銀行は，1886年以来，同一の預金利率を公定歩合[29]と関連させてさだめていた（Balogh, 1950, p.14. 邦訳，p.15）。こうして，イングランド銀行のいわゆる「銀行の銀行」という中央銀行としての役割が発生し，また銀行合同によるカルテルの形成がなされた。預金獲得競争はまだあったが，もはや価格競争としての金利競争ではなかった（Balogh, 1950, p.10. 邦訳，p.15）。

以上で，みてきたように，中央銀行の3つの機能（「政府の銀行」，「発券銀行」，「銀行の銀行」）が揃い，民間銀行レベルでのカルテルによる自主的かつ競争制限的な規制体系が構築された。ここに至って，民間の株式会社銀行における自己資本の性格や比率はどうなるのだろうか。まず，山地（2000）にも指摘があったとおり，銀行に対する信用の基礎は，中央銀行による最後の貸し手機能が負うこととなった。いわば，中央銀行が最後の貸し手として預金債務に対して実質的な無限責任を負う体制といえる[30]。この体制のもとでは，個別銀行の自己資本の充実度は，もはや信用の基礎ではない。むしろ，山地（2000）によると，情報公開による取付倒産で1行が淘汰されると，信用乗数を生み出す貸借構造から連鎖的に多くの銀行が倒産し，1国の金融秩序の崩壊さえ免れないという考え方により，秘密主義がとられるようになった（p.17)。イギリスにおける銀行の秘密主義は，非公表準備金という形をとった[31]。つまり，一方ではイングランド銀行が預金債務に対して最後の貸し手として実質的な無限責任を負い，他方で銀行の貸倒損失に対する処理や備えは秘密裏になされるようになったのである。また，こうした秘密裏に行う貸倒損失の直接的・間接的な処理は，経済成長による収益機会の拡大とカルテル金利によるレントの享受を前提とすれば，利益の範囲内で行えたことになる。これらの結果として，個別銀行レベルにおける自己資本の信用の基礎という役割は形骸化した。さらに，前節でみたように，個別の預金銀行にとって現金準備の充実度は，銀行の健全性をみるうえで重要な要素であった。しかし，単一準備制度にもとづき中央銀行が金利政策を行う段階に至って，現金準備は中央銀行預け金にとって代わられるとともに，健全性の指標ではなく単なる金融調節の手段となった[32]。

以上，みてきたように，銀行の自己資本の役割が低下し，また現金準備が金融政策の手段と化したことにより，本来，自己責任経営との組み合わせとして重視されるべき銀行ディスクロージャー自体が形骸化した。前節で確認したように，個別の株式会社銀行の自己資本には信用の基礎としての充実要求と，経済成長に伴う貨幣流通量への対応による比率低下の不可避性という矛盾が生じていた。しかしながら，その矛盾は，中央銀行が実質的な無限責任を負うことで，信用の基礎としての役割が形骸化することにより解消された。そのため，OECD（1980）が指摘するように，最後の貸し手機能に代表される中央銀行制度の確立は，株式会社銀行の自己資本比率をより低下させたと考えられる。

5. 銀行への競争原理の導入と銀行の自己資本

本節では銀行に対する競争原理の導入と銀行の自己資本の関係について考察し，銀行の自己資本比率に与えた影響について検証する。

5.1 金融自由化と銀行の自己資本比率規制

自己資本比率規制が導入される以前，多くの主要国では金利規制や業務分野規制などの競争制限的な銀行規制が実施されていた。しかしながら，表1-1のとおり，1960年代以降の金融自由化の流れにおいて，多くの銀行規制が撤廃もしくは緩和されていった。銀行の競争制限的な規制が維持できていたことについては，つぎのような主に3つの前提条件があったといえる。(1)金融市場は金融機関の数や業務内容がかなり一定しているような閉鎖的な市場であり，銀行業への参入・退出も相対的に少なく，また銀行が固定された業務を行っていること，(2)銀行の業務基盤のほとんどすべてがある一国内に限定されていること，(3)多少の貸倒れの発生は経済全体の成長で相殺されること，という3点である[33]。しかしながら，MMFのような銀行預金と競合するような金融商品の登場によって閉鎖的な銀行市場が維持不可能となったこと，そしてユーロダラー市場の発展によって銀行業務が国際化したこと，さらに経済の成熟化によって経済成長が鈍化したことによって金融規制の緩和が進展した。

金融自由化後に主たる金融規制の手段となったのが，自己資本比率規制である。自己資本比率規制が重視されるようになった前提について，池尾（2006）はつぎのように説明している。「銀行の健全度は，その銀行の資産のリスク－リターンの組合せと自己資本比率に依存している。すなわち，リターンが高くリスクが低いほど，あるいは自己資本比率が高いほど，その銀行が支払不能に陥る確率は低くなる」（池尾，2006，p.150–151）。そして，これまでの競争制限的な銀行規制は，「銀行の活動条件（競争環境その他）やその資産選択行動自体に干渉し，その資産のリスク－リターンの組合せをコントロールすることを通じるという方法」（池尾，2006，p.151）であった。これに対し，自己資本比

表 1-1　主要国における銀行規制緩和の年表

	預金金利規制撤廃	銀行・証券参入	長短規制撤廃	為替管理撤廃	預金保険機構創設
30年代					33 アメリカ
60年代	64 香港 67 ドイツ 67 カナダ		66 フランス	61 ドイツ 67 カナダ	65 ドイツ 67 カナダ
70年代	71 イギリス 75 シンガポール			73 香港 78 シンガポール 79 イギリス	71 日本
80年代	84 イタリア 86 アメリカ	86 シンガポール 87 カナダ 87 イタリア	87 イタリア	80 日本	80 フランス 82 イギリス 87 イタリア

注1）アメリカは銀行持株会社が制限付きで証券業務可。
注2）ドイツ，フランス，香港はユニバーサルバンク。イギリスについては後述するように自主的な分業体制。
出所）経済企画庁（1997）の「第2-1-1表　多くの国で進む金融制度改革—金融関連規制緩和等年表—」より作成。

率規制は「どれだけのリスクをとるかは銀行自身の経営判断に委ねる代わりに，そのリスク負担に見合う資本充実（capital adequacy）を求める」（池尾，2006，p.155）という方法である。つまり，従来の競争制限的な規制は，預金金利や業務分野を規制することを通じて，銀行の資産選択そのものに干渉することでリスク－リターンをコントロールしてきた。これに対して自己資本比率規制は，競争制限的な規制の有効性が低下するとともに，銀行に資産選択における裁量を与えるかわりに，自己資本充実を課すという規制手段である[34]。

5.2　イギリスの銀行に対する競争原理の導入と自己資本

イギリスにおける金融自由化および，銀行ディスクロージャーの拡充にとって大きなきっかけとなったのは，1967年にイギリスの物価・所得委員会（National Board for Prices and Incomes）が公表した“Bank Charges”（以下，「報告書」とする）であった。玉野井（1968）によれば，報告書の主要な論点は伝統的なイギリス金融構造とこれを囲繞した慣行の批判に向けられているという（p.1）。いわば，長い間にわたって築き上げられた，イギリス金融制度における寡占的組織とその硬直化がもっとも大きい問題として取り上げられているといってよい（p.1）。そして，競争原理の導入を提唱しながら，イギリスの銀行経営，銀行外金融機関を含めての現在の金融制度について，いくつかの革新的な勧告を行っている（p.1）。その中で，銀行自己資本ひいては銀行ディスクロージャーに関連する主な内容として，利益金，配当金，準備金，および収益の公表などが取り上げられている。

物価・所得委員会は，伝統的な預金銀行である当時のロンドンおよびスコットランドの手形交換所加盟銀行（以下，「加盟銀行」とする）の収益と自己資本についてつぎのように述べている。「われわれに諮問されたことはとくに，近年商業銀行の公表利益および配当金に生じた大幅な増加に関するものであるが，このことはわれわれにこのような背景に対する手数料の体系と水準を検討することを要求している。…これ以外の事項の中で，資本勘定—すなわち資本金プラス秘密準備金・公表準備金—もまた増加しているという事実を，また銀行がその収益を完全に明らかにすることを要求されていないという事実を考慮しなければならない」（National Board for Prices and Incomes, 1967, p.16. 邦訳，p.33）。つまり，物価・所得委員会は，利子を含めた銀行手数料に発生するレントや，非公表準備金を持つという特権を問題視していたのである。詳細については第2章で述べるが，加盟銀行は，手形引受商会やイギリス海外銀行，主にアメリカ系の外国銀行（以下，これらを「非加盟銀行」とする）に預金シェアを奪われる状況にあったが，未だにカルテル金利によるレントを享受している状態にあった。そうした加盟銀行の態度に対する批判が高まったため，物価・所得委員会は競争原理の導入と銀行ディスクロージャーの拡充を主張したのである。

また，物価・所得委員会は，信用秩序維持の観点からとられてきた秘密主義をつぎのように批判している。「現在の状況では，銀行の取付の可能性は考えられもしない。イングランド銀行や政府が，既存の銀行の支払不能を放置すると考えるのは現実的でない。かりにそのような不慮の事態が起りうる危険が多少あるとしても，われわれとしては，ともかく収益を公表しないという手段はとらず，別の手段（例えば強制預金保険[35]）をとるほうが，より適切でかつ間違いの少ない救済策であると主張したい」(National Board for Prices and Incomes, 1967, pp.56–57. 邦訳, p.75)。こうした指摘により，秘密主義が改められるようになった。加盟銀行は，1970年頃から「『真実の』利益」(The Bankers' Magazine, 1969, p.281) を公表するようになった[36]。

さらに，物価・所得委員会は，自主的かつ競争制限的な規制体系についても，つぎのように批判している。「銀行の慣行には，競争の要因もからみ合っているものの，ある程度は銀行制度の集中性を，またある程度は金融調節のために銀行に課せられた制約を反映した競争を抑制する要因が存在する。銀行間の競争分野を拡大することは，慣行の変化を促進させるための必要条件であり，また，銀行の資本市場において失いつつある地位を回復させ，さらに金融制度全体における競争の度合いを高めるために欠くことのできない条件である」(National Board for Prices and Incomes, 1967, p.60. 邦訳, pp.78–79)。そして，そのうえで，つぎのような勧告を行っている。「このような目的を達成するために，われわれは銀行が預金金利に関する協定を廃止すべきことを勧告する。…また，…貸出金利に関する銀行間協定をも廃止すべきことを勧告する」(National Board for Prices and Incomes, 1967, pp.60–61. 邦訳, p.79)。こうした勧告もあり，1971年には金融調節に競争原理を導入した「競争と信用調節」方式が採用された。

以上，みてきたような物価・所得委員会による指摘を受け，銀行部門における競争原理の導入と，銀行ディスクロージャーの拡充がなされるようになった。この段階での銀行の自己資本の性質はどのようにとらえられるだろうか。筆者は，銀行の有限責任制を前提として，競争原理の導入と銀行ディスクロージャーの拡充を図る一連の措置が歴史的な転換であったととらえている。つまり，それ以前は銀行合同が生じた一時期を除いて，個々の銀行が自己資本の充実を図るインセンティブが乏しく，ほぼ自己資本比率が低下する流れであったが，その歴史的な流れが初めて反転したというとらえ方である。第2章で詳細に検討する自己資本比率規制の導入は，自己資本比率低下の流れが反転した歴史的な転換の中で評価すべきではないだろうか。ただし一方で，物価・所得委員会はイングランド銀行の最後の貸し手機能や，預金保険制度創設への期待も示しており，どこまで銀行自身が健全性を高めるために自己資本充実を図るイ

図 1-1　大手 3 行の預金総額に対する自己資本比率の推移（1890 年～1975 年）

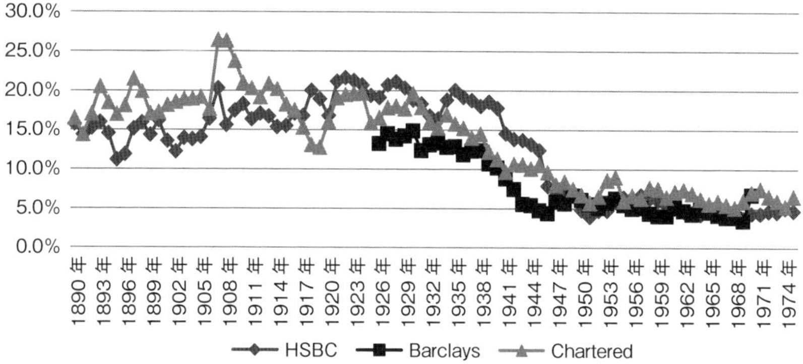

注 1）自己資本は払込済資本金，公表準備金，利益剰余金，および内部積立金（非公表準備金）の合計したものである（図 1-2 も同様）。
注 2）Barclays については 1926 年～1970 年の期間のみ（図 1-2 も同様）
出所）Jones（1993），Appendix より筆者作成。

ンセンティブを持っていたかは定かではない。

そこで本章では Jones（1993）の収集したデータにもとづいて，イギリスを代表する HSBC，Barclays，Chartered という 3 つの大手銀行の自己資本比率の推移を確認してみたい[37]。まず図 1-1 は各行の預金総額に対する自己資本の割合の推移である。図1-1のとおり，預金総額に対する自己資本比率でみると，HSBC も Chartered も 1900 年代初頭の銀行合同の時期は激しく上下しているが，概ね 10％台後半～20％程度の自己資本比率を 1940 年ごろまで維持している。Barclays については他の 2 行よりもやや自己資本比率が低い傾向があるが，それでも 1940 年頃まで 10％を超える自己資本比率を維持していた。その後，Barclays は第二次大戦中に 5％を切るところまで低下し，HSBC と Chartered は第二次大戦後に急低下している。1950 年代以降は 3 行とも概ね 5％前後で推移していたが，真実の利益を公表し始めた 1970 年には 3 行とも大きく上昇している。

続いて，図 1-2 で総資産に対する自己資本比率の推移もみてみよう。図 1-2 のとおり，Chartered 銀行は 1890 年の段階で 7.1％という低い水準から始まって，1893 年に 10％を超えて以降は 1918 年ごろの一時期を除いて 1940 年ごろまでは概ね 10％以上の水準を維持していたが，1940 年代後半から急激に低下し，

図1-2　大手3行の預金総額に対する自己資本比率の推移（1890年～1975年）

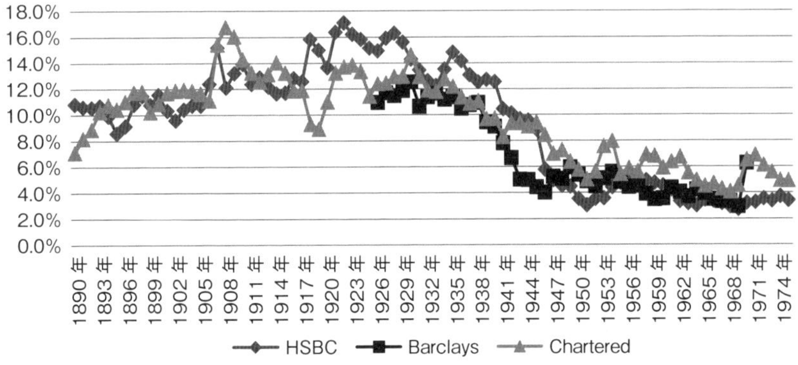

出所）Jones（1993），Appendixより筆者作成。

1960年以降は5%±1%前後で推移している。HSBCは1890年の段階で10%を超える水準から1920年ごろまでは上昇傾向を見せたあと，低下傾向に転じており，とりわけ1940年代半ばから急激に低下し，1950年代以降は概ね4%前後で推移している。最後にBarclaysをみると，1940年ごろまでは10%を超える水準であったが，やはり1940年代に入ると急減し，その後は4%前後で推移している。なお真実の利益を公表するようになった1970年にはCharterdとBarclaysの自己資本比率が6%超へと跳ね上がっており，HSBCも1969年の2.7%から3.2%へ少しだけ上昇している。

図1-1および図1-2を踏まえながら，本章のこれまでの議論を整理してみよう。個人銀行や無限責任制の株式会社銀行については十分なデータはないが，比較的高い自己資本比率が維持されていたと推察される。有限責任制の株式会社銀行についても，当初は諸勘定の公表等の義務付けを背景に比較高い自己資本比率を維持していたと考えられるが，銀行合同と中央銀行制度の確立を経て自己資本比率が低下傾向を示し始めた。そして第二次大戦後，イングランド銀行が国有化されると低下傾向は拍車をかけた。さらにその背景には競争制限的な自主規制体系もあったと考えられる。しかしながら，物価・所得委員会の指摘を受けて，銀行が真実の利益を公表し，また競争的な金融調節が導入されるなかで，自己資本充実が求められるようになった。ここに自己資本比率規制導入の萌芽をみてとることができる。

6. おわりに

本章では，ここまで銀行業の発展と銀行自己資本の性格および比率という両面での変化を見てきた。2節では，個人銀行のビジネスモデルを確認し，そこでの銀行自己資本の性格が貸出の原資であることを考察した。3節では，株式会社銀行が登場し，株主の有限責任制の定着とともに銀行自己資本の性格が，個別銀行の信用の基礎へと変化したことを確認した。4節では，中央銀行制度が成立するとともに，銀行自己資本の信用の基礎としての性格が形骸化し，中央銀行が実質的な無限責任を負う体制になったことを確認した。5節では，金融自由化の前後において銀行の自己資本における信用の基礎という性格がふたたび重視されるようになり，銀行の自己資本充実が図られるようになり，このことが歴史的な転換点であることを考察した。

それではほぼ一貫した自己資本比率の低下傾向から，金融自由化を経て自己資本の充実を図る方向へと転換した一連の歴史的な流れはどのように評価できるのであろうか。ここで自己資本比率が低下するということは，預金総額あるいは総資産額の増加率が自己資本の増加率を上回っていることを意味する。表1-2で確認してみると，自己資本の増加率の平均が5.2%～6%であるのに対し，預金残高の増加率は6.6%～9.2%となっており，単純計算で1.3倍～1.5倍程度の早さで預金残高の方が増加していることがわかる。換言すると，マネーストックの増加率が増資や利益の内部留保による自己資本の増加率を上回ってい

表1-2　大手3行の預金残高および自己資本の増加率（1890年～1975年）

	HSBC	Barclays	Chartered
1）預金残高の増加率	7.70%	9.20%	6.60%
2）自己資本の増加率	6.00%	6.00%	5.20%
1）／2）	127%	153%	128%

注1）自己資本は払込済資本金，公表準備金，利益剰余金，および内部積立金（非公表準備金）を合計したものを用いており，預金残高と自己資本いずれも前年度からの増加率の当該機関の平均値である。

注2）Barclaysについては1926年～1970年の期間のみ。

出所）Jones（1993），Appendixより筆者作成。

たということである。そして自己資本の充実を図り自己資本比率を高めるという歴史的な転換は，マネーストックの増加率を自己資本の増加率以下に抑えるということにもつながりうる。イギリスにおける自己資本比率規制の具体的な導入過程については第2章で検証するが，自己資本比率規制の導入は，経済成長が鈍化した状況下で，銀行に対して競争原理と情報公開を促しつつ，マネーストックの増加率を抑制する必要にかられた結果と考えることもできる。

注

1　ここでいう個人銀行は private bank の訳語であるが，これは銀行に株式会社制度が認められる以前において，個人またはその親類等をパートナーとして営まれていた銀行業を指している。そのため，現代において，とくに富裕層特有のニーズに応じて金融サービスを提供する銀行という意味でのプライベート・バンクとは，意味合いが異なる。

2　木村（1935）が個人銀行として念頭に置いているのは，中世イタリアの振替銀行である。後述のイギリスでは，こうした振替銀行はみられなかったが，初期の個人銀行家としてのゴールドスミスたちが決済用の貨幣を保管し，預ったうえで，やはり自らの資金による貸付けを行っていた（Richards, 1965, p.223）。こうした業者を銀行と呼ぶことについては異論もあるかと思われる（例えば，都留（1996）における「銀行」など参照）。しかしながら，本章では，銀行業における自己資本の性格の変遷を理解するため，こうした業者を初期の個人銀行と位置付けることとする。

3　ただし，木村（1935）によると貸倒れについては銀行簿記にとって重要な問題であるため，減価償却よりも早くから貸倒れの償却に関する処理が見られるという（pp.6–7 を参照）。

4　Richards（1965）, p.223 を参照。なお，Richards（1965）および楊枝（1982）によると，銀行家が自己資金で貸付を行うことについては，そもそも他人から預かった貨幣を貸し出せなかった時代背景があるという。

5　資料については，楊枝（1982）の p.171 に掲載されている。なお，イギリスにおけるゴールドスミスによる銀行業務の生成・発展や，ゴールドスミス・ノートの通貨機能の発展に関するより詳しい内容については，通説としての Richards（1965）と，それを批判している楊枝（1982）を参照されたい。

6　むろん銀行家が収益を増やそうと思えばリスクをとって，銀行券発行による貸出を増やすことで利息収入が増大するが，無限責任制の下ではそうしたリスクテイクにも限界があるだろう。また，そうした限界が個人銀行では商人たちの資金重要の増大に対応しきれなかった要因とも考えられる。

7　31787 ポンド÷146364 ポンド＝0.2171…≒22%（Hoare's Bank, 1955, p.79 のバランスシートを参照）。バランスシートにみる総資産に対する出資者に帰属する部分の割合は，1720 年 6 月 24 日時点で約 15%，1721 年 6 月 24 日時点で約 30%となっている（Hoare's Bank, 1955, pp.80–81 を参照）。

8　厳密には株式会社銀行についても，株式を上場している銀行と，非上場という意味でのプライベート（通常は同族経営の意味）な銀行とがある。しかしながら，本章ではとくに区別せずに株式会社銀行として議論する。

9　ただし，本稿では，議論の対象外であるが，個人銀行のまま現在でいうプライベート・バンクとして発展するケースももちろんある。

10「勘定の統一原理」における発展とは，人名勘定のような個人に属する財産を表す勘定科目から資本循環過程における資本形態に従った物的勘定科目への発展である。「総合転記および総合仕訳帳の完成」とは，個別転記から総合転記へ発展し，その発展が仕訳帳の分割をもたらし，仕訳帳から総合仕訳帳への一括転記という近代的な簿記システムの完成を意味する。「統制勘定の生成」とは，当座勘定のように，頻繁に記帳が行われる重要な勘定科目について，補助簿を設けて特別に管理体制が生成したことを意味する。「支店会計（連結会計）」については後述。以上に関する詳細については，木村（1935），pp.7-10 を参照。

11　木村（1935），p.9 を参照。ただし，イギリスにおいて株式会社の預金銀行が，製造業による固定設備の購入等のための長期資金を提供することは基本的になかった。その理由として橋爪（1931）では，3 つの理由を挙げている。それらは，(1) 地方においては長期資金を供給する銀行が存在していたが，大銀行に吸収されて消滅したこと，(2) 他国に先んじて産業革命を完成したイギリスでは，他国の産業革命との競争に脅かされることなく，小刻みな発展を遂げられたこと，(3) 古くから創設拡張資金を調達するための専門的企業金融業者が存在したこと，という3つである（詳しくは橋爪，1931，pp.115-117 を参照）。

12　本章では，信用創造については議論の対象外とする。

13　なお，当時の法人格付与については，第一に国王からの勅許状（charter）を得たものと，第二に議会の特別法により設立されたものとがあった。他に法人格を有さずにコモン・ローを通じて実質パートナーシップ制をとるものがあり，株式会社銀行の設立が認められるまでに設立された個人銀行は，この形態である。こうした会社設立の形態と法人格付与の問題については，千葉（1991）および山浦（1993）を参照。

14　ただし，有限責任制の株式会社銀行の設立は，1858 年株式銀行法の段階ではあまり一般化しなかった。Sayers（1957）によると，これは，銀行家たちが有限責任制の導入にともなう貸借対照表の公開や，監査の義務をきらったためである（p.224）。そして，公衆の銀行に対する信用もまた，銀行経営者自体におかれているとまだ信じられていた（Sayers, 1957, p.224. 邦訳，p.296）。そのため，有限責任制の株式会社銀行の設立が一般化するのは，後述の 1879 年会社法以後とされる（Sayers, 1957, pp.224-225，参照）。

15　(217560 + 19553) ÷ 831215 = 0.285260… ≒ 約 29%（Holgate, 1948, p.13 のバランスシートを参照）。

16　シティー・オブ・グラスゴー銀行は結果的に倒産した銀行であるため，過度なリスク・テイクを行っていたものと思われるが，この時点で銀行の預金に対する自己資本の比率がかなり低下していた可能性を示すものと捉えられる。また既述の London Joint Stock Bank のようなまだ比較的自己資本比率が高い銀行は，かなり初期の無限責任制の株式会社銀行といえる。

17　イギリスでは公称資本金のうち，一定程度までしか払込をする義務がなかったため，公称資本金に未払込部分が生じていた。より詳しい内容については，橋爪（1931），pp.6-24 を参照されたい。なお，参考までに 1928 年時点でのビッグ・ファイブの数字をあげると，公称資本金に対する払込済資本金の割合は，バークレイズが 100%，ロイズが 21.5%，ミッドランドが 33%，ナショナル・プロヴィンシャルが 21.5%，ウェストミンスターが 30.5%となっている（橋爪，1931，p.12 を参照）。

18　一般的に，出資者数の増加が，支配株主と従属株主との分化，所有と経営の分離を促進し，中小株主のレントナー化，有限責任，法人格，ひいては株式譲渡の可能性の基礎を生み出す過程については，川合（1982）の pp.22-23 を参照されたい。また，イギリスにおける簿記から会計への発展の契機については，千葉（1991）の第 2 章を参照されたい。

19　Sayers（1957）では，1862 年に設立されたバーミンガム株式銀行が信用をつなぎ止めるため，負債を隠すことによって名目資本を高い水準にみせかけた事例が指摘されている（p.224）。負債を隠す行為そのものは問題であるが，自己資本が信用の基礎として認識されていたことの証左といえるだろう。

20　現金準備の引き上げなどによる銀行合同や大銀行への集中の過程については，桑原（1972）を参照されたい。

21　銀行合同が自己資本を減少させる傾向にあるのは，通常の銀行合同においては比較的健全な銀行が，自己資本の毀損した銀行を吸収するため，その結果として事前に健全であった銀行の自己資本も毀損するからである。

22　銀行合同は，最終的に法律にもとづいて銀行業の過度な集中を阻止しようという要求によって終わった（Balogh, 1950, p.10. 邦訳，p.10）。

23　ただし，当時は払込資本金と積立金の合計と同程度の金額の秘密積立金があると考えられていたため，銀行合同による自己資本の低減が預金者の安全を損なうという不安は誇張されたものであるとの指摘がある（詳しくは，Balogh, 1950, pp.101–103 を参照）。

24　この点については，片岡（2002）の金本位制のもとでの金の産出量と経済成長にともなう貨幣流通量の増大との関係に関するつぎの指摘を参考にしている。「経済が成長すると，売買される商品量が増大するのであるから，流通貨幣量も増大しなければならない。金は鉱産物であり，自然に分布しているものなので，経済成長に応じて生産を増加することは難しい」（片岡，2002，p.111）。これと似たことが，銀行の自己資本についてもいえる。つまり，自己資本の増加要因は基本的に増資と利益の内部留保のみと捉えられる。ただし，投資家に増資を引き受けてもらうには，一定水準の収益性が求められるため，貨幣流通量が経済成長にともない増大するのに対し，自己資本の増加は銀行の収益性に規定されている。

25　イングランド銀行に関する研究はあまりにも多くの文献が存在するため，本稿での引用文献以外の文献として，ここでは Sayers（1976）を挙げるにとどめたい。

26　三輪（1965）によると，120万ポンドは，当時フランスと戦争を行っていた政府に半永久的に貸上げられ，そのかわりに特定の租税によって保証された利子と管理費がイングランド銀行にあたえられた（p.27）。そしてその後，イングランド銀行は，国債の発行と管理の事務を代行するようになった（p.31）。つまり，イングランド銀行は設立当初において「政府の銀行」としての性格が強かったといえる。

27　単一準備制度とは，金本位制のもとでイングランド銀行の保有する準備金が，結局イギリス全体の準備金となる制度である（バジョット（1899）や橋爪（1931）を参照）。

28　バジョット（1899），p.304 を参照。

29　イギリスにおける公定歩合の発生については，1833年の高利禁止法が修正されたことから始まる（Hawtrey, 1962, p.2. 邦訳，p.2）。また，Hawtrey（1962）によると，イングランド銀行が割引率を通貨調節手段として実際に使用したのは，1833年の銀行特許条例から始まったともいわれるという（p.3. 邦訳，p.3）。

30　なお，山地（2000）によると，本章でいう実質的な無限責任を負う役割がアメリカでは預金保険制度によって担われていた（pp.11–13）。実際に，アメリカにおいても double liability が国法銀行や一部の州法銀行に課されていたが，最終的に廃止されるきっかけとなったのは，1933年銀行法により預金保険が全国展開されたことであった（Munn, ; Garcia, (1983), pp.273–274 を参照）。

31　第一銀行（1970）によると，イギリスの銀行は，1886年の銀行間紳士協定以来，実際の利益から，任意に計算した引当金や準備金を差し引いた金額を利益として公表する，という慣習を暗黙のうちに続けてきたという（p.25）。従来，こうした非公表準備金など（納税準備金を含む）を控除した後の利益しか公表してこなかったことについて，物価・所得委員会はつぎのような論拠があったことを指摘している。「個々の銀行の業績は，その取引先の業績を反映するものであり，したがって銀行の財務諸表を全面的に公表することは，その取引先の業績を明るみに出すことになる。このため，一時的に不振に陥っている取引先に，好ましくない影響を生ずるおそれがあり，またそのために銀行がそうした顧客の面倒をみなくなるという好ましくない結果をもたらすおそれがあるとの主張がなされてきた」（National Board for Prices and Incomes, 1967, p.57. 邦訳，p.75）。

32　香川他（1995），pp.1569–1570 を参照。なお，貨幣流通量については中央銀行の政策によって決められるものであるが，本稿では，経済成長に伴う貨幣流通量の増大に対して中央銀行が応えるものと仮定したうえで，貨幣流通量と銀行の自己資本比率について論じている。

33　(1)および(2)についてはGowland（1990）の金融市場における規制体系にかんする記述（p.79）を参考にしており，(3)については氷見野（2005）のpp.7–8の議論を参考にしている。氷見野（2005）の議論は日本限定であるが，経済成長の鈍化という前提条件については後掲の表1–1で明らかなように先進国全体に当てはまる。

34　池尾（2006）は，銀行業務の複雑化・高度化を背景として，規制監督当局と銀行との間における情報の非対称性の拡大が，競争制限的な規制の有効性を低下させた要因としている（池尾，2006，p.151を参照）。

35　最終的に，イギリスにおいて預金保険制度ができたのは1982年である。

36　詳しくは鶴野（1989），第一銀行（1970），The Bankers' Magazine（1969），などを参照されたい。

37　Jones（1993）はイギリス多国籍銀行の歴史をまとめた大著であり，各行の内部資料も加味した財務データをAppendixとして掲載しており，内部積立金（非公表準備金）を把握できる貴重な資料となっている。なおCharteredは1970年にStandardと合併しており，1970年以降はStandard Charteredとなっている。

第2章

イギリスにおける自己資本比率規制の導入

1. はじめに

第1章で確認したとおり，イギリスにおける銀行の自己資本は銀行業が発展するなかでほぼ一貫して低下してきたが，金融業における競争原理の導入を契機として自己資本の充実が求められるようになった。この歴史的な転換が自己資本比率規制の導入にまでつながった背景を明らかにするのが，本章の目的である。

第2節では競争原理を導入する前後のイギリスにおける金融構造の変化と，第二銀行危機との関係について考察する。第3節では第二銀行危機を経て自己資本比率規制を導入する際の規制当局における議論について，イングランド銀行のアーカイブ資料にもとづいて検証する。第4節では実際にイギリスにおいて導入された自己資本比率規制の内容を考察することで，イギリスにおける自己資本比率規制の特徴を明らかにする。

2. イギリス金融業における競争原理の導入と第二銀行危機

本節ではまずイギリス金融業における競争原理の導入の前提となっている伝統的市場の衰退と並行市場の発展，それらがもたらした第二銀行危機について確認する。

2.1　並行市場の発展と伝統的市場の衰退

従来，イギリスにおける預金銀行分野ではロンドン手形交換所加盟銀行（以下，加盟銀行）が伝統的市場を形成し，伝統的市場が国内的には非常に安定したシステムとして機能していた。安部（2003）によると，製造業から金融業への傾斜をますます強めたイギリスでは，元来，法的な規制による金融部門での分業は存在しなかったが，イングランド銀行を核とする自律的な分業構造が19世紀から20世紀にかけてできあがり，第一次大戦によって若干の変容を示すが，なお基本的にはそのまま受け継がれていた。しかしながら，加盟銀行による伝統的市場は，並行市場の発展により，シェアを奪われることになる。並行市場とは，1960年代に急速に発展した市場であり，1つは主要な借手が地方自治体と割賦金融会社（hire purchase finance houses）である短期預金（short-term deposit）[1]，2番目にはユーロダラー市場，3番目にはポンド建の銀行間取引という3つの市場が挙げられ，1960年代後半にはこれらにCD市場が加わる（Wadsworth, 1973, p.160）。

並行市場の成長について，Wadsworth（1973）は手形引受商会（いわゆるマーチャント・バンク），イギリス海外銀行，およびその他の外国銀行（主にアメリカの銀行）といった非加盟銀行の発展に関係するとしている（p.183）。並行市場で資金運用を行う非加盟銀行は，並行市場の金利が高まるとカルテル協定にしたがう加盟銀行よりも高い預金金利を提示した。

並行市場がそれぞれ非加盟銀行の資金を引き寄せたのには，つぎのような理由がある。まず，信用力の高い地方自治体は「債券発行が制限されていたため，おもに預金の形式で一時借入れ」（Wadsworth, 1973, p.162）を増やした。割賦金融会社は「地方公共団体の直接の競争相手の1つとして…短期資金のはけ口となった」（Wadsworth, 1973, p.163）。また，「1966年まで数年間のロンドンの短期金利は海外の金融センターの短期金利よりも高かった」（Wadsworth, 1973, p.164）ことと，「短期預金市場における資金の割の良いはけ口（remunerative outlets）としての利用しやすさ」（Wadsworth, 1973, p.165）とにより，ポンド建の銀行間市場とユーロダラー市場が急速に拡大した。さらに，「1966年には，これらの銀行（非加盟銀行のこと）のいくつかは，5年までの期間の資金を集めるのに便利な方法であるドル建のCD[2]を発行しはじめた」（Wadsworth, 1973, p.187. カッコ内は筆者による挿入）。なお，非加盟銀行の資産および負債の拡大については表2-1のとおりであり，1968年には非加盟銀行の預金総額が加盟銀行の預金総額を上回った[3]。イングランド銀行は，加盟銀

表 2-1　非加盟銀行の主な資産・負債の推移

（単位：100万ポンド）

	1966年12月	1967年12月	1968年12月	1969年12月
負債				
預金：				
英国銀行				
ポンド建	484	736	1,059	1,483
外貨建	920	1,575	1,947	4,116
他の英国居住者				
ポンド建	1,159	1,571	1,939	2,103
外貨建	122	219	277	397
非居住者				
ポンド建	1,250	1,186	1,084	1,080
外貨建	2,793	4,061	6,523	10,484
預金合計	6,727	9,348	12,828	19,663
CD				
ポンド建	—	—	165	442
ドル建	81	249	597	1,541
合計	6,807	9,597	13,591	21,647
加盟銀行の預金総額	9,501	10,262	10,736	10,724
資産				
他の銀行への預け金				
ポンド建	510	760	1,123	1,567
外貨建	835	1,475	1,848	4,151
コールマネー	198	210	182	167
TB	61	80	47	37
地方公共団体向け貸付	527	796	1,104	1,338
国債	557	558	461	430
貸付				
居住者向け				
ポンド建	934	1,040	1,164	1,230
外貨建	154	280	476	632
非居住者向け				
ポンド建	278	258	241	236
外貨建	2,771	4,055	6,738	11,373

注）1967年の金額は，1967年11月18日のポンド切り下げを反映している。
出所）Bank of England, 1970, pp.490–493; Wadsworth, 1973, p.186より作成。

行の預金シェアの低下にともない，伝統的市場を通じた金融政策の手段について変更を迫られることになった。

預金シェア低下に対して，まず1970年ごろに加盟銀行4行は，自主的に税引前の営業収入と特別準備金のための控除額を発表するようになった。そもそもイギリスの銀行は伝統的に本来の利益を公表する必要はなく，総収入の税引後の純利益，非公表の準備金の増額分だけを明らかにすれば良かった（鶴野，1989，p.29）のであるが，その権利を放棄したことになる。その理由について，鶴野（1989）は非公表準備金の額は銀行によって大きな違いがあり，実際には準備金が全く存在しないのに多額の準備金があると誤解されると投資家や一般大衆にとって大変不都合であると，これら有力銀行の経営陣が考えたためであるとしている（p.29）[4]。

そして，自主的な金利規制体系は，金融調節手段の変更とともに撤廃されることとなった。そして，1971年に『競争と信用調節』と題した新方式が導入された。新方式の基本的な狙いは，各種の金融機関の間に金利の自由化を中心とする競争原理を導入し，価格メカニズムの有効な作用によって適正な資金配分と金融の効率化を図ろうとするものであった（松浦，2003，p.5）。つまり，新金融調節方式は金利を自由化したうえで，金融調節を行おうとするものであった[5]。

2.2　1973年から1975年にかけての第二銀行危機

1971年に「競争と信用調節」方式が導入された直後，イギリス経済は景気後退期であった。そのため，政府のリフレ政策に同調してイングランド銀行は緩和政策をとっていたが，通貨膨張の高進，インフレの加速化に伴い，72年夏頃から徐々に抑制的な政策態度に転じていった（岡本，1988，p.101）。にもかかわらず，マネーサプライの増加は抑制できなかった。その要因としては，1972年に公定歩合の代わりに導入した最低貸出金利（Minimum Lending Rate＝MLR）がTBレートとともに低下せざるを得なかったこと，住宅金融組合の抵当貸付金利の上昇が政治問題化し，強力な措置をとりえなかったことなどがある[6]。しかしながら，1973年末には，いわゆるコルセット[7]の導入により通貨の名目的な膨張を抑制するための措置をとった。

このような金融引締めのなかで，1973年12月に第二銀行の1つであるロンドン・アンド・カウンティ・セキュリティ会社は，「金融市場を通じた新規の資金調達が不可能となったことにより，流動性不足に陥り」（Bank of England, 1978, p.232）倒産した。なお，金融調節の措置とイングランド銀行による健全性の監督に服する銀行を第一銀行（primary banks）といい，第二銀行とは第一銀行以外の銀行のことをいう[8]。ロンドン・アンド・カウンティ・セキュリティ会社の倒産を契機に，1971年から1973年にかけて急騰していた不動産価格の上昇率が急落した（図2-1）。不動産バブルの崩壊を受けて，不動産業者やディベロッパーの倒産が相次いだ。不動産業者やディベロッパーに深く関与していた第二銀行は，一方で短期の借入れを行い（主にホールセール市場の資金），他方で長期の貸付けを行っていた。そのため，不動産価格の下落にともない資金調達が困難となり，経営危機に陥った。これがいわゆる第二銀行危機である。イングランド銀行と，ロンドンおよびスコットランドの加盟銀行は，経営困難に陥った第二銀行やその他の金融機関を支援するために救済融資を行う「ライフ・ボート」を組織した[9]。

図2-1　イギリスにおける不動産価格の推移

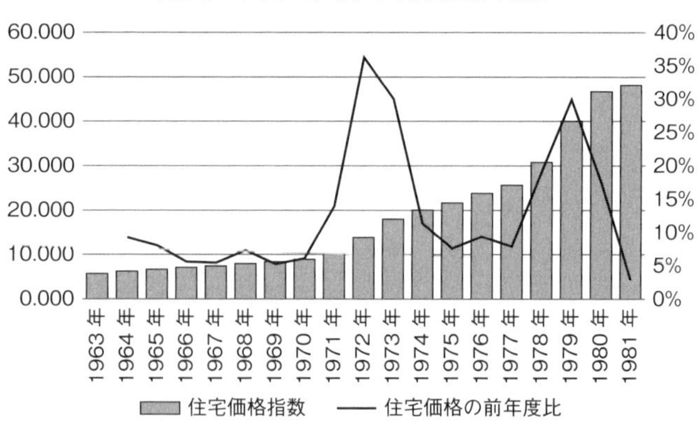

注）住額価格指数（左軸）はNationwide House Price Indexであり，1993年の第1四半期が100となる指数であり，住宅価格の前年度比（右軸）は住宅価格指数から算定している。
出所）Hills *et al.*（2010），Data Annexにもとづいて筆者作成。

第二銀行危機が発生した経緯や背景，救済策としてのライフ・ボートを組織した経緯や対応などはBank of England（1978）が詳細にまとめている。この第二銀行危機がイギリスの自己比率基準の性格に大きな影響を与えているため，改めて経緯を確認しておきたい。Bank of England（1978）によると，1973年11月～1974年3月の第1段階では経営危機を迎えている第二銀行から流出した預金は，ライフ・ボートを組織する加盟銀行等に再預金されていた。そのため，その預金をリサイクルすれば良いと考えられていた。しかしながら，1974年3月～12月の第2段階を迎えると，前年のオイルショックの影響もあって国内外の経営環境が悪化した影響で，第二銀行が抱える問題は流動性の問題から，資産価値の下落による支払い能力の問題へと変化した。加えて国際金融市場ではフランクリン・ナショナル銀行やヘルシュタット銀行の問題で動揺が走り，イギリスの銀行のデフォルトが連鎖的な反応のトリガーとなる懸念も生じた。結局，ライフ・ボートとその後の支援策は銀行システムに対する国内および国際的な信頼を維持するという切実な便益のために行われたとまとめている。

第二銀行危機をふまえて，イングランド銀行は1975年6月に“The supervision of the UK banking system”（以下，「文書」）を公表し，銀行監督の必要性を明確に打ち出した。この文書では，銀行監督の必要性について，つぎのように述べられている。「我々は，現代における銀行業の複雑性が増大している観点から，近年，多くの銀行がより身近な存在となるために多大な努力を払っているにもかかわらず，取引相手がバランスシートや他の公表される情報から銀行の健全性を判断することがますます困難になっているということを認識しなければならない」（Bank of England, 1975a, p.191）。そして，イングランド銀行自身の努力の1つとして「監督する責任と支援する責任がどの主体であるかについて，海外銀行，親銀行および他の中央銀行とロンドンの銀行との関係を明らかにするようにしてきた」（Bank of England, 1975a, p.192）ことをあげている。海外の中央銀行との監督責任の問題については，「銀行業の規制と監督実務に関する委員会」（Committee on Banking Regulation and Supervisory Practices，のちにバーゼル銀行監督委員会＝Basel Committee on Banking Supervisionに改称）の設立というかたちで実を結んでいる[10]。

また，イングランド銀行は，国内で活動する銀行の監督にも取り組んだ。その具体的な取り組みが，健全性比率，とりわけ自己資本充実を課すことである。Bank of England（1975a）は，「厳格なバランスシートに関連した比率の下で，銀行の全体的な強さを評価するアプローチをいずれにしても認めない」（p.193）と断りつつも，「しかし，我々はそのような比率が，国内銀行業務と海外銀行業務の両方における個別評価や比較目的上のツールとして価値があることを認識する」（p.193）としている。そして，銀行に自己資本充実を課すことについては，つぎのように述べている。「資本充実にかんして，我々は，過去この国において，さまざまな方式による資本金や内部留保を預金債務に対して関連させる傾向にあった。…しかし，このアプローチは業務の質に関する注意がさほどなかった。我々は，資本金と内部留保をそれらが必要とされる目的にも関連付けるべきである」(Bank of England, 1975a, p.193)。つまり，イングランド銀行は，これまでも預金債務に対する一定の自己資本を課してきたが，業務の質，ひいては資産の内容についてはあまり考慮してこなかったのである。その背景には，金融部門における自発的な分業によるカルテル体制と，それにもとづく規制金利により銀行経営が安定し，「第一次大戦後は銀行倒産は一度も発生した経験がなかった」（岡本，1988，p.119）ことがあげられる。

なお，本節でみてきた金融・経済環境の変化をふまえて，金融政策の重要性の増大，銀行監督に対する責任の増大から，イングランド銀行にも情報公開が求められるようになった[11]。自己資本比率規制の導入は，イングランド銀行による銀行監督の手法に対する透明性が求められた結果という側面もあるといえる。

3. イギリスにおける自己資本比率規制導入時の議論

前節で確認したとおり，イギリスにおける自己資本比率規制の導入の直接的なきっかけは，第二銀行危機である。しかしながら，より大きな背景として銀行業の複雑性の増大や，銀行の監督権限の問題，国内外の銀行業務の個別評価や比較を目的としたツールの必要性など，イギリスの銀行業を取り巻く金融構造の変化があった。そこで本節では，イギリスでの自己資本比率規制の導入時にどのような議論がなされたのかについて，1970年代当時に非公開とされていた一次資料にもとづいて考察する。

3.1　自己資本比率規制導入時の論点

まず本節での検証に先立ち，論点整理の意味も含めて，筆者が行ったイングランド銀行アーカイブ資料の収集調査の概要を示しておきたい。筆者は2014年8月18日から8月20日の期間にイングランド銀行のアーカイブを訪れ，資料収集を行った。資料収集に際しては事前に，イングランド銀行HP内の "Bank of England Archive Catalogue" で検索を行い，重要と思われる資料は把握していた。そして実際に，イングランド銀行アーカイブにおいて自己資本比率規制の導入に関する当時の非公開資料を検索・収集した結果，重要な資料として考えられるのが表2-2に掲げる資料である。

表2-2をみるとまず目につくのが，自己資本比率規制が銀行法や銀行業，金融サービスと関連していることである。この点については，やはり第二銀行危機への反省から，第二銀行を規制監督対象として捕捉するなかで，自己資本比率規制が導入されたことが読み取れる。また表2-2をみると，イングランド銀行内のInternational Divisionがいくつかの論点で関わっていることもみてとれる。そこで以下では，1979年に制定された銀行法と自己資本比率規制の関係，およびInternational Divisionによる国際比較，という2つの論点でイギリスにおける自己資本比率規制の導入過程を検証していく。

表2-2　イングランド銀行アーカイブにおける自己資本比率規制導入に関する資料一覧

資料名	参照番号
Banking Act: Discussions on Proposed Regulatory System	7A204/1
Banks and Bankers: Service	7A116
G10 Handbook on Banking Supervision	14A144/1
International Division Files: Capital Adequacy of the World Banking System	6A229/1
International Discussion Papers: Capitalism	8A162/1
The Small Monetary Model	6A160/2
Review of Banking Statistics	13A125

出所）筆者作成。

3.2　イングランド銀行への銀行監督権限の委譲と自己資本比率規制

まず本項では，イギリスにおいて自己資本比率規制が導入された経緯について，銀行法との関係から検証する[12]。イギリスにおいては，第二銀行危機を受けて銀行監督権限の問題が浮上した。つまり，第二銀行はロンドン手形交換所の加盟銀行ではなかったため，イングランド銀行の監督下になく，対応が遅れたことに対する反省である[13]。そして，第二銀行も含めて「銀行」の概念を整理した形で，銀行システムの中核を担う銀行（core banking system）と，それ以外（periphery もしくは fringe）に区別しながら，イングランド銀行に銀行の許認可権を法的に付与する必要があるとの議論がなされた。なお，イングランド銀行が銀行に認可を与えるということは，考慮すべき認可条件が必要となり，そこで出てきたのが，最低所要自己資本，健全性，銀行経営の質などであった。ただし，何らかの最低所要自己資本は必要と考えられたが，その数字は低すぎれば意味がなく，高すぎれば既存の小さな預金取扱機関を締め出すことになり，バランスに配慮する必要があるとの指摘もなされていた。つまり，イギリスにおける銀行法との関係性から見た自己資本比率規制の導入過程は，銀行の許認可に関する権限をイングランド銀行に付与する過程で，銀行監督の必要性から自己資本比率の算定が必要となったということである。また最低所要自己資本については，各金融機関への配慮から設定されなかった，ということである[14]。

ここでやや補論的な位置づけにはなるが，1970年代当時にイングランド銀行が法的な権限のないなかで，自己資本比率や流動性基準についてどのようにとらえていたかについて，考察しておきたい。"Banking Act: Discussions on Proposed Regulatory System" によると，当時の銀行のバランスシートを評価する指標として，つぎの４つがあったという。まず１つ目が「自由資本（free resource）[15]／債務（public liabilities，偶発債務を含む）」であり，これは10倍未満が目安とされたという。２つ目が「流動資産（quick asset）／預金（deposit）」であり，流動資産が３分の１以上であることが目安とされていたという。３つ目が「流動資産／引受済み手形（acceptance）」であり，流動資産が少なくとも手形の５分の１以上であることが目安とされていたようである。４つ目が「自由資本（free resource）／引受済み手形」であり，手形が自由資本の4倍を超えないことが目安とされていた。このうち1つ目と4つ目が自己資本に関連する指標であり，2つ目と3つ目が流動性に関する指標である。これらに対し，銀行業界からは，流動資産に関連する指標について批判が寄せられ，また「自由資本／債務」についても10倍未満を満たす銀行は皆無であり，さらに自己資本と流動性の両方を満たす困難さから，柔軟な対応への要望もあったという。

銀行監督の権限と自己資本比率規制の導入との関係性について，“Banking Act: Discussions on Proposed Regulatory System”からもう1点だけ考察しておきたいことがある。それはイングランド銀行に銀行への監督権限を付与するに際して，国際金融市場としてのロンドンにおける銀行監督をどのようにとらえていたか，という点である。“Banking Act: Discussions on Proposed Regulatory System”に収められた1975年4月9日付のイングランド銀行からの書簡には，「ロンドンは世界の銀行の首都（banking capital）であり，開放的で，柔軟で，独特な銀行規制のシステムは他の国々がうらやむ安全性を金融システムに与えていると認知されている。実際，ほとんどの国々はこの分野でリーダーシップをロンドンに求めている」としている[16]。その根拠として以下のようなことを列挙している。

・他のすべての国々は銀行の所在に関する我々のガイドラインを受け入れている。
・他の国は外国為替業務のコントロールに関する改善提案の面で我々の主導に従っている。
・他のG10国は国際的な監督に関する最初の公式会議での主導役を我々に求めている。
・他のEEC諸国の監督機関のほとんどは我々の柔軟な監督手法の適用を歓迎している。
・他の国々，とりわけドイツは我々の協調手法を適用している。
・アメリカのすべての規制当局は金融システムの厳格な統制から脱し，我々の柔軟で個別的な手法を適用する傾向にある。

のちのバーゼル銀行監督委員会において，少なくとも当初はイギリスが主導的な役割を果たした点については，渡部（2012）でも触れているとおりである。その背景にはやはりロンドンという世界屈指の国際金融市場を有し，国際的な銀行業務に対する規制や監督のルール作りにおいて主導的な役割を担う責任と能力を持っている，というイギリスの自負があった。

3.3　銀行部門の自己資本比率とインフレ率との国際比較

本項ではイングランド銀行内のInternational Divisionが自己資本比率規制の導入に際して，どのような形で関わっていたのかを検証する[17]。前項でみたとおり，イギリスは国際的な金融規制監督に関するルール作りに積極的であった。しかしながら，自己資本比率規制を導入しようという時期にInternational Divisionが調査した内容は，各国のインフレ率と銀行の自己資本比率に関する国際比較であった。

まずInternational Divisionでの議論を考察する前に，1970年代後半にまとめられた“International Discussion Papers: Capitalisation”について考察する[18]。“International Discussion Papers: Capitalisation”では当時の42か国の自己資本比率規制の導入状況について考察しており，他国から学びながら自己資本比率規制を導入しようとしていたことがわかる。さらに自己資本比率規制に関する理論的な根拠については，当初は一般公開の対象外であったIMFのペーパーであるBrock（1978）を参考にしていたようである[19]。Brock（1978）は銀行自己資本の役割として，固定資産のカバー，損失の吸収，倒産の回避，預金者保護，金融政策の手段，という5つを挙げている。このうち金融政策の手段として機能する点については，「自己資本充実要求は，当初預金者保護のために課されていた現金準備と同様に，金融政策の手段として進化するかもしれない」(Brock, 1978, p.9）としている。またこれに関連する動きとして，イングランド銀行内では1979年5月から“The Small Monetary Model”を構築する動きがあった。このモデルは試行錯誤を重ねる中で1980年にNDL（non deposit liabilities of the banking sector）をモデルに取り込むに至っている。

そして，イングランド銀行のInternational Divisionは1964年から1977年の期間で，アメリカ，ドイツ，スイスなどの銀行の自己資本比率とインフレ率との関係について調査を行っていた。その調査データをまとめたものが図 2-2 である。当時のイングランド銀行の問題意識としてインフレが進行する中で，(1) 銀行の資産の増加が負債よりも緩やかで，(2) そのため利ざやも低下し，(3) 他方で業務コストも増加している，という 3 つの観点から，銀行の自己資本比率と収益性の低下が同時に起きている，というものがあった。そして調査データから，銀行の自己資本比率の低下傾向がほとんどみられないドイツとスイスがインフレ率の低下に成功しており，同様にアメリカにおいても自己資本比率を引き上げた 1975–76 年にインフレ率が低下した，としている。逆に自己資本比率の低下がみられた 1970 年代半ばのイギリスにおいては，最も高いインフレ

図 2-2　各国の銀行部門における自己資本比率とインフレ率の推移

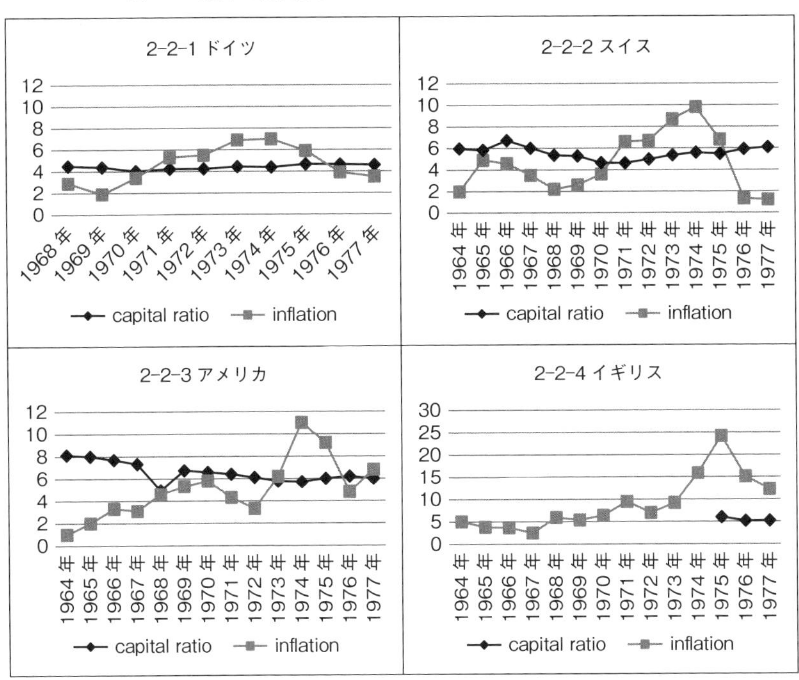

注）自己資本比率は主要銀行におけるバランスシート上の単純な比率である。
出所）"International Division Files: Capital Adequacy of the World Banking System" 内のデータより筆者作成。

率を記録したとも指摘している。

しかしながら実際に図2-2に示された各国の数値を確認してみると，自己資本比率とインフレ率との関係を指摘するのは，やや強引と言わざるを得ない[20]。International Division も銀行危機は歴史的には長期的な循環の不安定な時期に起こり，銀行の倒産は銀行システムに対する大衆の信頼の喪失から生じており，こうした銀行倒産において銀行資本の水準は重要な要素とはみなされてこなかった，と指摘している。そのうえで，International Division は銀行の自己資本比率とインフレ率との因果関係については明言せずに，高いインフレ率と低い自己資本比率および低い収益率がもたらす悪循環を断ち切る意味で，自己資本充実が求められることを結論付けている。

4. イギリスにおける自己資本比率規制の導入

前節までの考察を踏まえて，本節では実際に導入されたイギリスにおける自己資本比率規制を考察し，その特徴を明らかにする。

4.1　自己資本比率基準導入の動き

イングランド銀行は，1975年9月に“The capital and liquidity adequacy of banks”（以下，「75年基準」とする）を公表した。この75年基準は，「1974年末にイングランド銀行とロンドンおよびスコットランドの手形交換所加盟銀行の間で組織されたワーキング・グループが出した結論をまとめたペーパーである」(Bank of England, 1975b, p.240)。したがって，ロンドンおよびスコットランドの手形交換所加盟銀行も75年基準を受け入れている[21]。75年基準がまとめられた背景は，つぎのとおりである。「イングランド銀行の関心は，銀行バランスシート上の急速な膨張（inflation）における現在および将来の影響から生じている。銀行バランスシート上の膨張とは，ポンド建および外国通貨建の企業向け貸付市場の拡大を反映した預金債務の性質の変化，そして銀行が産業および商業に対して中期の貸付を行う傾向[22]の増大である。イングランド銀行はまた，イギリスの銀行システムの部門で最近起きた危機の再発の可能性を限定する一方で，サウンド・バンキングの発展を奨励することに関心を持っている」(Bank of England, 1975b, p.240)。やはり75年基準ひいてはイギリスにおける自己資本比率基準を考えるうえで，重要な要素は銀行バランスシートの膨張（インフレ）である。また当然ながら，サウンド・バンキングを奨励することに関心を持っていた。なお，流動性充実については第3章でとりあげる。

75年基準では，自己資本充実が要求される理由を2つあげている。1つは，「業務上のインフラ（土地建物や銀行業務を遂行するうえでの設備などのこと）を提供するため」(Bank of England, 1975b, p.240. カッコ内は筆者による挿入）である。これは，銀行自身が業務を遂行するうえで必要な土地建物や設備については，自己資本でまかなうべきという考え方にもとづいている。もう1つは，「業務上のリスクから生じる損失から預金者を保護し，潜在的預金者や取引相手からの信認を得るため」(Bank of England, 1975b, p.240）である。ここで，業務上のリスクから生じる損失に着目した理由について，Bank of England (1975b）は，つぎのように述べている。「資本／預金比率は実際，銀行全体の資本充実に関する一定の指標を提供するにもかかわらず，近年の環境におけるより有効な指標は，もしあるならば，異なる種類の資産でのリスクに関連させた資本源泉であると考えられる。この基本的な考え方にもとづいた資本充実の評価は，資本源泉全体の数字から派生するかもしれない。しかし，銀行のリスクに対する抵抗力は，その資本源泉全体の中で自由に使用可能な準備という要素にもある程度依存する」(Bank of England, 1975b, p.241)。先述の銀行監督に関する文書でも触れられていたように，預金債務に対する資本充実という考え方は以前からあった。しかしながら，信用秩序を維持するうえで預金者保護をはかるには，最終的にリスクにさらされている資産について，発生するおそれのある損失をどれだけ自己資本でカバーできるかが重要である。ゆえに，預金総額に対する自己資本比率とともに，リスクを考慮した資産に対する資本充実度をはかる自己資本比率基準が導入されたのである。

さて，業務上のリスクについてであるが，まず無リスクの資産として，「現金やイングランド銀行預け金，英国の公共部門に対する貸付や，公共部門による保証のあるもの，英国の上場銀行に対する貸付などの資産」(Bank of England,

1975b, p.241）が挙げられている。残りの資産については，強制売却リスク（forced sale risks）のあるもの，信用リスク（credit risks）のあるもの，強制売却リスクおよび信用リスクの両方があるものとに区分されている[23]。ただし，75 年基準では，のちのバーゼル合意のようなかたちでのリスク・ウェイトは明示されていない。

先述の銀行監督に関する文書と 75 年基準が公表され，「1975 年以降，ワーキング・グループは個々の銀行との議論などもふまえて，1975 年の原理（principles）を前進させるため，1979 年に協議案をまとめ，さらに議論が重ねられた。1979 年に改正された銀行法[24]によりイングランド銀行に，銀行に対する監督責任が課された」（Bank of England, 1980, p.324）ことを受けて，“The measurement of capital”（以下，「80 年基準」とする）がまとめられ，1980 年 9 月に公表された。

80 年基準では，銀行の自己資本比率を算出する目的を 2 つあげている。1 つは，「金融機関の自己資本が預金者やその他の債権者によって許容可能とみなされることを確実にすること」（Bank of England, 1980, p.324）であり，預金者やその他の債権者からの信認を得ることを目的としていることを意味する。もう 1 つは，「存続しうる損失のリスクに関する資本の充実をテストすること」（Bank of England, 1980, p.324）であり，銀行の継続性を保つことが目的であるといえる。80 年基準における自己資本比率の算定方法は表 2–3 のとおりである。表 2–3 のとおり，80 年基準では預金等の債務に対する調整後の自己資本の比率を算定するギアリング比率と，リスク調整済みのリスクアセットに対する自己資本の比率を算定するリスク資産比率がある。ギアリング比率については銀行のバランスシートの膨張を抑制するという点では重要であるが，ここではリスク資産比率についてより詳しくみていく。

80 年基準では，自己資本ベースとして，払込資本，社債（loan capital）[25]，少数株主持分，留保利益，一般貸倒引当金をあげている。また，自己資本の基礎からの控除項目として，非連結子会社への投資，営業権等の無形資産，土地建物，設備，その他の固定資産等をあげている。こうして算定した自己資本は，「(i) 損失を吸収するクッションを提供するため，(ii) 潜在的な預金者に対して，株主が永続的にリスクについて株主自身が負担しようとする持分を明らかにす

表 2-3　80 年基準における自己資本比率の測定方法

項目	ギアリング比率	リスク資産比率
1）自己資本の基礎	株式資本 社債 少数株主持ち分 内部留保 一般引当金	
2）自己資本の基礎の調整項目（控除）	子会社および関連会社への投資 のれん 設備 土地・建物 その他固定資産	子会社および関連会社への投資 のれん 設備 その他固定資産
3）調整後の自己資本の基礎	1）—2）	
4）分母	預金およびその他の自己資本以外の債務	リスク・ウェイトを考慮した調整済みリスク資産
5）自己資本比率	3）／4）	

出所）Bank of England, 1980, p.330 より筆者作成。

るため，(iii) 固定的な融資のコストを自由資本（resources free）で提供するため，(iv) 業務上の一般的なインフラにとって持続可能な資金調達の形態であるため」(Bank of England, 1980, p.325)，という 4 つの役割のために要求されている。75 年基準と比較して，80 年基準は自己資本の役割をより具体化している。なお自己資本ベースの控除項目として，ギアリング比率には土地建物が含まれていて，リスク資産比率に土地建物が含まれていない。これはリスク資産に対する損失の発生時における土地建物の売却可能性を考慮しているためである。

80 年基準におけるリスク資産比率では，分母の資産に対して，信用リスク，投資リスク（investment risk），および強制売却リスクを考慮してリスク・ウェイトが課される。信用リスクは，「債権に関して簿価の全額が契約履行日に償還されないかもしれないというリスク」(Bank of England, 1980, p.328) と定義されている。また，投資リスクは，「他者に対する請求権，もしくは自己で保有する資産で市場性のあるものが，簿価より減価するかもしれないリスク」(Bank of England, 1980, p.328) と定義されている。そして，強制売却リスクは，投資リスクに付随する「市場が小さいことにより相場よりも低い価格で

表2-4　80年基準におけるリスク・ウェイト

リスク・ウェイト	資産項目
0%	現金，イングランド銀行預け金および特別預金 他の英国銀行から取立中の項目 報告銀行の海外支店に対する債権 輸出および造船に対する特別なスキームの下での貸付 適格納税準備預金 未達項目 リファイナンスされた固定金利貸付 金保有高
10%	外国通貨 英国および北アイルランドのTB
20%	海外銀行から取立中の項目および一年以内の海外銀行預け金 1年以内の海外銀行預け金（金の請求権含む） 上場銀行や割引市場等向けの貸出 英国の地方公共団体及び公社向け貸出 英国および北アイルランド以外のTB 北アイルランド政府，地方公共団体，公社等に対する貸付等 満期まで18カ月以内の英国国債 英国銀行，海外銀行および英国の公共部門の手形 英国銀行およびロンドン金市場メンバーに対する金請求権
50%	満期まで18カ月超の英国国債 北アイルランドの国債 英国の地方公共団体等の債券 居住者および非居住者の手形振出 保証その他の偶発債務
100%	他の居住者に対する市場向け貸出 他の貸出金（個別貸倒引当金を控除後，関係銀行向け融資除く） リース債権 預金その他の形態での報告銀行の海外支店向けの運転資本の供与 期間1年以上の海外銀行預け金 非銀行に対する金請求権 外国通貨建持高（外貨建エクスポージャー） 銀，コモディティーその他報告銀行が運用目的で所有するその他の資産 非連結子会社以外の上場有価証券
150%	非連結子会社に対する貸出（貸出毎に判断，市場性のあるものを除く） 非上場有価証券（投資毎に判断）
200%	所有財産（報告銀行が運用目的で所有する全ての土地建物を含む）

注）特別預金とは，イングランド銀行が加盟銀行に対してポンド建預金の一定割合を預入れさせるものである。特別預金にはTB並みの利息がつく（香川他（1995）のp.1179参照）。
出所）Bank of England, 1980, p.329より作成。

譲渡せざるを得ない，というような適時に売却できない資産に実現時の損失あるいは追加的な損失が生じるかもしれないリスク」(Bank of England, 1980, p.328) と定義されている。リスク・ウェイトは，商業貸付に対するリスク・ウェイトを100％とし，商業貸付よりも信用リスク，投資リスク，強制売却リスクという3つが高いか低いかによって決定される[26]。具体的なリスク・ウェイトは表2-4のとおりである。

ここまでは，イギリスにおいて自己資本比率基準が導入された背景および内容についてみてきた。次項では，こうした背景を持つイギリスの80年基準の特徴を明らかにしていく。

4.2 イギリスにおける自己資本比率基準の特徴

ここでは，イギリスにおける自己資本比率基準の特徴を，80年基準を中心に明らかにしていく。ただし，イギリスの自己資本比率基準だけをみていたのでは，特徴は明らかにはできない。本項では，バーゼルＩとの比較を通じて，イギリスにおける自己資本比率基準の特徴を明らかにしたい。なお，バーゼルＩにおける主なオンバランス資産に対するリスク・ウェイトは表2-5のとおりである。

バーゼルＩと比較すると，イギリスにおける自己資本比率基準には4つほど大きな特徴がある。それは，(1) 信用リスクのみならず，投資リスクおよび強制売却リスクを反映している，(2) 所有不動産や非連結子会社に対する貸付などのリスク・ウェイトが100％超となっている，(3) 最低所要自己資本がない，(4)

表2-5　バーゼルＩにおけるオンバランス資産のリスク・ウェイト

掛け目	項目
0％	現金，自国の国債，OECD諸国の国債等
20％	OECD諸国の銀行向け債権等
50％	住宅ローン等
100％	民間部門向け貸出等
0，10，20または50％	公共部門向け債権等（各国の裁量，日本では10％）

出所）横山，1989，p.126より作成。

国債のリスク・ウェイトが相対的に高い，という４つである。以下では，これら４つの特徴について検証する。

まず，(1)の投資リスクあるいは強制売却リスクを反映している点については，やはりイギリスが金融自由化と第二銀行危機を経て，各資産の価格変動や銀行の清算価値に着目せざるをえなかったためだろう。金利の自由化による資産価格のボラティリティーの高まりと，銀行の収益性の低下による銀行の倒産リスクの高まりという要因が，信用リスク以外のこうしたリスク概念をもたらしたといえる。

また，(2)の所有不動産や非連結子会社に対する貸付[27]などのリスク・ウェイトが100％超となっている点については，第二銀行危機を経験して，当該分野における銀行活動を抑制する目的であることは明らかである。不動産価格の高騰というかたちで資産インフレを経験したため，こうしたインフレへの対処として100％超という懲罰的なリスク・ウェイトを課している。

さらに(3)の最低所要自己資本がない点について，Bank of England（1980）は，「この方法による資本充実の評価における第一歩をあらわすに過ぎない。最終的な評価は金融機関ごとの個々の顧客が判断する。例えば，質の高い貸出をより分散的に行っている大銀行は，狭い顧客基盤を持つ小さな専門金融機関よりも，本質的にさらされるリスクが小さく，それゆえに資産をカバーする自己資本が相対的に少ない」（Bank of England, 1980, p.328）と説明している。バーゼルⅠでは，良くも悪くも画一的なリスク・ウェイトにもとづいて計算したリスク・アセットに対して，8％という最低所要自己資本を課していた。これに対して，80年基準では銀行の個別性を認め，最低所要自己資本を課していなかった。最低所要自己資本を課していなかった背景として，１つには80年基準が監督される側である加盟銀行との協議のもとで作成されており，比較的大規模で，かつ健全であり「ライフ・ボート」にも参加した加盟銀行に対する配慮がある。ただし，監督する側のイングランド銀行にとっても，リスク・ウェイトを明示することで監督手法の透明性を高める一方で，銀行に対して資産の分散をはからせるか，自己資本充実をうながすというかたちで指導を行うこともできる。つまり，イギリスの自己資本比率基準に最低所要自己資本がないということは，行政指導的な監督手法であったことの証左といえる[28]。

最後は(4)の国債のリスク・ウェイトが相対的に高い点についてである。この点にかんしては，当時は金利が高騰している局面であったため，国債といえども価格の下落が激しく，(1)の投資リスクや強制売却リスクを反映しているという理由で，ある程度は説明可能だろう。より本質的には当時の高いインフレ率の大きな要因として，銀行部門による公共部門向け貸付や国債保有の増加が問題視されており，それらに対する抑制策として理解することができる。

80年基準において銀行部門による国債等の保有を制約する目的等について直接的な言及はない。しかしながら，イングランド銀行は公共部門借入必要額（PSBR）の銀行部門からの資金調達の増加がマネーストック（ポンドM3）の増大をもたらすという論理については，つぎのように説明している。「もし，PSBRがこのベース（非銀行部門からの借入れのこと）では資金調達しきれず，政府が銀行システムから強制的に借り入れたならば，PSBRの国内における資金調達は，ポンドM3の増大をもたらしうる。そのような借入は銀行預金への直接的な影響はないが，資金調達した政府支出の結果を通じて上昇する傾向となるだろう。それゆえに，最終的な結果はポンドM3の上昇となる」（Bank of England, 1984, p.488. カッコ内は筆者による挿入）。つまり，公共部門が非銀行民間部門から借り入れる分には問題ないが，銀行部門からの借入を増やすとマネーストックの増大をもたらし，ひいてはインフレをもたらすことに注意を

図 2-3　1971～1980年の財政収支とマネーストックの関係

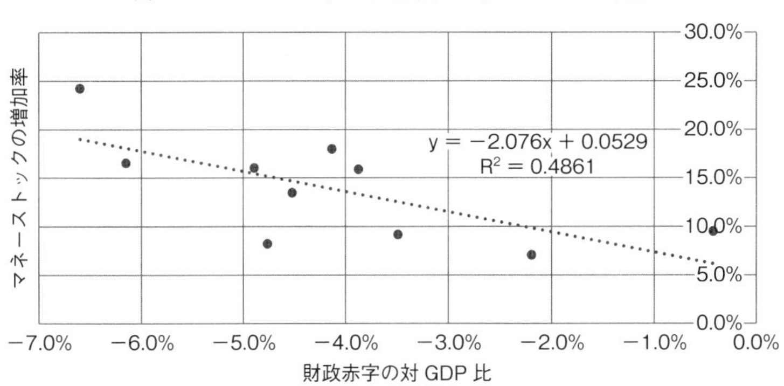

注）マネーストックはM4を用いている。
出所）Hills *et al.* (2010), Data Annexにもとづいて筆者作成。

払っていた。

ここでは図2-3で1971～1980年の財政収支とマネーストックの増加率の関係について確認しておきたい。図2-3のとおり，1970年代のイギリスにおいては財政赤字の対GDP比とマネーストックの増加率の間に負の相関関係がみられる。自己資本比率規制と銀行の国債保有との関係については第6章で検証するが，財政赤字が増えれば銀行部門が保有する国債等が増加し，その結果としてマネーストックが増加していたことがみてとれる。

5. おわりに

本節ではここまでイギリスにおける自己資本比率規制の導入に至る金融構造の変化と，導入時の議論，それらを踏まえた自己資本比率規制の特徴について検証してきた。イギリスにおいては1960年代に並行市場が急速に発展し，金融業において競争原理を導入した結果，第二銀行危機が発生した。伝統的市場が停滞するなかでインフレ率が高進し，その要因としてPSBRの問題がクローズアップされるなど，金融構造が大きく変化した。そうしたイギリスの置かれた状況の中で導入された自己資本比率規制は，銀行による不動産関連への融資等や国債保有に対する制約を通じて，間接的にインフレ率を抑制したい金融政策の目標と整合的であった。

自己資本比率規制は，金利規制や業務分野規制など競争制限的な規制が金融自由化によって形骸化し，新たな銀行規制の手段として導入されたことは間違いない。また国際的な自己資本比率規制である一連のバーゼル合意の導入には，国際的な金融システムの安定化と，競争条件の同一化，という2つの大きな目的があった。しかしながら，イギリスにおける自己資本比率規制の導入過程からは，経済の成熟化とインフレ率が高進する金融経済環境への対応の必要性から，銀行のバランスシートの膨張を抑制する手段として期待されていたことがわかる。

注

1　地方自治体が預金形式で借入を行っている点について，ウィルソン委員会報告ではつぎのように述べられている。「地方自治体は，公共事業貸付委員会（the Public Works Loan Board）を経由する中央政府からの借入の他，直接に金融市場から，預金その他の短期借入，譲渡性債券，あるいは非譲渡性抵当債や長期借入によって，借入を行っており，1973～1977年にはこれが合わせてGDPの約1%に相当する額であった」（西村，1982，p.58）。なお，地方自治体による債券の発行については，「1964年に与えられた法的権限のもとで，近年は地方公共団体の債券の発行がさらに増大している」（Wadsworth, 1973, p.163）。

2　1968年にポンド建CDが導入されたが，「割引市場で借入れを行ううえで適格証券ではなく，また，加盟銀行が保有しても流動性比率計算上の流動資産にならない」（Wadsworth, 1973, p.188）などの理由で市場の成長を促しきれていなかった。

3　Clark（1970）によると，預金シェアは1958年には加盟銀行38.8%に対し非加盟銀行5.8%であったが，1968年には加盟銀行24.2%に対し非加盟銀行30.6%となっている（p.134を参照）。

4　ただし，60年代を通じた伝統的市場に参加している銀行のシェア低下については，「物価・所得委員会や独占委員会は…大銀行自体がカルテルやシンジケートの力によって自主的に金利競争制限しているからであるとみて，銀行経理の公開や金利協定の撤廃を勧告していた」（藤沢・蕗谷，1976，p.101）。

5　「競争と信用調節」方式のおもな内容は，(1)民間のあらゆる銀行に一定の最低準備資産比率を課す，(2)割引業者は従来どおりTB（Treasury Bill）に全額応募する（ただし，TB入札レートの事前協定は廃止する），(3)預金銀行も従来公定歩合にリンクされていた金利協定を廃止する，(4)従来長期国債の価格安定のために実施されていた通貨当局の金縁証券への介入をやめる，などである（岡本（1988），藤沢・蕗谷（1976）を参照）。なお，Wadsworth（1973）には「競争と信用調節」方式の全文が掲載されている（pp.492–496）。

6　岡本（1988），pp.101–103を参照。なお，MLRは，公定歩合の代わりに「毎週金曜日に市場発行のTBの平均割引率を1/2%上回る水準に据えられる」（岡本，1988，p.93）レートである。

7　「銀行の利子付適格債務が一定率を超えて増大するさいにその超過部分の一定比率の特別預金を無利子で英蘭銀行に預け入れることを強制したもの」（岡本，1988，p.103）である。

8　西村（1982），p.110を参照。

9　第二銀行危機については，Bank of England（1978）で詳細な分析がされている。

10　以後，国際的な銀行監督の問題は当該委員会で話し合われるようになり，1975年にはバーゼル・コンコルダットが成立した（氷見野，2005，pp.28–29を参照）。

11　詳細については，西村（1982），pp.548–551を参照。

12　本項の内容は主に“Banking Act: Discussions on Proposed Regulatory System”にもとづいて検証しつつ，他の資料についても適宜紹介しながら補足する。なお“Banking Act: Discussions on Proposed Regulatory System”は1973年8月29日から1979年1月19日までイングランド銀行や当時の大蔵省などの間で交わされた非公開の書簡などをまとめたファイルである。

13　第二銀行危機の当時，第二銀行の監督に責任を負っていたのは，産業省である。

14　既述のとおり，“Banking Act: Discussions on Proposed Regulatory System”では最低所要自己資本を設定しない点について，どちらかというと小さな金融機関への配慮が強調されているようにみえる。しかしながら，公表された80年基準では，むしろ規模の大きい金融機関は資産の分散もなされており，少ない自己資本で済むことを強調している。“Review of Banking Statistics”においても自己資本比率については個別金融機関とのディスカッションで決定する旨が記されている。

15　自由資本とは当時の独特の表現であるが，ほぼ自己資本のことである。

16　“Banks and Bankers: Service”においてもイギリスの金融市場に関する記述や，自由化への対応に関する記述がある。

17　本項の内容は，主に“International Division Files: Capital Adequacy of the World Banking

System” にもとづきながら，適宜他の資料で捕捉する。なお “International Division Files: Capital Adequacy of the World Banking System” は1980年1月11日から1980年9月25日にかけての内部資料である。80年基準が1980年9月5日に公表されているため，その前後に議論された内容である。

18　1976年から1979. 年にかけての自己資本比率規制に関する議論をまとめたファイルである。

19　“International Discussion Papers: Capitalisation” 内に収められていた Brock（1978）には表紙に “NOT FOR PUBLIC USE” と書かれているが，現在はウェブ上でも閲覧可能である。

20　ただし，単純な自己資本比率とインフレ率との関係についての結論は強引であるが，少し見方を変えると International Division の指摘もあながち間違いではない。それは当時においてドイツとスイスは既にリスク・ウェイト方式の自己資本比率規制を導入していたが，アメリカとイギリスはまだ導入していなかった，という違いである。この点について，International Division のデータを用いて分析したところ，リスク・ウェイト方式の採用国であるドイツ・スイスと，非採用国であるアメリカ・イギリスのインフレ率には5%水準で有意な差があった。

表　リスク・ウェイト方式の採否とインフレ率

	度数	平均インフレ率	標準誤差
非採用国	28	7.0179	.94535
採用国	24	4.6125	.47725

注）非採用国のデータはアメリカとイギリス（ともに1964-1977年），採用国のデータはドイツ（1968-1977年）とスイス（1964-1977年）である。

21　ロンドン手形交換所加盟銀行委員会（Committee of London Clearing Bankers）は，75年基準を受け入れた背景をつぎのように述べている。「加盟銀行は第一銀行部門を監督するための最近の協定が法的に公認されることを期待する。なぜなら，1973／74年の危機に際して，加盟銀行はイングランド銀行との協議の結果として対処したからである」（Committee of London Clearing bankers, 1978, p.64）。

22　中期の貸付を行う傾向が増大した点についてであるが，まず背景として「イギリスの法人企業は伝統的に株主資本に強く依存していて，外部負債，とくに銀行借入は少ない。これは企業経営のリスクは株主が個人的に負担すべきものであるから，銀行に設備資金を依存する必要はないと考えられていたからである。銀行側もまた産業資金の供給は当座貸越か手形割引によって短期の運転資金に限定することが健全であるとみていた」（藤沢・蕗谷，1976，p.105）ことがある。しかし，「アメリカ銀行によって促迫された当座貸越からターム・ローンへの貸出形態の変化」（岡本，1988，p.112）が起こったため，加盟銀行は中長期の貸付を行うようになっていた。

23　強制売却リスクのあるもの，信用リスクのあるもの，強制売却リスクおよび信用リスクの両方があるものというそれぞれの具体的な項目については，Bank of England（1975b），p.241を参照されたい。なお，強制売却リスクと信用リスクの定義については，のちにみる80年基準での定義を参照されたい。

24　1979年イングランド銀行法の要点は，⑴イングランド銀行に銀行を監督する権限が与えられた，⑵預金保険制度の導入が決定された，などである（岡本，1988，pp.122-126）。なお，1979年イングランド銀行法の改正において，イングランド銀行に銀行監督にかんする権限が与えられた背景として，第二銀行危機以外に，「1977年EEC銀行指令との調和の必要性」（Dale, 1984, p.126）があった。この銀行指令は「信用機関の支払能力と流動性をモニタリングする観点による信用機関のさまざまな資産・負債間の比率を確立する」（Dale, 1984, p.137）ことを目的としていた。

25　社債を自己資本に含める点について，75年基準では「損失に対する準備を提供しないが，業務上のインフラの一定部分を融通するもの」（Bank of England, 1975b, p.242）と説明している。80年基準においても，満期まで最低5年であり，財務制限条項を締結しておらず，自己資本の基礎の合計から営業権を控除した金額の3分の1を限度とするなどの条件のもとで，社債の自己資本への算入を認めている（Bank of England, 1980, p.325）。基本的には，劣後債を念頭に置いたものであろう。

26　Bank of England（1980）, p.328を参照。

27　第二銀行危機では，加盟銀行も子会社の銀行を通じて流動性不足に陥った会社に関与しており，そうしたことも，加盟銀行による「ライフ・ボート」参加の背景となっている（Bank of England, 1978, p.233を参照）。

28　こうした銀行の個別性にもとづく手法は，個別銀行の適正な自己資本比率の監視を通じて，規制監督当局と銀行との情報の非対称性の問題自体を軽減する効果もあると思われる。

第3章

イギリスにおける自己資本比率規制と銀行業の展開

1. はじめに

第2章で確認したとおり，1970年代から1980年にかけてイギリスで形成・導入された自己資本比率規制は，競争制限的な規制の形骸化という当時の先進各国共通の背景も持ちつつ，高進するインフレ率を抑制するために金融政策と整合するようなイギリス独自の設計思想もあった。そのため，のちに成立するバーゼルⅠとも異なる特徴をいくつか持ち合わせていた。一方で，イギリスはアメリカとともにバーゼルⅠ成立に大きな役割を果たした国でもある。そこで，イギリスにおいて自己資本比率規制が導入されて以降の銀行業の変化と，それに合わせたイギリス国内における自己資本比率規制の展開を考察し，国際合意であるバーゼル合意の成立と展開について検証するのが本章の目的である。

第2節では80年基準が導入されて以降の自己資本比率規制と，イギリスにおける銀行業の展開を考察する。第3節では，1987年に成立した米英合意について考察する。それらを踏まえたうえで，第4節ではイギリスにおけるバーゼルⅠの導入について検証する。

2. 80年基準導入後の展開

第2節では，まず80年基準が導入された後のイギリスにおける自己資本比率規制の展開と銀行業の変化とについて考察する。

2.1 外貨建てエクスポージャーの取り扱い

まず80年基準を公表した翌年の1981年4月にイングランド銀行は“Foreign currency exposure”（以下，『外貨建てエクスポージャー』）を公表し，自己資本比率規制上の外貨建てエクスポージャーの取り扱いを明確にした。『外貨建てエクスポージャー』は，為替レートの変動に対するエクスポージャーについてイングランド銀行が測定，監視，そして銀行と議論するための基礎として示された。そして『外貨建てエクスポージャー』による取り決めは，1979年の銀行法の下で監督責任を与えられたイングランド銀行がその目的のために適用することとなっている。イングランド銀行は外貨建ての業務から生じるエクスポージャーの管理の第一義的な責任は銀行経営者にあるとしつつ，監督責任の遂行において，銀行経営者がそのようなエクスポージャーを管理する方法，各銀行のエクスポージャーの範囲，および他のリスクおよび資本との関係を知る必要があるとしている。

それでは『外貨建てエクスポージャー』による外貨建てポジションの自己資本比率規制上の取り扱いについて確認してみよう。まず『外貨建てエクスポージャー』では外貨建てのポジションについて，銀行の日々の通常業務から生じる「ディーリングポジション」と，より長期的な性質を持つ「構造的ポジション」があるとし，基本的には「ディーリングポジション」に対して一定の自己資本を積むことを求めている。そして，外国為替業務の経験がある銀行については，(i)任意のある通貨における正味オープンポジションに対して調整済み自己資本の10%以下，(ii)すべての通貨を合わせた正味ショートオープンポジションに対して調整済み自己資本の15%以下，とすることを求めている[1]。なお外国為替業務に不慣れな銀行にはより保守的な運営も望んでいる。また通貨スワップ等でカバーされていることが明白なポジションは除外することとしている。第2章で確認したとおり，この段階では80年基準として指標となるような比率は設定されていないことを考慮すると，外貨建てのポジションについては慎重な姿勢を求めていたといえる。

なお外貨建てポジションの構造的な部分との関連で，80年基準において社債(loan stock）を自己資本に含めることについて，つぎのような記述がある。

「社債の付随的な利点は，長期的で外貨建ての場合，銀行の資産と負債の間の満期と通貨の一致を改善できることである。したがって，劣後債の特性が株式資本の完全な代替するわけではないが，それらの存在が預金者に利用可能な保護のレベルを高めることができることは明らかである」(Bank of England, 1980, p.326)。劣後債を自己資本に含める点については損失の吸収する能力の観点から疑問視されることが多いが，国際金融センターであるイギリスにおいては期間や通貨のミスマッチの改善手段としても期待されていたことがわかる。

2.2　流動性基準の公表

続いて1982年7月にはイングランド銀行が“The measurement of liquidity”(以下，『流動性基準』)を公表した。第二銀行危機を受けて公表された75年基準が自己資本と流動性の充実を求める内容であったことを考えると，自己資本充実のみを扱った80年基準は不十分であり，『流動性基準』は80年基準を補完するものといえる。また後知恵となってしまうが，現在のバーゼルⅢにおいても流動性カバレッジ比率と純安定調達比率など流動性規制が導入されている現状もある。そのため，自己資本比率規則そのものの枠組みではないが，『流動性基準』の考え方について詳細を確認しておきたい。

まず『流動性基準』ではその目的について，銀行が期日の到来した債務に対して義務を果たすための能力を維持する必要があるとし，つぎの3つの能力に着目している。(i)即時に利用可能な現金もしくは流動化しやすい資産の保有，(ii)将来満期を迎える資産から生じるキャッシュフローのプロファイルとの適切なマッチング，(iii)満期とカウンターパーティーの範囲という両面から適切に分散された預金ベースの維持，という3つである。この3つの能力を念頭において，表3-1のような流動性基準を規定している。

表3-1のように，まずポンド建て資産の流動性については市場性や満期，適格性などに応じて0～10%の割引率が適用されている。そして満期までの期間に応じて，預金やコミットメントに対する純額の計測を求めている。『流動性基準』では資産に対する負債の超過が最も大きくなるのが通常6カ月以内の期間であることは認識したうえで（要求払預金が多いため），6カ月を超える場合

表 3-1 『流動性基準』における流動性

ポンド建て資産に適用される割引率

割引率	資産
0%	・財務省証券（TB），適格な地方債，適格な銀行手形 ・国債もしくは政府保証付きで市場性のある証券で満期まで12カ月未満のもの
5%	・その他債券およびCDで満期まで6カ月未満のもの ・その他の国債，政府保証付き証券，地方債で市場性があって満期まで5年未満もしくは変動金利のもの
10%	・その他債券，CDおよびFRNで満期まで5年未満のもの ・その他の国債，政府保証付き証券，地方債で市場性があって満期まで5年以上のもの
割引率は今後決定予定	その他すべての市場性のある資産

測定方法

満期	一覧払-8日	8日-1カ月	1-3カ月	3-6カ月	6-12カ月
負債	預金，コメットメント				
資産	市場性のある資産，市場のない資産，利用可能なスタンドバイファシリティ				
負債―資産	各期間について純額を計測し，累積ポジションも計測				

注）比較可能な外貨建て資産についてはポンド建て資産と同様の割引率を適用。
出所）Bank of England (1982), p.402 より作成。

もあるとして12カ月以内のプロファイルの計測を求めている。そのうえで，今後の分析と議論において，より早期の満期に集中することが適切である可能性があることも認識していると述べている（Bank of England, 1982, p.401）。後付けの議論にはなるが，バーゼルⅢにおける流動性カバレッジ比率が30日間のストレス期間の資金流出額となっており，当時のイングランド銀行の問題意識は正しかったのであろう。

2.3　永久劣後債の取り扱い

さらに80年基準導入後の大きな改訂として，劣後債の自己資本ベースとしての取り扱いがある。既に第2章で確認したように，80年基準においては満期まで5年以上の社債が自己資本ベースとして認められていた。Bank of England (1986a) によると，劣後債の80年基準上の取り扱いに関して，イングランド銀行と銀行業界は1984年11月以降に書簡を交わしている。そのため，Bank of England（1986a）は80年基準の補遺としての通達であるという。

まずBank of England（1986a）は自己資本の十分性を評価する際に，イギリスまたは海外を問わず，他の銀行の資本への投資は，同じ資本でないことを保証するために，保有銀行の自己資本ベースから差し引かれるべきであるという原則を強調しており，その原則は劣後債にも適用されるべきとしている。そのうえで，他の銀行が劣後債を発行して資金調達する際にマーケット・メーカーとして劣後債を保有する場合，発行時の引受人となったときは，発行日から最大90日間は特例として保有が認められるという。また流通市場におけるマーケット・メーカーとして保有する場合も，申請によって特例が認められる場合がある。なお保有する劣後債はリスク資産として100％のリスク・ウェイトが課される。

そしてBank of England（1986a）は自己資本ベースについて預金者保護の観点から，銀行が取引を継続しながら損失を吸収でき，固定の費用がなく，恒久的に利用可能といった特徴を持つエクイティ（株主資本）を一次資本（primary capital）と定義している。そのうえで，一次資本として扱うためにイギリスの銀行が永久債を発行するために満たされなければならない条件として，つぎの５つを挙げている。

(a)借入銀行に対する貸し手の請求は，すべての非劣後債権者の債権に対して完全に劣後しなければならない。

(b)債務契約には，債務の返済を引き起こす可能性のある条項を含めてはならない。ただしこれは，利息が支払われなかった場合に，借入銀行の清算を申請する権利を損なうものではない。

(c)イングランド銀行の事前の同意なしに，債務の返済を行うことはできない。

(d)債務契約は，借入銀行が債務の利息支払いを延期するオプションを提供する必要がある。

(e)債務契約は，銀行が取引を継続できるようにしながら，損失を吸収できるように債務と未払い利息を提供する必要がある。これは剰余金等がマイナスになり，資本の再構築が行われていない場合に，永久債と未払い利息を株式資本に自動的に変換することで達成できる。このような場合，銀行が債務をいつでも株式に転換できるようにするために，発行可能であるが未発行の株式資本の十分なマージンを維持する必要がある。あるいは，自動的な株式転換を提供する代わりに，債務契約は損失を吸収するために必要な債務の元本および利息と，銀行が他の方法では解決できない場合に劣後債の保有者が銀行の清算における特定の種類の株式資本の保有者になることを提供できることを明示的に証明する。この場合，債務契約は，借入機関の清算開始の申立ての直前の日，または清算に関連する決議が可決された債権者集会もしくは株主総会の日に，債務が株式資本に転換されたかのように扱われるように規定する。債務契約には，債務をこのように処理できることを劣後債保有者に対して明示的に警告する必要がある。

以上の5点のうち，(a)〜(d)はほぼバーゼルⅠのTier 2における負債性資本調達手段の要件とほぼ同じである[2]。(e)の要件も銀行が取引を継続しながら損失を吸収できる点については，バーゼルⅠの負債性資本調達手段の要件と共通であるが，自己資本が毀損した際に株式への転換を明確に規定している点は非常に興味深い。バーゼルⅢにおいて議論された偶発資本（contingent capital）の考え方とほぼ同じであると言っていいのではないだろうか。なおBank of England（1986a）は永久劣後債を質の高い一次資本と位置付けたが，一次資本として算入できる限度は調整済み資本ベースの半分までとしている。また永久劣後債のみならず，5年を超える社債についても引き続き自己資本ベースの構成項目に含めている[3]。ただし，Bank of England（1986a）では当初の80年基準とはことなり，自己資本の役割として損失を吸収するという役割が全面的に出てきている。

2.4　その他の80年基準の改訂

80年基準導入後の改訂としてオフバランス項目の取り扱いもある。まず必ずしも80年基準の枠組みではないが，1984年には*Foreign currency options*が公表され，銀行による通貨オプション取引が監督対象に加わった。1985年には，

NIF（note issuance facilities），およびRUF（revolving underwriting Facilities）の下での引受義務額は，偶発債務として50%のリスク・ウェイトが課された（Bank of England, 1986c, p.1）。そして，1986年には*Off-Balance Sheet Business of Banks*と題した協議案が公表された。この協議案について，Bank of England（1986c）は，オフバランス業務が金利リスク，為替変動リスク，流動性リスク，および情報や経営管理の問題などについて，貸借対照表に記録される事業に関連するリスクと同じであるが，場合によっては新しいアプローチが必要である，としている。またイギリスの銀行との協議と並行して，オフバランスシートリスクに関するバーゼル監督委員会での作業にもかかわっているとしている。

その他の論点として，80年基準においてさまざまな固定資産が自己資本から控除されることに対する銀行側の対応としてリース取引が拡大した。そのため，Bank of England（1986d）ではリース取引に関連する80年基準の取り扱いについて，以下のとおりに決定した。

(a)ファイナンス・リースにもとづく借手銀行，または使用購入契約にもとづく使用者の場合，資本基盤からの資産の全額を控除する（銀行が固定資産を内部にリースし，ファイナンス・リースにもとづいてサブリースする場合を除く。この場合，資産は銀行の貸手と同様にリスク資産比率で加重される可能性がある）。
(b)オペレーティング・リースにもとづく借手銀行の場合，資本基盤からの資産の控除およびリスク資産比率の計算における資産のウェイトはない。
(c)ファイナンス・リースまたはオペレーティング・リースの貸し手銀行の場合，借手の状況に応じて，0.2または1.0の資産のウェイトが適用される。

そのうえで，イングランド銀行は，リース市場の将来の動向に照らして，ファイナンス・リースおよびオペレーティング・リースの監督上の取り扱いを引き続き検討するとしている。

以上でみてきたように，80年基準の導入時の課題であった外貨建てエクスポージャーの取り扱いや，補完関係にある流動性基準が整備される一方で，オフバランス業務の拡大，永久劣後債の取り扱いの決定など，80年基準はわずか数年で大きな改訂を迫られたことがわかる。とりわけ自己資本に求められる役割として損失の吸収が強調されるようになっていったことが，1980年代前半から半ばの大きな動きといえる。

3. 米英合意の背景と内容

第3節では，前節で確認した80年基準導入後の銀行業を取り巻く環境の変化を受け，1987年に成立した米英合意の特徴を考察する。

3.1 米英合意の背景

米英合意は1987年に成立し，当初は困難と考えられていた自己資本比率規制に関する国際的な合意のきっかけとなったものである。Kapstein（1991）はイギリスとアメリカという二大国際金融市場における自己資本比率規制に関する合意は，実質的に国際的な業務を行うほとんどの銀行が従うべき基準として「既成事実」となることを意味するとしている（p.2）[4]。Hall（1990）は，オフバランス業務の取り扱いに関して，銀行業界やアメリカの規制当局と協議した後に，より一般化されたリスク・ウェイト方式の案が米英合意において実現したとしている（p.160）。

また米英合意に至るイギリスの論理について，鹿児嶋（2000）はECにおける自己資本比率規制の制定に関して，大陸から主導権を奪取する手段として，米英合意が有効であったことを挙げている（p.17）。そして，主導権を奪取する必要があった具体的な理由として，EC諸国が1986年9月27日に出した「金融機関の自己資本に関する委員会指令の提案」では，永久劣後債が自己資本に算入されなかったことを挙げている（p.17）[5]。このような背景から，米英合意では劣後債が自己資本への算入が条件付で認められている。

こうした背景を持ちながら，1987年1月に米英合意が成立したわけであるが，その目的について，米英合意ではつぎのように述べられている。「このペーパーの主要な目的は，主要な金融センターを持つ国々の間で自己資本充実の評価に関する監督政策の収斂（convergence）を促進することである」（Bank of England, 1987b, p.87）。つまり，当時は各国の利害調整が難しく，自己資本充実の国際的な合意を形成するのは困難と考えられていたのであるが，それらを収斂させるために米英合意が提案されたというのである。このアメリカ・イギリス両国における合意は，当時，国際的な合意の形成が難しいと考えられていた状況を打破し，バーゼルⅠが成立するきっかけとなった。

3.2　米英合意の内容

ここでは米英合意の内容について，Bank of England（1987a）および（1987b）にもとづいて考察する[6]。まず分子の自己資本については，銀行が抱える自己資本の中で最も品質の高いものとして一次資本が定義された。そのうえで一次資本の品質は均質ではなく，まず無制限に算入できる項目として，普通株式および剰余金，留保利益，少数株主持分，損失に対する一般的な積立金，非公表準備金が設定された。そして，制限付きで算入される項目として，優先株式，劣後債が挙げられている[7]。制限付きで算入される項目は，無制限に参入できる項目から無形資産や関連会社等への投資などの金額を控除した額の50％まで参入可能とされた。劣後債については，イングランド銀行による事前の許可なしに償還できないといった条件がないなど，改訂後の80年基準における基準よりもやや緩和されている印象がある。一方で，80年基準では自己資本ベースが固定資産の資金調達手段であるべきという考え方から，5年超の満期を持つ社債も自己資本ベースに含めつつ，のれんなどの無形固定資産のみにならず土地建物や設備なども控除項目としていた。この80年基準からの変化の背景には，前節で確認した土地建物や備品などにおけるリース取引の拡大もあると思われるが，1980年代初頭の中南米で起きた債務危機を経て，自己資本に期待される役割が損失の吸収に限定されてきたことが大きいのであろう。

続いて米英合意の分母についても確認してみよう。米英合意における各資産項目に対するリスク・ウェイトは表3-2のとおりである。やや結論を先取りすると，全体としてみると，80年基準とのちのバーゼルⅠの中間的なリスク・

表 3-2　米英合意におけるリスク・ウェイト

リスク・ウェイト	オンバランス項目
0%	手許現金 自国中央銀行預け金 自国政府保証付き輸出および造船向け貸出
10%	自国政府に対する短期の債権 割引商社などに対する短期の債権（注 2）
25%	取立中の現金項目 自国内の預金取扱機関および外国銀行に対する短期の債権 自国の地方公共団体に対するすべての債権（注 2） 自国政府に対する長期の債権など 自国政府の債務によって付保された債権など 連邦準備銀行の株式（注 3） 自国政府の保証付貸出 外国の中央政府に対する現地通貨建て債権
50%	自国政府関係機関に対するすべての債権 自国政府関係機関の債務によって付保されたすべての債権（注 3） 州および地方政府の発行する一般財源債（注 3） 自国政府が出資またはメンバーとなっている国際開発機関に対する債権
100%	自国内の預金取扱機関および外国銀行に対する長期の債権 外国の中央政府に対する現地通貨建て債権を除く，外国政府に対する債権 一般引受手形（注 3） 州および地方政府の発行するレベニュー債および産業開発債（注 3） その他の全ての資産 外国為替ネットポジション（注 2）

注 1）短期は 1 年以下，長期は 1 年超と定義されている。
注 2）イギリスの銀行のみを対象とした項目である。
注 3）アメリカの銀行のみを対象とした項目である。

リスク・ウェイト	償還期間	オフバランス項目
50%		商業取引に付随する偶発債務
100%		直接的な信用供与を代替するもの （スタンドバイ L/C，アクセプタンス）
100%		バランスシート未計上の現先取引
100%		求償権付き資産売却
10%	1 年以下	その他のコミットメント （当座貸越，RUFs/NIFs，アンダーライティング コミットメント，商業および消費者向けクレジットライン）
25%	1 年超 5 年以下	
50%	5 年超	

注）オフバランス項目については債務者および必要に応じて債務期間を考慮して，オンバランス項目のリスクカテゴリーに分類して算入することとなっている。
出所）Bank of England（1987b），pp.91–93（邦訳，pp.25–26）より作成。

ウェイトが設定されているといえる。まず表3–2から明らかなように，米英合意においても国債に対してリスク・ウェイトが課されている。自国政府に対する短期の債権には10%，中央政府に対する長期の債権には25%，というリスク・ウェイトがそれぞれ課されている。自国政府に対する短期の債権については，「国内の中央政府に対する短期債権は信用リスクを生じない一方で，そのような債権はある程度の金利リスクを生じうる」（Bank of England, 1987b, p.89）との理由でリスク・ウェイトを課している。また，自国政府に対する長期の債権についてリスク・ウェイトを課す点については，「信用リスクは全く反映していないが，長期国債の保有に内在する金利リスクという重要な要因を代用する暫定的な手法として反映させている」（Bank of England, 1987b, p.89）としている。なおここで，リスク・ウェイト方式による金利リスクの反映方法が暫定的な手法とされているのは，アメリカの当局とイングランド銀行が金利リスクのより直接的な計測方法を開発することに力を入れている（Bank of England, 1987b, p.89）ことを意味する。この金利リスクのより直接的な計測方法の開発が，のちのバーゼル合意における市場リスク規制の導入につながっていくことになるのだが，その点は第4章に譲る。

つぎに米英合意の特徴として，オフバランス項目が拡充された点がある。当初の80年基準において考慮されていたオフバランス項目は，保証その他の偶発債務のみであり，その後の改訂においてもNIFとRUFの引き受け義務に対して50%のリスク・ウェイトが課されていただけであった。しかしながら，表3–2を確認すると，偶発債務に対して50%のリスク・ウェイトが課されているのは80年基準と同様であるが，スタンドバイL/Cなど直接的な信用供与を代替するもの，バランスシート未計上の現先取引，求償権付き資産売却などのオフバランス項目が拡充されており，それらの項目のリスク・ウェイトは100%となっている。そして，NIFなどその他のコミットメントは当初の償還期間に応じて，1年以下なら10%，1年超5年以下なら25%，5年超なら50%というリスク・ウェイトがそれぞれ課されている。銀行業界やアメリカの規制当局との協議を通じて，オフバランス業務のリスクの補足が進展したことがわかる。

さらに80年基準から米英合意を経て，のちのバーゼルⅠにつながる流れを理解する意味で，もう1つ確認しておきたいことが最低所要自己資本の設定についてである。Bank of England（1987a）は，つぎのように説明している。「ウェイトを課されたリスク資産に対する一次資本の共通の比率は，両国における全ての銀行に適用する最低比率として設定され，公表されるであろう。加えて，個々の金融機関がその相対的な強弱を反映した一次資本の比率を設定することが，両国の監督当局に意図されている」(Bank of England, 1987a, p.85)。つまり米英合意では，アメリカとイギリスのすべての銀行が最低限維持すべき絶対的な比率を課したうえで，個々の銀行における資産の状況や，リスク管理の状況に応じて，相対的な比率も課すことを意図していたのである。

上記のように，自己資本比率の計算上，最低限維持すべき絶対的な比率と，個々の金融機関の状況に応じた相対的な比率という2つの基準が設定されるようになった経緯については，Hall（1990）に依拠しながら考察する。80年基準においては，「(80年基準は)，この方法による資本充実の評価における第一歩をあらわすに過ぎない。最終的な評価は金融機関ごとの個々の顧客が判断する。例えば，質の高い貸出をより分散的に行っている大銀行は，狭い顧客基盤を持つ小さな専門金融機関よりも，本質的にさらされるリスクが小さく，それゆえに資産をカバーする自己資本が相対的に少ない」(Bank of England, 1980, p.328. カッコ内は筆者による挿入）との理由から最低所要自己資本を課していなかった。しかしながら，Hall（1990）によると80年基準の導入以後，リスク・アセットに対する自己資本比率を計算するようになると，イングランド銀行は，個々の金融機関がさらされているリスクや，それらのリスクを管理する能力を査定するようになる（p.157)。そしてイングランド銀行は，銀行を監督する立場上，銀行の抱えているリスクや，自己資本比率の内容について関心を抱き，分析をするようになる。その結果について，Hall（1990）は，つぎのように指摘している。「この徹底的な分析の結果は最低所要自己資本（いわゆる'trigger'ratio）のかたちでまとめられた」(Hall, 1990, p.157)。つまり，イングランド銀行は自己資本比率基準にもとづいて監督を行ううちに，銀行が最低限維持すべきトリガー・レシオを課すようになったのである。

さらに，Hall（1990）によると，トリガー・レシオを必要としたイングランド銀行は，つぎのような考え方にいたる。「イングランド銀行は，個々の金融機関にトリガー水準を超えた余裕のある比率を維持しつつ業務を遂行することを期待するようになる。こうしたより高い比率は『目標』（‘target’）比率として知られる」(Hall, 1990, p.159)。つまり，個別の銀行における業務の遂行状況を勘案したうえで，トリガー・レシオにバッファーを持たせた水準を維持するようにイングランド銀行は指導するようになった。こうして，すべての銀行が遵守すべき最低比率としてのトリガー・レシオと，個別の銀行が達成すべき目標比率としてのターゲット・レシオという２つの自己資本比率を設定[8]していくこととなったのである。なお，80年基準は形式的には自己資本比率の計算基準でしかなかったが，米英合意では最低限維持すべきトリガー・レシオというルールが生まれたため，厳密には自己資本比率規制といえるのは米英合意以降であろう。

以上，第３節では1987年に成立した米英合意の特徴についてみてきた。１つ目の特徴は，80年基準と同様に国債に対してリスク・ウェイトが課されているが，そのウェイトが軽減される傾向にあった点である。つぎに2つ目の特徴は，80年基準が導入されたことによる銀行のオフバランス業務の拡大を背景として，リスク・ウェイトを課されるオフバランス項目が拡充された点である。最後に３つ目の特徴として，自己資本比率の計算上，最低限維持すべきトリガー・レシオと個々の金融機関ごとに目標とすべきターゲット・レシオという２つの考え方が明示された点が挙げられる。自己資本比率に関する２つの考え方のうちトリガー・レシオの設定は，形式的には単なる自己資本比率の計算基準でしかなかった80年基準から，自己資本比率規制としての米英合意への変化を意味していた。上記のような特徴を持つ米英合意は，その後に成立したバーゼルⅠとは異なる性格のものであった。

4. イギリスにおけるバーゼルⅠの適用

第４節では，アメリカとの間でバーゼルⅠとは異なる性格を持つ米英合意を成立させていたイギリスが，1988年に成立したバーゼルⅠをどのように適用していたのかを考察する。

4.1 イギリスにおけるバーゼルⅠの導入

周知のように1988年7月に初めての国際的な自己資本比率規制となるバーゼルⅠが公表された。そのわずか3カ月後の1988年10月に，イギリスではイングランド銀行が国内の銀行に対するバーゼルⅠの適用細則を，“Implementation of the Basle Convergence Agreement in the United Kingdom”（以下，「88年基準」とする）と題し，通達（Notice）の形で発表した。88年基準は，銀行の80年基準からの変更に伴う準備期間を考慮して，報告開始が1989年6月末，最終的な新基準への移行は1989年末を目途とした（Bank of England, 1988, p.1)。バーゼルⅠにおいては，1992年末までが移行期間として設定されており，イギリスが率先して早期に適用しようとする姿勢が確認できる。

88年基準は，1987年に改正された銀行法により一元化された金融機関に発せされたものである。そのため，バーゼルⅠが意図していた国際銀行業務に従事する銀行のみならず，1987年銀行法で監督対象とされたすべての金融機関が88年基準の適用対象となった[9]。そのため，88年基準は基本的事項と主としてバーゼルⅠとの相違点を列挙した本文26条と2つの別表からなる（増田，1989，p.16)。つまり，88年基準は国際的な基準であるバーゼルⅠと整合するように設定されているのと同時に，各国に認められた裁量を利用する形で異なる特徴を持っている。

周知のとおり，バーゼルⅠでは8%という最低水準が設定された。これに対し，イングランド銀行は88年基準において引き続きターゲット・レシオとトリガー・レシオを指定する（Bank of England, 1988, p.1）としている。ここで8%というバーゼルⅠの最低水準は，トリガー・レシオとなるわけではなく，あくまでイングランド銀行が各金融機関に対して連結ベースおよび個別ベースで要求する水準の基底線（base line）としているだけである。そのため，各銀行と合意したトリガー・レシオおよびターゲット・レシオに依拠するという原則に取って代わることを意図しておらず，トリガー・レシオおよびターゲット・レシオは引き続き各銀行における個別的な環境を反映したものとなる（Bank of England, 1988, p.1)。そして，トリガー・レシオおよびターゲット・レシオは多くの場合に8%の最低水準をかなり上回ることになるだろう（Bank of

England, 1988, p.1）としている。なお88年基準では，従来の80年基準よりも顕著に低い比率が生じないかどうかについて，各金融機関が検証すべきことを要請している。そして，もし顕著に低い比率が生じてしまい，ターゲット・レシオやトリガー・レシオを下回る原因となるようであれば，その金融機関は速やかにイングランド銀行に相談すべきとしている（Bank of England, 1988, p.2）。

以上のように，88年基準は1987年銀行法で監督対象となるすべて銀行を適用対象として，1989年から早期に適用され，8%を上回るようなトリガー・レシオやターゲット・レシオを設定しながらイングランド銀行が銀行を監督するための手段として導入された。

4.2　88年基準の内容

ここでは88年基準の内容を考察してみる。まず分子の自己資本から確認してみよう。88年基準における自己資本の定義は表3-3のとおりであり，概ねバーゼルⅠで合意された自己資本の定義と同じである。前節までで確認した内容から，満期までの期間が5年を超える劣後債務がTier 2に含められているのは，イギリスの影響であることがみてとれる。また期間中利益はバーゼルⅠでは明示的な取り扱いがなされていないが，その期間に発生しうる損失が期間中利益を超えなければ，他の自己資本を損失処理に使う必要がないため，Tier 1として扱われている。逆に期間中損失は当然のようにTier 1の控除項目として扱われている。

続いて，表3-4で88年基準における分母の項目とリスク・ウェイトを確認してみよう。やはり概ねバーゼルⅠと同様のリスク・ウェイトが設定されている。国際合意であるバーゼルⅠと比較した88年基準の最大の特色は，80年基準から一貫する国債に対するリスク・ウェイトの設定である。バーゼルⅠが主眼をおいていたのは，信用リスク（およびその延長線上にあるカントリー・リスク）であったため，自国を含むOCED諸国の政府に対する債権のリスク・ウェイトは0%となっていた。ただし，バーゼルⅠでも国債保有に付随する金利リスクは認識されており，「個々の監督当局が，政府に対する債権について

表 3-3　88 年基準における自己資本の定義

	項目
Tier 1	払込資本金／普通株式，非累積配当型永久優先株式
	公表準備金
	期間中利益
	少数株主持分
Tier 1 からの控除項目	営業権
	期間中損失
Tier 2	非公表準備金，非公表期間中利益
	有形固定資産の再評価準備金
	一般貸倒引当金
	負債性資本調達手段
	・累積配当型永久優先株式
	・発行者のオプションで株式転換可能な劣後転換社債
	・永久劣後債
	期限付劣後債
	・期限付優先株式
	・劣後転換社債
	・契約期間 5 年超の期限付劣後債務
	Tier 2 資本部分の少数株主持分
総資本からの控除項目	非連結子会社に対する出資
	出資の性格を持つ紐付融資
	他の銀行や住宅金融組合の資本調達手段の保有分
算入限度	Tier 2 は Tier 1 と同額まで
	期限付劣後債務は Tier 1 の 50%まで

出所）Bank of England（1988），および増田（1989）より作成。

0%もしくは低いウェイトを適用することは，自由とすべきであるとの結論に達した。例えば，すべての債券に 10%のウェイトを課す，もしくは 1 年未満の満期の債券ついては 10%，1 年以上の満期の債券については 20%のウェイトを課す，などである」(Basle Committee on Banking Regulations and Supervisory Practices, 1988, p.8) としている。つまり，各国の裁量で国債に対してリスク・ウェイトを課してもよいということであるが，このバーゼルⅠで

表3-4　88年基準におけるリスク・ウェイト

リスク・ウェイト	オンバランス項目
0%	現金 金および金塊の保有高 OECD諸国の中央政府および中央銀行に対する貸付 OECD諸国の中央政府または中央銀行により付保された債権 非OECD諸国の中央政府および中央銀行に対する貸付で現地通貨建のもの 非OECD諸国の中央政府および中央銀行によって保証された貸付で現地通貨建のもの 適格納税準備預金
10%	割引商社などに対する貸付で国債等で付保されたもの OECD諸国の中央政府発行の変動利付債券または残存期間1年未満の固定利付債券 OECD諸国の中央政府発行の変動利付債券もしくは残存期間1年未満の固定利付債券により担保された債権 非OECD諸国の中央政府の債券で，残存期間1年未満かつ現地通貨建で調達されたもの
20%	残存期間1年以上のOECD諸国の中央政府債券またはこれにより担保された債権 残存期間1年以上の非OECD諸国の中央政府の債券で現地通貨建で調達されたもの 国際開発銀行の債権，およびそれらの機関により担保された債権 OECD諸国の銀行向け債権と，これらにより保証された債権 非OECD諸国の銀行向け債権で，1年未満のもの OECD諸国の公共部門向け債権，およびそれらの機関により付保された貸付 割引商社に対する貸付で無担保のもの，もしくは国債等で付保されていないもの 取立中の現金項目
50%	担保付の個人または住宅協会向け住宅貸付 担保付の個人または住宅協会向け住宅貸付により担保された証券 住宅ローンのサブ・パーティシペーション
100%	非銀行民間部門向け債権 非OECD諸国の銀行向け債権で1年以上のもの 非OECD諸国の中央政府の債券で，現地通貨建以外の債権 非OECD諸国の中央政府によって付保された貸付で，現地通貨建以外のもの 公共部門所有の営利企業に対する債権 非OECD諸国の公共部門向け債権 営業用土地・建物・動産及びその他の固定資産 不動産投資，その他の投資 外国為替の売持ちポジション

リスク・ウェイト	与信を代替するオフバランス項目
100%	債務保証，手形引受等の直接的な信用供与代替取引 買戻し条件付の資産売却 先物資産購入，証券購入のコミットメント
50%	特定の取引に伴う偶発債務（スタンド・バイ L/C など），NIF，RUF その他の原契約期間 1 年以上のコミットメント
20%	短期の貿易関連偶発債務
0%	1 年以下，あるいは随時無条件で取り消し可能なコミットメント 手形の裏書き（銀行の引き受けのないものは 100%）

金利および外為関連取引のオフバランス項目
　リスクアセット＝信用リスク相当額×取引相手に応じたリスクウェイト（上限 50%）
　信用リスク相当額＝時価評価による再構築コスト＋想定元本×掛け目

掛目	残存期間	金利関連	外為関連
	1 年未満	0%	1.0%
	1 年以上	0.5%	5.0%

出所）Bank of England（1988），および増田（1989）より作成。

認められた裁量を実際に行使していたのがイギリスの 88 年基準である。88 年基準では国債にリスク・ウェイトを課すことについて，「金利リスクの暫定的な代用手段として」（Bank of England, 1988, p.3）適用していることを述べている。

またオフバンス項目についても確認しておくと，与信を代替するオフバランス項目はバーゼルⅠと全く同じである。そして，金利および外為関連取引のオフバランス項目については，バーゼルⅠにおいて再構築コストにもとづく時価評価を行うカレント・エクスポージャー方式と，想定元本による原価で評価するオリジナル・エクスポージャー方式の選択適用が認められていたが，88 年基準ではカレント・エクスポージャー方式のみとされた。ただしこの点については，バーゼルⅠにおいてもオリジナル・エクスポージャー方式を各国の裁量によって用いることができる簡便法と位置付けており[10]，単に 88 年基準が簡便法を認めなかっただけのことだろう。

5. 80年基準～88年基準導入時のイギリス銀行業

以上でみてきたよう，80年基準は導入後からさまざまな改訂を行い，米英合意を経てバーゼルⅠにもとづく88年基準の導入に至っている。本節では，イギリス国内での80年基準の導入から改訂，そして国際合意の成立・導入という過程にあった1980年代におけるイギリス銀行業の変化について検証しておきたい。データを確認する前にいくつかの点を概観しておこう。1980年代のイギリスにおけるオフバランス業務拡大の背景について，野村総合研究所（1986）は自己資本比率基準が強化されたためにバランスシートを拡大させる形での業容の拡大が困難となったことと，伝統的なユーロ貸付のスプレッドが低下傾向にあること，という２つを挙げている（p.307）。この２つの背景のうち，前者については，イギリスでは1986年の金融サービス法（いわゆるビッグバン）により，預金銀行が証券業務へと本格的に参入し，デリバティブ取引も増加したため，銀行業務の拡大が進んだことがあげられる[11]。

また後者については，1980年代初頭における南米の債務危機を発端として，ユーロ市場でそれまで支配的であったシンジケートローンから，貸出と証券の混合形態の新金融商品を販売する証券業務に近い仲介機能へ業務を転換（金融の証券化）させるようになったことを意味している。つまり，イギリスにおける銀行のオフバランス業務の拡大は，オンバランス資産に対する80年基準の適用，ユーロ市場の発展と債務危機を発端とした混乱，および金融の証券化といった要因が絡み合って起きた現象である。

5.1　バランスシートの構造の変化

ここではまずイギリス銀行のバランスシートの構造変化について確認してみよう。まず図3-1は1980年代のイギリスの銀行における負債の構造変化をみたものである。図3-1のとおり，1980年代前半は総負債の35%程度を外貨預金が占めていたが，1980年代の後半に入ってポンド建て預金への回帰が進んでいる。しかしながら，これは外貨建ての業務が縮小したのではなく，オフバラン

図3-1　1980年代のイギリス銀行における負債構造の変化

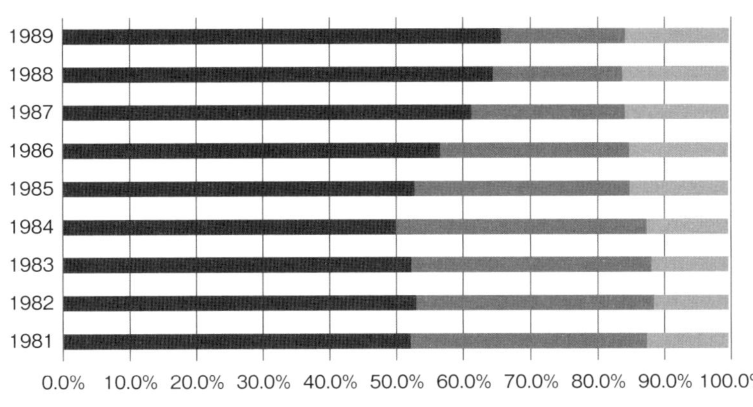

注）数値は各年の総負債に対する割合である。また重要性に乏しい項目を除いているため100%になっていない。

出所）British Bankers' Association, *Banking Abstract* より筆者作成。

ス化した影響であろう。また自己資本ベースの構成項目を含むその他負債については1982年の11%程度で底を打ち，1985年以降は15%程度で推移している。1985年以降の永久劣後債の発行によってその他負債が充実したことが読み取れる。

続いて図3-2で資産構造の変化も確認してみよう。図3-2のとおり，1980年代前半は外貨建てのマーケットローンや手形，貸付などが35%前後を占めていたが，1980年代後半には減少傾向がみられ，1989年には外貨建て資産の割合は20%前後まで低下している。逆にポンド建て資産は貸付を中心に1980年代後半に割合が高まっている。しかしながら，前述の負債構造の変化と同様に，やはり外貨建ての業務がオフバランス化したことを反映しているのであろう。

図3-3で個別銀行の外貨預金の割合についてもみてみよう。1980年代を通じてすべての銀行が預金総額に占める外貨預金の割合を減少させており，とりわけLloydsの減少度合いが大きい。HSBCは1984年の段階でほぼ50%近くを外貨預金が占めていたが，1989年には20%程度まで減らしている。Barclays, National Westminster, Royal Bank of Scotlandは似たような動きをしており，1980年代を通じて40%前後だった外貨預金の割合を24%前後に減らしている。

図3-2　1980年代のイギリス銀行における資産構造の変化

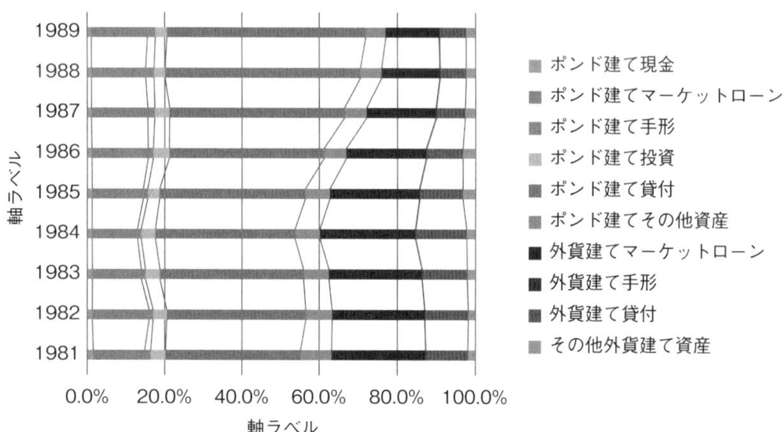

出所）British Bankers' Association, *Banking Abstract* より筆者作成。

図3-3　各銀行の総預金に占める外貨預金の割合

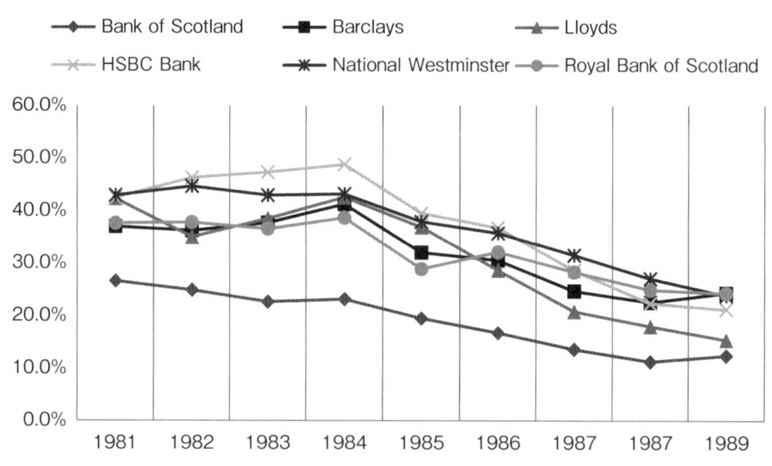

注）各行の数値は総預金に占める外貨預金の割合である。
出所）British Bankers' Association, *Banking Abstract* より筆者作成。

Bank of Scotland は一貫して外貨預金の割合が最も低かった。

5.2　収益構造の変化

前項でバランスシート構造の変化を確認し，外貨預金および外貨建て資産の割合の減少は外貨建て業務の縮小ではなく，オフバランス化であるとした。この点を確認するために，収益構造の変化についても確認してみよう。図3–4は1980年代のイギリスの銀行の収益構造について，総収益に占める金利収益と非金利収益との割合の推移をみたものである。80年基準の導入当初は70%超を金利収益が占めていたが，1982年には70%を割り込みバーゼルⅠを導入した1989年には62%程度まで低下している。それは非金利収益の割合が40%近くまで上昇したことも意味している。

収益構造について総資産に対する割合の推移でも確認してみよう。図3–5は総資産に対する各種の収益指標である。図3–5のとおり，総資産を分母とした割合でみても，金利収益は1980年代を通してほぼ一貫して低下している一方で，非金利収益はほぼ一貫して増加している。また総資産に対する非金利収益の割合で興味深いのは，1985年ごろまではほぼ貸倒引当金その他の引当金とほぼ連動して動いているが，それ以降は貸倒引当金その他の引当金が大きく変動

図3–4　1980年代のイギリス銀行における収益構造の変化

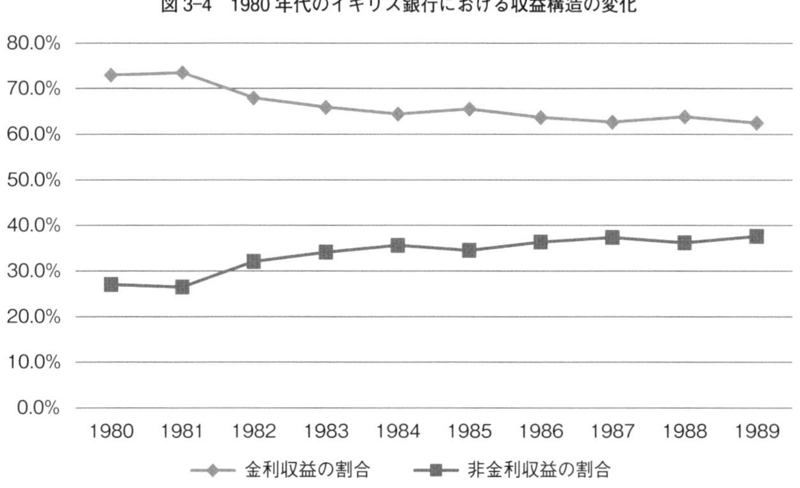

出所）British Bankers' Association, *Banking Abstract* より筆者作成。

図3-5　イギリス銀行の総資産に対する各種指標の推移

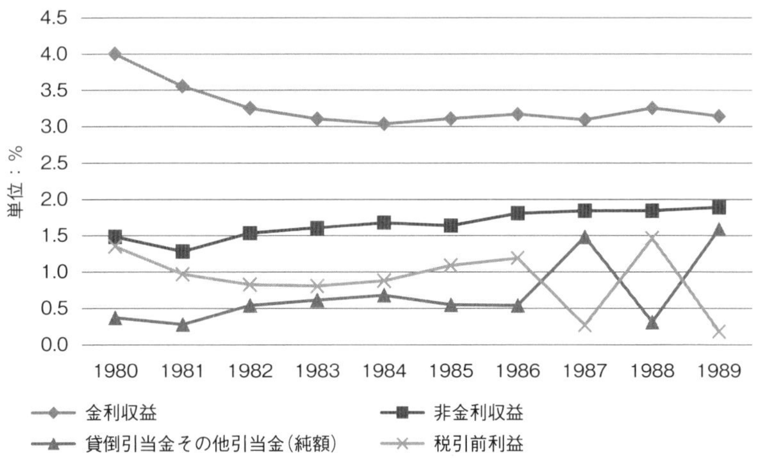

注）数値は各年の総資産に対する割合である。
出所）British Bankers' Association, *Banking Abstract* より筆者作成。

するなかで非金利収益が少しずつながら安定的に増加している点である。逆に金利収益は変動幅はともかくとして，貸倒引当金の純繰入額が増加する年は金利収益が減少し，貸倒引当金等の純繰入額が減少する年には金利収益が増加している。つまり，1980年代前半はわずかながら貸倒引当金等の増加傾向がみられるなかで金利収益が低下傾向をみせる一方で，投資その他の非金利収益によって補填する形であったが，1980年代後半は金利収益や貸倒引当金等の推移に関わらず，構造的にオフバランス業務による非金利収益が増加する傾向がみられる。その結果，総資産に対する税引前利益（税引前のROA）は，1980年代後半には増加傾向がみられるところであったのであろうが，貸倒引当金等が増大した1987年と1987年には低迷している。

5.3　88年基準導入時の自己資本比率の状況

本節の最後にイギリスにおけるバーゼルＩ導入時の大手銀行の自己資本比率の状況について，表3-4で確認したい。88年基準の導入は1989年からであるが，表3-4のように，1988年から数値を公表し始めている。1988年の数値を確

表3-4　イギリス大手銀行のバーゼルⅠ導入当初の自己資本比率の状況

1988年	Barclays	HSBC	Lloyds	TSB	Royal Bank of Scotland	National Westminster	
Tier 1 capital ratio	6.0%	6.5%	5.6%	11.9%	7.3%	5.5%	
Total capital ratio	9.3%	11.8%	10.1%	14.9%	13.0%	9.8%	
1989年	Barclays	HSBC	Lloyds	TSB	Royal Bank of Scotland	National Westminster	Bank of Scotland
Tier 1 capital ratio	5.7%	5.4%	4.4%	9.7%	7.0%	5.3%	6.8%
Total capital ratio	9.0%	10.0%	7.4%	12.4%	12.8%	9.1%	11.0%

注）Lloyds銀行は1989年末時点で8%を割ってしまったが，資産を処分して自己資本比率を引き上げ，1990年の早々には8%を超えたという。

出所）British Bankers' Association, *Banking Abstract* より筆者作成。

認すると，すべての銀行が自己資本比率で8%超を達成している。ただし，Barclays，Lloyds，National Westminsterという旧ビッグ4が自己資本比率の量（水準）という面でもみても，Tier 1比率という質の面でみてもやや低い。対照的にTSBはTier 1比率のみで11.9%を計上しており，Royal Bank of ScotlandもTier 1比率のみで7.3%となっている。第2章で確認したとおり，イングランド銀行は資産の分散が図れる大手銀行は低い自己資本比率でも問題ないという姿勢で監督にあたることを示唆していたが，自己資本比率の公開が始まったことでその姿勢が裏付けられた形になる。

つぎに実際に88年基準の下での運用が始まった1989年の数値も表3-4で確認する。まず明確なのはすべての銀行の自己資本比率およびTier 1比率が1988年よりも低下している。図3-5で確認したとおり，1989年は貸倒引当金等が増加した年であり，いきなり自己資本を毀損したことがみてとれる。そしてやはり1989年でみても旧ビッグ4の自己資本比率が質と水準の両面で相対的に低い。Lloydsに至っては自己資本比率で8%を下回ってしまい，資産を処分するなどして8%超の水準を回復する必要に迫られている。TSBは自己資本比率もTier 1比率も低下したとはいえ，やはりTier 1のみで8%以上の水準を維持している。Royal Bank of Scotlandも比較的高い自己資本比率とTier 1比率を維持しており，1989年から公表し始めたBank of Scotlandも比較的高い自己資本比率とTier 1比率を維持している。HSBCは自己資本比率もTier比率も低下し，旧ビッグ4並みの水準となっている。

こうして確認してみると，一部の銀行を除いて国際合意である8%という最低水準は，対象となるすべての銀行がクリアーできる水準ではあるが，イギリスの銀行にとって決して楽な数値でなかったことが読み取れる。また8%水準が基底線でそれを上回るトリガー・レシオやターゲット・レシオを課していたのだとすれば，旧ビッグ4に設定されたターゲット・レシオの上乗せ幅が1%程度だったのかもしれない。しかしながら，導入早々にLloydsが8%を割り込んでしまった形になり，イングランド銀行としてはターゲット・レシオの引き上げを余儀なくされただろう。

6. おわりに

本章では80年基準導入後の改訂と，米英合意およびバーゼルⅠという国際合意を受けた88年基準の導入，それらの過程での銀行の変化について検証してきた。当初の80年基準では自己資本について損失の吸収のみならず，固定資産に見合う長期的・固定的な資金調達方法という役割も求めていた。しかしながら，銀行のオフバランス業務大や固定資産に対するリース取引の拡大，中南米の債務危機を背景とした外貨預金の減少，非金利収益の増加などを経て，自己資本に対しては損失の吸収という役割が重視されるようになった。そうしたなかでとくにオフバランス業務の取り扱いに関する協議等を踏まえた米英合意が成立し，バーゼルⅠへと結び付いた。そしてバーゼルⅠの導入に当たっては国際合意から間もなく国内的な基準である88年基準を設定し，翌1989年から導入した。

バーゼルⅠの導入当初は旧ビッグ4の自己資本比率が水準と質の両面で低く，イングランド銀行が大手銀行に対する監督がやや甘かった傾向が見てとれた。その結果，国際的にみても早期の導入となった1989年に公表された自己資本比率では大手銀行であるLloydsがいきなり8%を割り込んでしまい，資産の処分をして対応が迫られることになった。

バーゼルⅠの成立については各国の利害対立などが強調されることが多く，

イギリスについてもとくに永久劣後債を自己資本の構成項目に入れた点などが指摘される。本章の検証結果はそうした指摘を完全に覆すものではないが，80年基準の段階ではさまざまな役割が期待されていた自己資本が損失の吸収という役割に集約する過程，永久劣後債を自己資本の構成項目とする理由として長期・外貨建資産とのマッチングに対する期待など，イギリスの経験から得られた知見を反映していることも間違いないだろう。

注

1　調整済み自己資本とは第2章で確認したとおり，80年基準の分子として算出される自己資本のことである。

2　バーゼルⅠのTier 2における負債性資本調達手段の要件は，

(1)　無担保，劣後，払込み済みであること

(2)　所有者の意思により，あるいは監督当局の事前承認なしで，償還されることがないこと

(3)　当該銀行が営業を継続している状態において，損失の補塡に充当しうること

(4)　利払いの義務が伴い，かつ当該義務を減じたり撤回したりすることが常に不可能であっても構わない（この点は，普通株式の配当と異なる)。ただし，当該銀行の収益状況が悪化した場合は，元利払い義務の延期が認められる。

という4つである。

3　ただし，80年基準の時点では5年以上の満期を持つ社債となっていた。しかしながら，その後に預金保険制度が整備され，5年以内の満期の預金が保護されるようになったこととの調和を図るため，Bank of England（1986a）では5年と1日以上の満期の社債が自己資本ベースの対象となった。

4　ただし，Kapsteinは「国際的な合意に至るまでの米国（及び英国）による権力の行使はこの合意の目的が不合理であったことを含意するものではない…」と述べている。国際的な自己資本比率規制としてのバーゼル合意が成立に至るより詳細な経緯については，Kapstein（1991）やSolomon（1995）などを参照されたい。

5　1987年7月にECの公表した自己資本には，劣後債が認められた。

6　アメリカ側で米英合意についてとりあげたものとして，Board of Governors of the Federal Reserve System（1987）があるが，各資産に対するリスク・ウェイトなど詳しい内容には触れられていない。こうした点は，米英合意の成立からバーゼル合意の成立へと至る過程を考える上で，イギリスが重要な役割を果たしていたことの1つの証左といえる。

7　優先株式については非償還，もしくは当初の償還期間が少なくとも25年以上が条件となっている。劣後債については一次資本の構成項目にのみ転換可能なもので，損失の吸収が常時可能なものであり，かつ発行者が利益を計上しない場合等に利払いを繰り延べられるなどの条件を満たす必要がある。

8　トリガー・レシオとターゲット・レシオという表現については，バーゼルⅡでもつぎのように例示されている。「監督当局は，銀行の自己資本充実の状況を確認するため，トリガー・レシオおよびターゲット・レシオを設定してもよい」（Basel Committee on Banking Supervision, 2005, pp.164–165)。詳しい検証については別の機会に譲りたいが，こうした点はイギリスが自己資本比率規制の議論をリードしてきたことの証左といえる。

9　1987年の銀行法改正については，第6章で銀行に対する規制監督体制の変化と関係づけながら詳細を確認するので，ここでは先行研究として春井（1991）を紹介するにとどめる。この銀行法によりイングランド銀行が自己資本比率を個別的に指導することが法的にも根拠付けられた。

10　したがってバーゼル合意では，オリジナル・エクスポージャー方式を採用していた銀行が一旦カレント・エクスポージャー方式の採用を選択した場合には，オリジナル・エクスポージャー方式へ戻すことを認めていなかった。

11　第2章でも確認したが，イギリスにおいて，預金銀行と手形引受商会との競争は，1971年の「競争と信用調節」方式以降進んでいた。しかしながら，実際に預金銀行が子会社を通じて証券業へ参入してプレゼンスを増していくのは，1986年の金融サービス市場法（いわゆるビッグバン）以降である。こうしたイギリスにおける金融自由化の進展と銀行の業務範囲の拡大ついては春井（1991）を参照。

第4章

バーゼルⅠ導入後の改訂の動きとイギリス銀行業

1. はじめに

第3章で確認したとおり，1988年にバーゼルⅠが成立し，イギリスはいち早く国内的な適用基準である88年基準を設定し，1989年から早期の導入を図った。ただし，バーゼルⅠは基本的に信用リスクを対象とした自己資本比率規制であり，金利リスクや市場リスク，オペレーショナル・リスクをどのように捕捉するかは課題として残っていた。そのため，市場リスク規制や，銀行のリスク管理技術の向上を反映したバーゼルⅡなどが導入されることになった。しかしながら，バーゼルⅠの改訂や市場リスクの導入は，金融危機を防げなかった。本章ではバーゼルⅠの改訂作業と，バーゼルⅠ導入以後のイギリス銀行業の変化を確認したうえで，イギリスにおける金融危機について考察したい。第2節では市場リスク規制の導入からバーゼルⅠの改訂，バーゼルⅡの導入に向けた議論について概観する。第3節ではバーゼルⅠの導入から金融危機までのイギリスにおける銀行の行動について考察する。第4節ではイギリスにおける金融危機の発生過程と原因について考察する。

2. バーゼル合意の改訂

本節では1988年にバーゼルⅠが合意されてからバーゼルⅡに至るバーゼル合意の改訂の流れを考察する。ただし，バーゼルⅡへと至る過程については既に氷見野（2005）という当事者による優れた先行研究がある。また米英合意によってバーゼルⅠの成立に向けた流れを作った当初と比べると，バーゼルⅠの改訂におけるイギリスの影響は必ずしも大きいとは言えない。そのため，先行研究にもとづきながら概観するにとどめたい。

2.1　市場リスク規制の導入

まず信用リスクを主たる対象としたバーゼルⅠに追加する形で，1996年1月に公表された市場リスク規制について確認してみよう（導入は1997年末以降）。第3章で確認したように，金利リスク等の市場リスクに対する自己資本賦課をどのような枠組みで行うかは，米英合意からの課題であった。Basel Committee on Banking Supervision（1996）は市場リスクを，市場価格の変動に伴うオンバランスおよびオフバランスのポジションに損失が生じるリスクと定義した。そして対象となるリスクをトレーディング勘定で保有されている金利関連商品および株式に係るリスクと，銀行全体の為替リスクおよびコモディティ・リスクとした。またトレーディング業務についてはトレーディング勘定に属する業務として識別可能としつつ，市場リスクを正確かつ公正に測定するためには，トレーディング業務をヘッジするために用いられているオンバランスおよびオフバランスの非トレーディング業務も含めて，市場リスクを測定する一定の自由を銀行に認める必要があるとしている。

ここで市場リスク規制の導入に至るイギリスでの議論について，Jackson（1995）にもとづいて確認してみよう。Jackson（1995）は，伝統的な銀行業務と，銀行の新たな業務である証券業務やデリバティブ取引とでは，リスクの種類が異なることを指摘している。伝統的な銀行業務（預貸業務）に付随するリスクとして，Jackson（1995）は，信用リスク，流動性リスク，金利リスク[1]，およびオペレーショナル・リスクを挙げている（p.177）。これに対して，当時，銀行が増大させていた証券業務やデリバティブ取引に付随するリスクは，ポジション・リスクもしくは市場リスク（以下，まとめて「市場リスク」とする）としている（p.177）。バーゼル合意における市場リスク規制の導入とは，この市場リスクについても自己資本充実を求めるものである。そして，市場リスク規制についても，バーゼルⅠと同様に，トレーディング勘定で抱えている個々のポジションに対して，リスク・ウェイトを課す方式が考えられていた。しかしながら，最終的にはバリュー・アット・リスク（Value at Risk＝VaR）にもとづく銀行の内部モデルも採用された[2]。銀行の内部モデルを採用するのは，ポジションに生じうる損失の見積と，所要自己資本の計算とを，銀行自身による計測システムに任せるアプローチへの変化（Jackson, 1995, p.178）と捉えることができる。

市場リスク規制は，既に確認したように，標準化された所要自己資本の測定手法に加えて，銀行の内部モデルを使って市場リスクを評価・測定することを容認している[3]。標準的手法においては債券および株式ポジションから生じる個別リスクと一般市場リスクを別々に計算する「ビルディング・ブロック」アプローチが採用されている。これに対し，内部モデルでは一般市場リスクを計測対象とし，個別リスクは信用リスクによる測定が通例であるとしつつ，モデルで把握できない個別リスクについても所要自己資本を賦課すべきとした。そして，市場リスクをカバーしうる所要自己資本を計算した上で，その市場リスク額を12.5倍して信用リスクに係るリスク・アセットの合計額に加算して自己資本比率を算定することとした[4]。

さらにBasel Committee on Banking Supervision（1996）は，市場リスク規制の導入に際して，自己資本について市場リスクに対する所要自己資本の一部を満たすためにロックイン条項付の短期劣後債務（Tier 3）の発行を各国裁量の下で認めた（p.11）。Tier 3には，つぎのような条件が付されている。

- 当初満期は2年以上である必要があり，マーケット・リスクに対するTier 1資本の250％までに限定。
- 為替リスク，コモディティ・リスクを含むマーケット・リスクに対応する自己資本としてのみ利用可能。
- バーゼルⅠに定められた全体的な条件を満たす限りにおいて，Tier 2資本の250％までTier 3資本を代替することが可能。
- 銀行全体の自己資本が所要自己資本額を下回る場合には，元利払いが禁止される「ロック・イン」条項が付されていること。

さらに，これらの条件に加えて，Tier 1資本が自己資本全体の少なくとも半

図4-1　市場リスクとTier 3

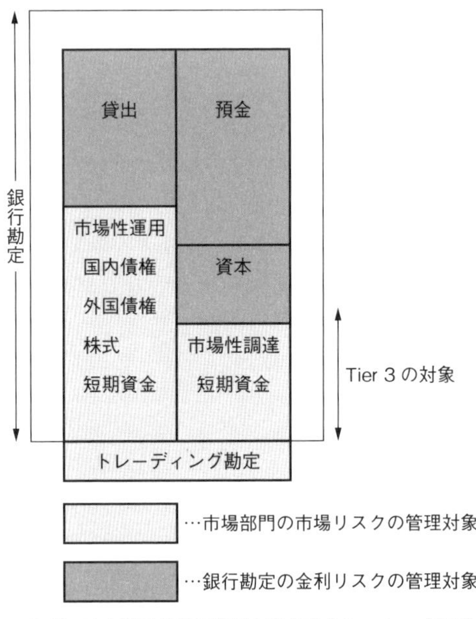

出所）日本銀行金融機構局金融高度化センター（2007），p.2を参照の上，筆者作成。

分を占めなければならない。つまり，Tier 2とTier 3の合計がTier 1を上回ってはならない（Basel Committee on Banking Supervision, 1996, p.11）。Tier 3は短期の劣後債務であり，市場リスクに生じる残余リスクを吸収することを目的とする広義の自己資本であるといえる（図4-1を参照）。現代の銀行が自らのリスクを，いかに管理し，自己資本を活用しているのかを理解する上で，象徴的な自己資本概念である。

2.2　1998年4月のバーゼルⅠの改訂

さて1996年に市場リスク規制が導入されたのち，1998年12月にはバーゼルⅡへの改訂議論が開始されるが，それに先駆けて1998年4月にバーゼルⅠについて2つの重要な改訂が行われている[5]。1つは従前のバーゼルⅠにおいてはカウンターパーティー・リスクとして100％のリスク・ウェイトが課されていた証券会社についても，自己資本比率規制等の規制・監督下にあるものについては，銀行と同様に20%のリスク・ウェイトが適用されるようになった。イギリスにおいて金融ビッグバンから10年以上が経過し，日本版金融ビッグバンも開始するなど，銀行業と証券業の境目がなくなってきたことを象徴するものであろう。もう1つはコンサルテーションテーション・ペーパーの形をとっているが，法的に有効な契約等を条件にカウンターパーティーに対する貸出と預金を相殺するオンバランス・ネッティングに関する原則を打ち出した点である。このオンバランス・ネッティングの原則が重要な意味を持つのは，銀行等によるリスク管理もしくは信用リスク削減手法を自己資本比率規制において採用していく大きなきっかけとなるからである。

また1998年4月におけるバーゼルⅠの2つの改訂に共通する大きな背景として，短期金融市場におけるレポ取引の導入・拡大がある[6]。イギリスにおいては，1996年1月からイングランド銀行がレポ取引を導入した。イングランド銀行は国債市場や短期金融市場の構造変化を受けて，国際的な投資銀行やヨーロッパの銀行などにも門戸を開く形でレポ取引を開始した。レポ取引は幅広い市場参加者が見込めるだけでなく，担保を伴う取引であるためリスク管理が求められる銀行にとっても大きなメリットがある。こうした動きは中央銀行による金融調節においてレポ取引の利用が増大した流れを受けたものであるが，自己資本比率規制による担保付取引の後押しがさらにレポ取引を促進する形となった。

2.3　バーゼルⅡの導入

ここでは，バーゼルⅡの概要[7]と，イギリスにおけるバーゼルⅡの導入がどのように捉えられるのかを考察する。まずバーゼルⅡにおける3つの柱を確認しておく。バーゼルⅡは，⑴最低所要自己資本，⑵監督上の検証プロセス，⑶市場規律，という3つの柱からなっている。3つの柱の補完関係は図4–2のとおりである。つまり，信用リスクやバーゼルⅡから追加されたオペレーショナル・リスクの計測において，銀行の内部モデルの採用を認める代わりに，銀行が使用するモデルの妥当性や情報開示の適切性について監督当局が検証し，ディ

図4-2　バーゼルⅡにおける3つの柱の補完関係

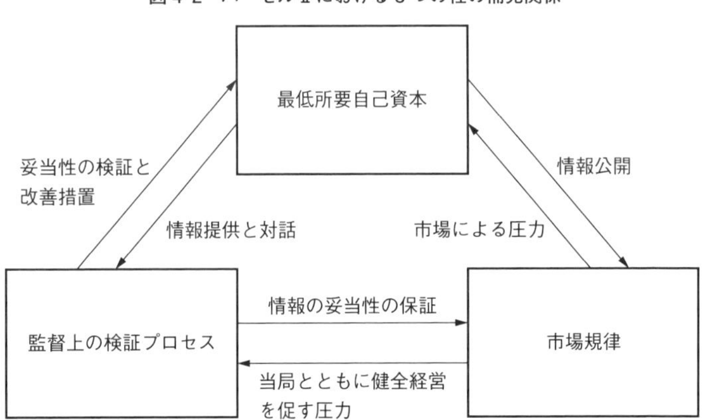

出所）Basel Committee on Banking Supervision（2005）にもとづいて筆者作成。

スクロージャーを充実させることで市場規律を働かせるという枠組みである。

バーゼルⅡにおいて信用リスクの計測手法は，バーゼルⅠからの修正版ともいえる標準的手法と，基礎的内部格付手法と，先進的内部格付手法という3つの中から選択することとなった[8]。基礎的内部格付手法と先進的内部格付手法の違いは表4-1のとおりであり，基礎的内部格付手法は多くの入力情報について監督当局の設定値を使うのに対し，先進的内部格付手法では銀行自身が推計した値を使う。バーゼルⅡから分母の計算に追加されたオペレーショナル・リスクは「内部プロセス・人・システムが不適切であることもしくは機能しないこと，又は外生的事象に起因する損失に係るリスク」（Basel Committee on Banking Supervision, 2003, p.11）と定義されている[9]。このオペレーショナル・リスクの計測手法に関しても基礎的指標手法，標準的手法，および先進的計測手法という3つが選択可能である[10]。

バーゼルⅡは2006年から適用が開始されたが（先進的内部格付手法については2007年からとされた），2007年にはアメリカにおいてサブプライムローンの問題が顕在化し，2008年にはリーマンショックが発生した。そのため，2007年10月にはバーゼル銀行監督委員会が銀行に対して，トレーディング勘定で抱える証券化商品などについて追加的な自己資本賦課を要求するなどの対応を迫られた。さらには2010年にはバーゼルⅢが合意されるなど，バーゼルⅡが単

表 4-1　基礎的内部格付手法と先進的内部格付手法との違い

入力情報	基礎的内部格付手法	先進的内部格付手法
デフォルト確率	銀行が自行推計にもとづき用意	銀行が自行推計にもとづき用意
デフォルト時損失率	バーゼル委員会が定めた監督当局設定値	銀行が自行推計にもとづき用意
デフォルト時エクスポージャー	バーゼル委員会が定めた監督当局設定値	銀行が自行推計にもとづき用意
マチュリティー	バーゼル委員会が定めた監督当局設定値 もしくは 各国裁量により，銀行の推計にもとづき用意 （一部のエクスポージャーを対象外とすることも可）	銀行が自行推計にもとづき用意 （一部のエクスポージャーを対象外とする事も可）

出所）Basel Committee on Banking Supervision (2003), p.5 より筆者作成。

独で適用された期間はごくわずかといえる。その意味では，宮内（2015）が指摘するように，2007 年以降の金融危機はバーゼルⅡが招いたものではなく，バーゼルⅠおよび市場リスク規制の不十分さが招いたものといえる。

3. バーゼルⅠ導入後のイギリスにおける銀行の動向

前節ではバーゼルⅠが導入されてからバーゼルⅡの導入に至るまでの過程を考察した。本節ではその期間のイギリスにおける銀行の変化について考察する。

3.1　収益構造の変化

まずはイギリスの銀行の収益構造の変化について考察してみよう。図 4-3 は 1990 年～2008 年にかけてのイギリス銀行の総収益に占める金利収益と非金利収益の推移をみたものである。第 3 章で確認した金利収益の割合の低下傾向は 1993 年まで続いた後に一度増加傾向に転じたが，1997 年以降に再び減少傾向をみせるようになった。そして 2004 年以降は非金利収益の割合が金利収益を

図4-3　イギリスの銀行における金融機関の収益構造の推移（1990年～2008年）

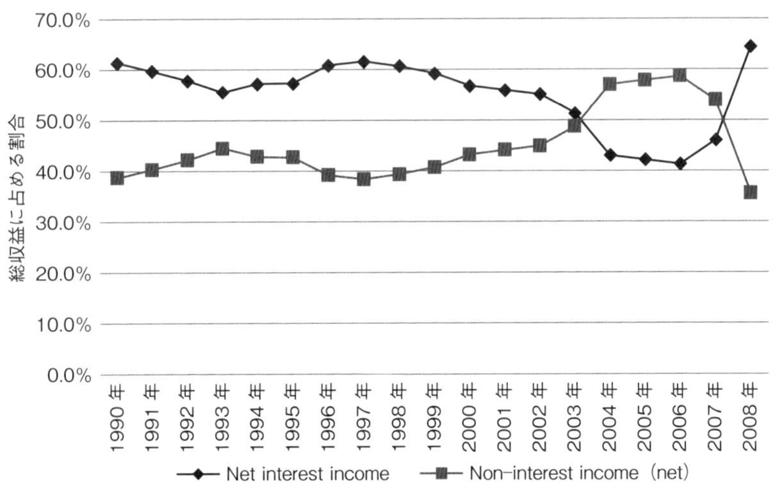

出所）British Bankers' Association, *Banking Abstract* より筆者作成。

図4-4　イギリスの銀行における総資産に対する収益性等の推移（1990年～2008年）

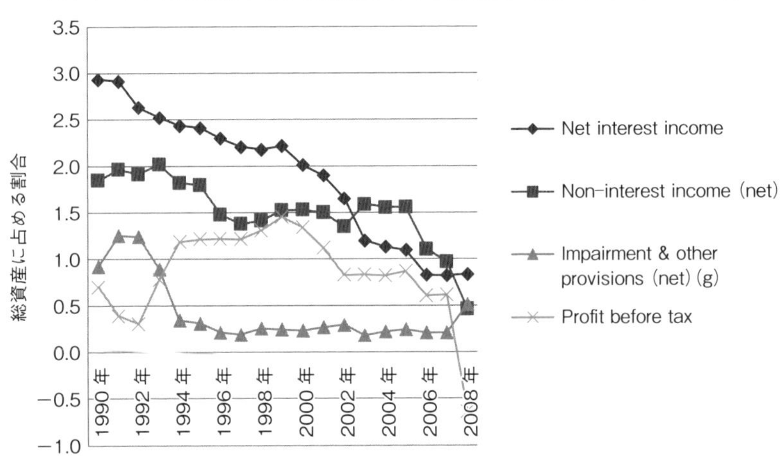

出所）British Bankers' Association, *Banking Abstract* より筆者作成。

上回る状況が続いた。しかしながら，サブプライムローン問題が顕在化した2007年には非金利収益の割合が低下し，リーマンショックが発生した2008年には非金利収益の割合が大きく落ち込んで，再び金利収益が逆転した。

総資産に対する各種の指標の割合についても図4–4で確認してみよう。総資産に対する収益性という点でみると，金利収益はほぼ一貫して低下傾向をみせている。これに対し，非金利収益は1997年ごろまで低下傾向をみせた後で，横ばいから若干の増加傾向に転じて，金融危機の直前から急落している。貸倒引当金等の繰入額は1990年代初頭に増加したが，1994年以降は安定的に低い値となっており，この期間がイギリスにとって好景気であったことがみてとれる。そして総資産に対する税引前利益は1991年と1992年の落ち込みを除けば1999年ごろまで上昇傾向をみせた後，2000年以降はおおよそ下落傾向が続いていたことがわかる。斉藤（2000）は1990年代のイギリス4大銀行が国際的な投資銀行業務からの撤退を余儀なくされ，国内リテール業務へ回帰したと指摘している。国内リテール業務への回帰が収益性の向上に貢献しつつも，2000年以降はトレーディング業務などによる非金利収益への再回帰が起きたのかもしれない。

3.2　バランスシート構造の変化

続いてここでは銀行のバランスシートの構造の変化についてみてみよう。まず図4–5はイギリスの銀行における資産構成の変化をみたものである。図4–5のとおり，外貨建ての市場向け貸出等が一貫して最も大きな割合を占めているが，1980年代後半以降に大きく低下している。ユーロが導入された1999年以降はやや盛り返しているが，60％を超えていた1980年代半ばの水準にはほど遠い。ポンド建ての貸出等は1980年代半ばには合計で30％程度と低迷していたが，1990年代初頭まで上昇傾向をみせ，その後は40％前後で推移している。なお金融危機の始まった2007年にはポンド建ての市場向け貸出が急減している。そして1990年代初頭以降に増加したのが投資勘定であり，それ以前は6％前後で推移していた割合が，1993年には10％を超え，その後は13％前後で推移している。自己資本比率規制が導入・展開されるなかで，オンバランス資産でみると，外貨建ての資産はユーロの導入までは一貫して減少する一方で，ポンド建て資産が安定的に推移し，投資の割合が増加したことがわかる。

つぎに図4–6でイギリスの銀行における負債構造の変化もみてみよう。まず

図4-5　イギリスにおける銀行の資産構成の変化

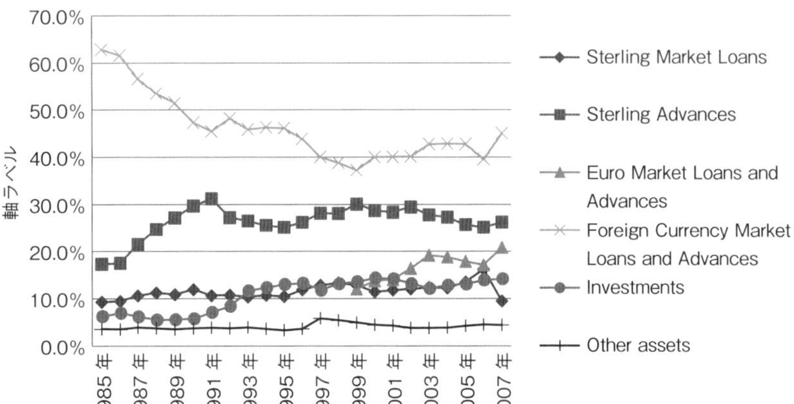

注1）1987年銀行法で承認された銀行およびEUで承認を受けた銀行の支店の数値を合計したものであり，1998年以前の数値はイングランド銀行の銀行部門を含めたものである。
注2）1999年以降の外貨建ての市場向け貸出等はユーロ建てを含むものであるが，参考のためユーロ建て市場向け貸出等の推移も示している。
原典）Bank of England
出所）British Bankers' Association, *Banking Abstract* より筆者作成。

図4-6　イギリスにおける銀行の負債構成の推移

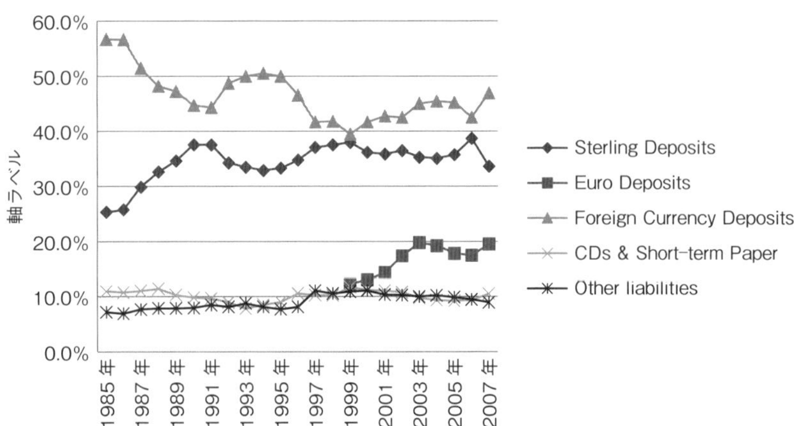

注1）1987年銀行法で承認された銀行およびEUで承認を受けた銀行の支店の数値を合計したものであり，1998年以前の数値はイングランド銀行の銀行部門を含めたものである。
注2）1999年以降の外貨建ての預金はユーロ建てを含むものであるが，参考のためユーロ建て預金の推移も示している。
出所）British Bankers' Association, *Banking Abstract* より筆者作成。

外貨建て預金をみると，1980年代半ばには総負債の60%近くを占めていたが，急落した後で1990年代半ばには50%前後まで回復し，その後に低下傾向をみせて，ユーロが導入された1999年以降に上昇に転じている。またユーロ建て預金については金融危機前まで順調に増加してきたことがわかる。つぎにポンド建て預金の状況をみると，1980年代半ばには20%台にとどまっていたが，1990年代初頭には40%近くまで上昇し，その後は35%前後で推移している。譲渡性預金や短期債の発行は概ね10%程度で推移していて，バーゼルⅠの導入後から1993年にかけて8%程度まで低下するが，1997年には再び10%を超えている。Tier 3として短期の劣後債が認められた影響がみられたのかもしれない。そして総負債に占めるその他負債の割合は1996年ごろまでは7〜8%前後であったが，1997年以降は10%強の水準を維持している。

以上のバランスシート構造の変化からわかるのは，少なくともバランスシートの構造をみるかぎり，1980年代と比べると，バーゼルⅠが導入された1990年代には外貨建ての資産・負債が減少して，ポンド建て資産・負債が増加するなど，一定の国内業務への回帰がみられるということである。また市場リスク規制の導入にあわせるように，投資の割合が1980年代と比較すると2倍近い構成比となっている。さらに総負債に占めるその他の負債の割合は，1980年代と比較すると増加しており，バランスシート面からみれば一定の自己資本充実が図られていたことがみてとれる。

1990年代以降にリテール業務への回帰が起きた点について，自己資本比率規制との関連から考えてみたい。周知のとおり，バーゼルⅠにおいて住宅ローンは50%のリスク・ウェイトとされており，100%のリスク・ウェイトが課される企業向け貸出よりも優遇されていた。そこで個人および住宅関連向けの担保付きの貸出の状況と住宅価格の関係について，図4-7で確認してみたい。図4-7のとおり，マネーストックに対する四半期ごとのポンド建ての個人向け有担保貸出の割合はバーゼルⅠの導入当初は3%程度あったが，1990年代を通じて2%前後の低位で安定し，1998年ごろから少し上昇を始めて，21世紀に入ってから大きく上昇した。そして2003年12月末の4.8%でピークに達してから下落に転じているが，その後2005年9月末から2007年6月末に一度持ち直しており，その期間はマネーストック比で4%前後の水準で個人向けの有担保貸出が

図4-7　ポンド建ての個人向けの有担保貸出の増加額と住宅価格指数の推移

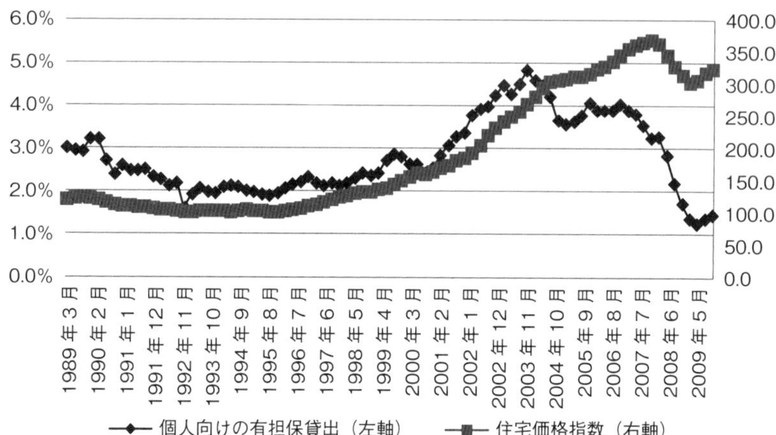

注1）個人向けの有担保貸出の数値は四半期ごとのポンド建ての個人向け有担保貸出の増加額（季節調整済み）を，各期末におけるマネーストック（M4）の残高で除したものである。
注2）住宅価格指数は1993年第1四半期を100として指数であり，季節調整済みのものである。
出所）Bank of England, *Bankstats tables* および Nationwide, *House Price Index* より筆者作成。

増加している。しかしながら，2008年6月末には3%を割り，リーマンショックを経た2008年12月末には2%を割り込むほどの落ち込みを見せている。そしてピークにはずれがあるものの，マネーストックに対する個人向けの有担保貸出の増加は，当然のように住宅価格の上昇と結びついている。なお図4-7からわかるとおり，イギリスにおいては1993年から2007年にかけて住宅価格が3倍以上に上昇している[11]。

前章までで確認したように，80年基準や米英合意では良くも悪くも担保価値等を考慮していなかったため，住宅ローン等に対するリスク・ウェイトの軽減措置はなく，民間企業向けの債権と同様の100%のリスク・ウェイトとされており，所有する不動産に至っては80年基準において200%のリスク・ウェイトが課されていた。それが国際合意であるバーゼルⅠでは住宅ローンのリスク・ウェイトは50%とされ，88年基準においても50%となった。結果的に，イギリスでは住宅ローンに対する自己資本比率規制上のリスク・ウェイトの軽減が住宅価格の高騰に寄与した可能性がある。

4. グローバル金融危機下におけるイギリスの金融危機

周知のとおり，2007年のサブプライムローン問題をきっかけに一連の金融危機が発生した。イギリスにおいてはNorthern RockやBradford & Bingleyが破たんした。また最大手であるThe Royal Bank of ScotlandやLloyds TSBが公的資本注入を受けることとなった。結果的にバーゼルⅠや市場リスク規制，バーゼルⅡに向けた改訂の動きはこうした金融危機を防げなかったのであるが，ここではイギリスにおける金融危機と銀行の行動とを考察し，自己資本比率規制と金融危機との関係を検証してみたい。なお，規制監督体系の変化に関する詳細については第6章で論じるが，1998年の銀行法の改正によって，銀行監督の権限はイングランド銀行からFSA（Financial Services Authority）へ移行し，イングランド銀行は基本的に物価の安定に集中するという役割分担となっていた。

4.1 FSA，財務省，および独立銀行委員会による金融危機の分析

まず金融危機後にFSAの対応を批判したものとして，FSA自身によるFinancial Services Authority（2009）がある。Financial Services Authority（2009）はFSAによる監督には大きく3つの問題があったことを指摘している。まず1つめはFSAが監督を行う際には，金融システム全体よりも個別金融機関の健全性に関心を持っていた点である。これは金融危機前の規制監督政策がマクロプルーデンスという視点を欠いていたという反省である。つぎに2つ目の問題として，金融機関のビジネスモデルが抱えるリスクよりも，金融機関の組織構造や報告手続きに関心を寄せていた点である。さらに3つ目の問題として，金融機関の経営者のスキルよりも，経営者の過去の行いによる高潔さなど重視していた点である。これら2つ目と3つ目の問題点は，ミクロプルーデンス政策としてもガバナンス構造やディスクロージャーの適切性を重視し過ぎ，結果的に経営者の能力を含めたリスク管理体制を軽視したことを意味する。

一方で，2010年に政権が交代した後の財務省による分析では，FSAは金融

に安定をもたらす規制手段を持っていたにもかかわらず，安定性の問題について十分に焦点を当てていなかったと批判している（HM Treasury, 2011）。つまり，マクロプルーデンス政策の欠如という点ではFinancial Services Authority（2009）による自己批判と共通しているが，FSAにはそれを行いうる十分な権限があったという指摘である。そのうえでHM Treasury（2011）は，個別機関とシステムの安定性を結ぶ根本的で重要な問題に取り組む権限をどの機関も持っていなかったという問題を指摘している。

さらに金融危機の要因を分析し，イギリスの金融構造改革を提言したIndependent Commission on Banking（2011）では破綻した銀行の破綻原因についても分析している。Independent Commission on Banking（2011）よると，Northern Rockは資金の大部分をホールセール市場で調達していたことに起因する流動性不足を主因としつつ，17～20％の自己資本比率と，第6章で確認するリングフェンス構造などがあれば当局として別の選択肢があったとしている。またThe Royal Bank of ScotlandについてはABN AMROの買収のほとんどを借入に依存した影響と，自己勘定取引や証券化商品，デリバティブ取引等での損失が自己資本不足に陥った要因であることを指摘している。そして2008年の120億ポンドの増資だけでは十分でなく，政府による450億ポンドの資本注入に至ったと分析している。

4.2　金融危機前のイギリス金融機関の健全性等の検証

イギリスの規制監督当局等による金融危機に至る分析は既に確認したが，筆者なりに改めて自己資本比率を中心として金融危機に至った銀行の行動を検証したい。まず図4-8は1998年以降金融危機までのイギリスにおける大手銀行の規制上の自己資本比率規制およびTier 1比率と，消費者物価指数ならびに実質GDP成長率の推移である。図4-8から，FSAの監督下でイギリスの大手銀行は自己資本比率でおよそ12％弱，Tier 1比率で8％弱の水準をそれぞれ平均的に維持しており，従前の基準で言えば自己資本充実にもとづく個別金融機関の健全性の確保が十分になされていたことになる。また図4-8からは，イングランド銀行もインフレ・ターゲット政策下で2％を中心に上下1％のレンジに物価

図 4-8　イギリスにおける経済成長率，インフレ率および自己資本比率の推移

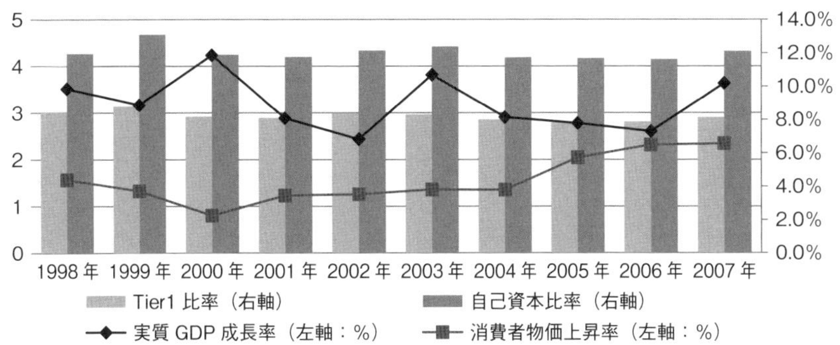

注）自己資本比率と Tier1 比率は大手銀行の平均値を算出している。
出所）British Bankers' Association, Banking Abstract, および OECD Statistics より作成。

上昇率を導くことに概ね成功している。つまり 3%前後の安定成長の下で，金融関連の各当局が金融危機前の主要な政策目標を達成していた状態で，金融危機が起きたということである。

図 4-8 で確認した自己資本比率はあくまでイギリスの大手銀行の平均値であったので，図 4-9 を用いてバーゼルⅠ導入以後の個別行の数値も確認してみよう。まず目につくのが，Bradford & Bingley と Northern Rock という後に破綻する銀行の自己資本比率が相対的に高い点である。また Lloyds は 88 年基準の導入直後に8%を下回ったが，TSB との統合を経て Lloyds TSB となり，2000 年代前半にも 10%を切るような状況も経験しつつ，国有化前には 11%弱の自己資本比率を維持していた。The Royal Bank of Scotland は 88 年基準導入以後のほとんどの期間で 11%以上の自己資本比率を維持しており，国有化直前の 2007 年でも 11.2%を維持していた。むしろ国有化等を経験しなかった Barclays や HSBC の方が相対的な自己資本比率は低く，とくに HSBC は大手銀行のなかで 2007 年の時点で最も低くなっている。なお全体的には 88 年基準導入以後，金融危機前に至るまで自己資本比率は概ね上昇傾向であったこともわかる。

図 4-9 はトータルの自己資本比率であるため，資本の質が低かった可能性もある。そのため，ここでは図 4-10 で Tier 1 比率についても確認してみたい。やはり Lloyds TSB や Abbey National，Bradford & Bingley などが相対的に高い Tier 1 比率を維持しており，Northern Rock も概ね 8%前後の Tier 1 比率を

図4-9　バーゼルⅠ導入から金融危機前における主要銀行の自己資本比率の推移

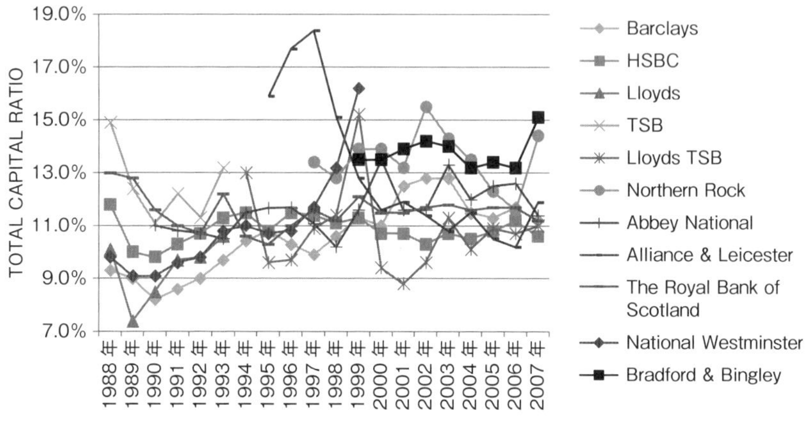

注1）LloydsとTSBは1993年までは別で計上し，1994年以降はLloyds TSBとして計上している。

注2）National Westminsterは2000年にRoyal Bank of Scotlandに吸収されている。

出所）British Bankers' Association, *Banking Abstract,* より筆者作成。

図4-10　バーゼルⅠ導入から金融危機前における主要銀行のTier 1比率の推移

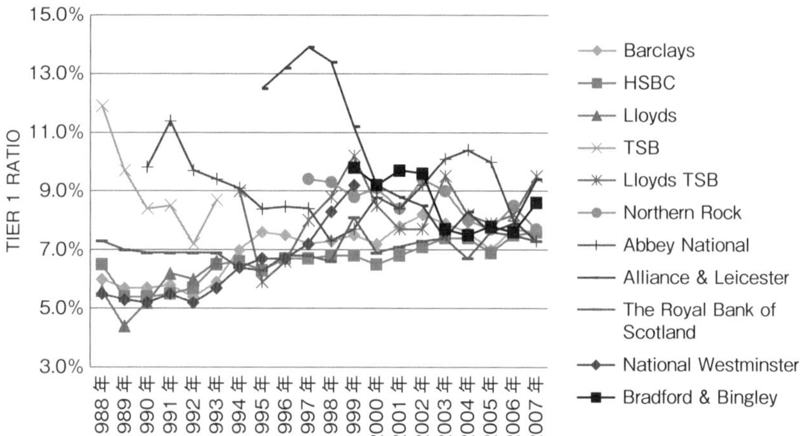

出所）British Bankers' Association, *Banking Abstract,* より筆者作成。

維持していた。The Royal Bank of Scotland は 2000 年代前半には 10% 前後の Tier 1 比率だったものが 2007 年には 7.3% まで落ち込んでいるが，ほぼ Tier 1 だけで 8% という最低水準を満たせる状況だった。Barclays は 88 年基準の導入当初は最も Tier 1 比率の低い銀行であったが，1994 年には 7% まで上昇し，その後はほぼ 7% 台を維持している。HSBC は 88 年基準の導入当初に 5% だった Tier 1 比率が，1993 年以降 6% 台後半に上昇し，その後 7% 弱の水準を維持しており，金融危機前には 7% 台の半ばとなっている。

以上でみてきた自己資本比率および Tier 1 比率の状況からすれば，むしろ経営破綻した銀行の自己資本比率や Tier 1 比率が相対的に高く，Barclays や HSBC といった経営破綻までは追い込まれなかった銀行の方がむしろ自己資本の質と量の両面で相対的に低かったことがわかる。こうしたことが起きた背景として，本章のここまでの考察から得られる 1 つの仮説としては住宅ローン等の低リスク・ウェイト資産の存在が考えられる。

そこで図 4-11 を使って，各銀行の貸出額が Tier 1 の何倍まで行われたかを検証してみたい。まず明らかなのは Northern Rock や Bradford & Bingley における Tier 1 に対する貸出額の倍率の高さである。Northern Rock も Bradford & Bingley も自己資本比率や Tier 1 比率は相対的に高かっただけに，いかに低

図 4-11　各銀行の Tier 1 に対する顧客向け貸出額の倍率

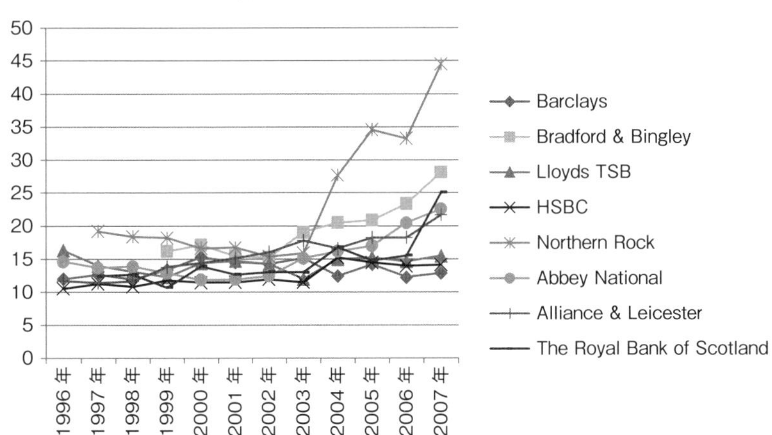

出所）British Bankers' Association, *Banking Abstract*, より筆者作成。

リスク・ウェイトの住宅ローンに傾斜していたかがわかる。住宅金融組合から転換した各銀行もやはり相対的に低リスク・ウェイトの貸出に依存していたのであろう。The Royal Bank of Scotland も金融危機の直前に倍率が跳ね上がっている。逆に倍率が低いのが Barclays と HSBC である。

以上の考察内容から，世界的な金融危機に対する自己資本比率規制の反省点は多々あるものの，イギリスに限定してみると，住宅ローンに対するリスク・ウェイトの軽減措置が今次の金融危機を抑止できなかった最大の要因のように思われる。前章までで考察してきたように，イギリスにおける自己資本比率規制の源流は第二銀行危機という不動産バブルであった。それがバーゼルⅠの導入から改訂へと展開していくなかで，不動産バブルを促進したとはいえないまでも，少なくとも不動産バブルに対して抑制的ではない方向へと発展していったことは非常に皮肉である。

5. おわりに

本章ではイギリスにおけるバーゼルⅠ導入以後の改訂等の動きと，銀行の経営行動，そして金融危機について検証してきた。イギリスの銀行はバーゼルⅠが導入・改訂されていくなかで，国内業務とりわけリテール部門への回帰を図りつつ，非金利収入の割合を高めていった。また伝統的な預貸業務についても80年基準との比較上，リスク・ウェイトが軽減された形となった家計向けの有担保貸出（住宅ローン）の割合が高まっていった。そうした銀行の行動は不動産バブルを後押しし，金融危機へと結びついた可能性が示唆される。

とりわけ住宅金融組合から転換した銀行は住宅ローンなど低いリスク・ウェイトの資産が大半を占めており，規制上の自己資本比率は相対的に高かったにもかかわらず，経営破綻に至った。一方で，経営破綻には至らなかった Barclays や HSBC の規制上の自己資本比率や Tier 1 比率は相対的に低かった。詳しくは第5章で確認するが，バーゼルⅢが導入されたことで，グローバルにシステム上重要な金融機関（G-SIFIs）に認定されている Barclays や HSBC が質と量の両面でより高い水準の自己資本比率が課されていることは非常に皮肉である。

注

1　預貸業務に付随する金利リスクは，貸出と預金との金利構造における相違と定義されている（Jackson, 1995, p.177）。

2　市場リスク規制を導入するに際しての詳しい議論については，氷見野（2005）の第8章を参照されたい。また，VaRとその自己資本比率規制上の活用については，Jackson and Perraudin（1998）を参照されたい。なお，最終的に市場リスク規制は，預貸業務を含めた銀行ポートフォリオに発生する金利リスクを，トレーディング勘定におけるポジションの調整によって，管理することを想定している（後掲の図3-1を参照）。

3　ただし，内部モデルについては，採用するにあたって，監督当局からの承認をうける必要があり，その承認の条件には，定量的な基準と定性的な基準がある。詳しい内容については，Basel Committee on Banking Supervision（1996）を参照されたい。

4　以上の内容はBasel Committee on Banking Supervision（1996）を参照。バーゼルⅠにおける信用リスク計測が保有している資産にリスク・ウェイトを乗じてまず分母のリスク計測があって自己資本充実度をみるのに対し，市場リスクはまずVaRの計測にもとづく所要自己資本の算定があってリスク・アセットを逆算する形となっている。

5　詳細についてはBasel Committee on Banking Supervision（1998）を参照されたい。

6　BOEによるレポ取引開始時の詳細についてはButler and Clews（1998）を参照されたい。

7　バーゼルⅡが成立するまでの詳細な過程については，青木（2003）を参照されたい。青木（2003）は，バーゼルⅡの成立にいたるまでの過程について，主にアメリカの銀行業における資産証券化を軸に説明している。イギリスにおける資産証券化については，松浦（2003）が取り上げている。なお，資産の証券化については，自己資本比率規制が銀行業に与えた影響として，第5章でとりあげる。

8　バーゼルⅡにおける貸倒引当金と期待損失および非期待損失との関係について算式でまとめると，つぎの通りである。

①EL＞Pの場合

$$\frac{\{\text{Tier 1} - 50\% \times (\text{EL} - \text{P})\} + \{\text{Tier 2}' - 50\% \times (\text{EL} - \text{P})\}}{\text{UL} \times 12.5} \geqq 8\%$$

②EL＜Pの場合

$$\frac{\text{Tier 1} + \{\text{Tier 2}' + (\text{P} - \text{EL})※\}}{\text{UL} \times 12.5} \geqq 8\%$$

EL：期待損失（Expected Loss）

UL：非期待損失（Unexpected Loss）

Tier 2′：一般貸倒引当金を除くTier 2の額

P：一般貸倒引当金と個別貸倒引当金の合計額

※(P－EL)については信用リスクアセットの0.6%まで算入可能

9　バーゼルⅡの基本的な定義式はつぎのとおりである。

$$\frac{\text{自己資本(現行のまま)}}{\text{信用リスク＋市場リスク(現行のまま)＋オペレーショナル・リスク}} \geqq 8\%\ \text{（国際基準，現行のまま）}$$

10　詳細についてはBasel Committee on Banking Supervision（2005）を参照されたい。

11　イギリスにおける不動産バブルの状況や，バブル前後の金融市場の詳しい状況については簗田（2013）を参照されたい。

第5章

バーゼルⅢの導入とイギリスにおける銀行の対応

1. はじめに

第4章で考察したとおり，バーゼルⅠが導入・改訂されていく過程で，サブプライムローン問題の顕在化に端を発する一連の金融危機が発生した。イギリスの場合は銀行による有担保貸出（住宅ローン）への傾斜が招いた不動産バブルと，一部の市場性資金に依存した銀行の流動性不足が，自己資本不足ひいては経営破綻につながったといえた。そうしたなかでイギリスが議論をリードする形でバーゼルⅢが成立した。そして，主要国では国際合意であるバーゼルⅢにもとづく金融規制強化に着手した[1]。バーゼルⅢは一部の規制を除いて2019年までに導入済みである。また各国の規制強化を受けて，金融機関が展開する業務にも大きな変化がみられる[2]。イギリスではバーゼルⅢの合意内容にもとづいて金融規制の強化と金融監督体制の一新を図るとともに，後述するリテールリングフェンス構造の導入を2011年に決定し，国内の金融システムのコアとなる決済システムの安定性の確保に努めている。

本章では，金融危機後に成立したバーゼルⅢの内容と，イギリスでのバーゼルⅢの導入および大手銀行の対応について検証する。第2節ではバーゼルⅢもしくは自己資本比率規制とイギリスの銀行との関係に関する先行研究をサーベイし，本章の問題意識を明確化する。第3節ではバーゼルⅢの概要と，イギリスにおける導入過程について考察する。第4節ではイギリスの銀行によるバーゼルⅢへの対応状況と影響について検証する。なお金融規制監督体制の強化とリングフェンス構造の導入に関する詳細については，第6章で考察する。

2. バーゼルⅢと銀行の行動

バーゼルⅡからバーゼルⅢへの移行は一部の規制を除いてほぼ完了しているが，現在進行形のトピックであるといえる。そのため，まず本節では近年の先行研究にもとづいてバーゼルⅢもしくは自己資本比率規制と銀行の行動との関係について整理する。

2.1 先行研究

まずいくつかの先行研究にもとづいて，バーゼルⅢと金融機関の行動との関係について考察する。なおバーゼルⅢについては次節で概観するが，先行研究で主な論点として検証されているのは，最低所要自己資本の強化と流動性規制の強化である。

Aiyar *et al.* (2015) はバーゼルⅢの不適切な流動性規制などはインセンティブを考慮したルールへと置き換えられるべきであり，最低所要自己資本の引き上げは社会的なコストを伴うことを懸念している。要するにバーゼルⅢは金融機関のインセンティブをゆがめるため，結果的に社会全体として望ましくないということである。宮内 (2015) は金融危機がバーゼルⅠの枠組みで起きたものであって，むしろバーゼルⅡを早期に適用すべきであったという立場から，レギュラトリー・アービトラージの存在を指摘したうえで，バーゼルⅢおよびマクロプルーデンス政策の効果について否定的である。

一方で，Meeks (2017) はバーゼルⅠおよびバーゼルⅡの下でのイギリスにおけるデータを分析し，最低所要自己資本の引き上げが企業や家計への貸出を低下させることを指摘し，住宅価格に対するマクロプルーデンス政策の有効性を示している。なお，最低所要自己資本の引き上げの効果は金融緩和政策によって相殺されていたことも指摘している。またG'omez and Ponce (2019) はモデルを用いて最低所要自己資本，自己資本バッファー，流動性規制，および貸倒引当金による銀行のインセンティブへの影響を検証し，自己資本バッファーが最も強力な手法であるとの結論に至っている。さらにBace (2016) は

2014年から2015年の世界各国の預金取扱金融機関13,000行のデータを分析し，自己資本の充実が収益性にポジティブな影響を与えていたことを指摘している。加えてSclip *et al.*（2017）は2005年から2015年の期間のEUにおける大手銀行のCDSのデータを分析し，自己資本がCDSスプレッドに相対的に大きな影響を与える一方で，流動性リスクは規制上の水準を下回った場合のみ価格に反映されることを指摘した。

以上のように，金融危機の反省から生まれたバーゼルⅢやマクロプルーデンス政策に対しては，否定的な見解と肯定的な見解がある。

2.2　本章の問題意識

先行研究にみられるようなバーゼルⅢやマクロプルーデンス政策に対する見解の相違が生じる主な要因として，論者によって論点や重点が異なることが指摘できる。Casu *et al.*（2019）は1999年から2013年の期間のユーロ圏の銀行等を分析し，自己資本比率の引き上げ（銀行の健全性）と流動性の創出（経済成長のための資金の供給）とはトレードオフの関係にあることを示している。Casu *et al.*（2019）の指摘が正しいとすれば，金融システムの効率性を重視すればバーゼルⅢやマクロプルーデンス政策には否定的にならざるを得ず，金融システムの健全性を重視すれば自ずと肯定的な見解となる傾向があるといえる。またFratianni and Pattison（2015）はバーゼルⅢは複雑であるがゆえに，各国での実施に際しての非対称性を助長しうることを懸念している。なおFratianni and Pattison（2015）はイギリスがアメリカなどと並んで，バーゼルⅢの適用において，より高い水準を選んでいることを指摘している。金融システムの効率性と健全性のいずれを重視するかという観点からは，イギリスは効率性ではなく健全性を重視したという見方ができる。前章までで確認してきたとおり，歴史的にイギリスは自己資本比率規制の導入・展開において，相対的に厳しい水準を選んでおり，バーゼル1の成立にも大きな影響を与えた[3]。

そこで本章ではイギリスでのバーゼルⅢの導入過程と，イギリスの銀行による対応および影響について検証する。こうした検証を通じて，イギリスでのバーゼルⅢの対応と影響について明らかにしたい。

3. バーゼルⅢの概要とイギリスでの導入

本節ではバーゼルⅢの概要とイギリスにおける導入過程について考察する。

3.1 バーゼルⅢの概要

ここではバーゼルⅢの内容を確認していく。ただし，バーゼルⅢは非常に広範かつ複雑な項目を内包するため，紙幅の制約もあって概観するにとどめる[4]。Basel Committee on Banking Supervision（2017）によると，バーゼルⅢは主に5つの特徴を持っている。第1に自己資本の水準と質の向上，第2にリスクの捕捉の強化，第3に銀行のレバレッジの制限，第4に銀行の流動性の向上，第5にプロシクリカリティの抑制，という5つの特徴である。

まず第1の自己資本の水準と質の向上は，非期待損失をカバーするために，より多くより質の高い自己資本を銀行に要求することである。具体的には，Tier 1資本の最低要求水準を従来の4%から6%に引き上げることであり，またTier 1資本のうち少なくとも75%は最も質の高い項目である資本金等や留保利益などの普通株式等Tier 1で満たすことが求められる。普通株式等Tier 1の構成要素は表5-1のとおりである。さらに国際的にシステム上重要な銀行（G-SIBs）には追加的な自己資本が求められる。

第2のリスクの捕捉の強化は，まず市場リスクに対する自己資本賦課の引き

表5-1　普通株式等Tier 1の構成要素

構成要素概要
銀行が発効した規制上の要件を満たす普通株式
普通株式等Tier 1に属する資本性商品を発行したことにより発生した株式払込剰余金
内部留保
その他の包括利益累計額およびその他の剰余金
少数株主持分等で普通株式等Tier 1の要件を満たすもの
規制上の調整

出所）みずほ証券バーゼルⅢ研究会（2012），p.76をもとに筆者作成。

上げであり，市場のストレス時の12カ月分の自己資本を求めるものである。また信用評価調整（CVA）の変動リスクに対する自己資本も求められるようになった。さらに，2017年には信用リスクに対する標準的手法や市場リスク，信用評価調整リスク，オペレーショナル・リスクに関して，リスクに対する感応性や比較可能性を高めるように改訂がなされた。表5-2は信用リスクの標準機手法における住宅ローンのリスク・ウェイト水準に関する見直しを示したものであり，担保価値に対する住宅ローンの残高でリスク・ウェイトが変化する仕組みとなっている。加えて，信用リスクの計算上，内部格付手法の利用も制限される。

第3の銀行のレバレッジの抑制は，景気後退期にデレバレッジが起きる悪循環に陥るリスクを低減させるために，銀行の資金調達構造についてレバレッジ比率を制限するものである。レバレッジ比率の算定方法は表5-3のとおりである。レバレッジ比率は3%以上を維持する必要がある。またG-SIBsに対してはレバレッジ比率規制についてもより厳しい基準に従うものとされている。

表5-2　バーゼルⅢの標準的手法における住宅ローンのリスク・ウェイトの見直し

LTV		＜50%	50-60%	60-80%	80-90%	90-100%	100%＜
現行		35%					75%
見直し後	通常の債権	20%	25%	30%	40%	50%	70%
	返済資金が不動産の賃貸収入に依存している債権	30%	35%	45%	60%	75%	105%

注1）LTV（Loan to Value）は住宅ローン残高／担保価値で求められるため，数値が低いほど担保価値が高く回収可能性が高い。
出所）金融庁・日本銀行（2018）より筆者作成。

表5-3　レバレッジ比率の算定方法

1）分子	Tier 1資本の額
2）分母	以下の項目で構成する総エクスポージャーの額 ・オンバランス資産の額 ・デリバティブ取引等に関する額 ・レポ取引等に関する額 ・オフらバランス取引に関する額
レバレッジ比率	1）／2）≧3%

出所）吉井（編）（2019），pp.438-441をもとに筆者作成。

第4の銀行の流動性の向上は，市場にストレスがかかる期間に30日間維持できる十分な流動資産を保有することを求める流動性カバレッジ比率（LCR）と，銀行が資産と負債の残存期間をよりマッチさせることを奨励する純安定調達比率（NSFR）からなる。表5-4はLCRの算定方法，表5-5はNSFRの算定方法である。

第5のプロシクリカリティの抑制は，銀行が経済成長率の高い時期に自己資本バッファーを積み上げるために利益の内部留保を行い，経済にストレスがかかった際にはそれらの自己資本を取り崩すことを狙うものである。

以上で確認したバーゼルⅢの特徴が，一連の金融危機の反省を踏まえたものであることは明らかであろう。つまり，自己資本の量的水準と質の向上は，危機前のバーゼルⅠもしくはバーゼルⅡの枠組みの下で十分な自己資本があったにもかかわらず，金融機関の破綻を防止できず，システミックリスクを顕在化させた反省である。また第2のリスクの補足の強化については，金融機関が抱えていたリスクを補足できなかったことの反省である。第3の銀行のレバレッ

表5-4　流動性カバレッジ比率の算定方法

1）分子	レベル1資産（算入制限なし） （掛け目100%） ・現金 ・中央銀行預金 ・国債（リスク・ウェイト0%もしくは母国国債）
	レベル2A資産 （掛け目85%） ・国債（リスクウェイト20%） ・社債・カバードボンド（AA－以上） レベル2B資産 （掛け目50%） ・上場株式，社債（A＋～BBB－） （掛け目75%） ・住宅ローン担保証券（AA以上）
2）分母	30日間のストレス機関の資金流出額
流動性カバレッジ比率	1）／2）≧100%

注）レベル2B資産の算入限度は15%とされ，レベル2A資産との合計も40%が算入限度とされる。
出所）吉井（編）（2019），p.385をもとに筆者作成。

表 5-5　純安定調達比率の算定方法

1）分子	利用可能な安定調達額 （掛け目 100%） ・資本 ・1年超の負債 （掛け目 90～95%） ・リテール預金 （掛け目 50%） ・法人預金，オペ預金（残存期間1年以下または満期なし） ・金融機関からの借入（6カ月超1年以内）
2）分母	所要安定調達額
純安定調達比率	1）／2）≧100%

出所）吉井（編）（2019），p.431 をもとに筆者作成。

ジの抑制はレバレッジを利かせた経営を行っていた一部の金融機関の破綻がシステミックリスク顕在化のトリガーとなったことへの反省である。第4の銀行の流動性の向上は，とくに資金調達を市場性の資金に依存していた金融機関が流動性不足に陥ったことに対する反省である。第5にプロシクリカリティの抑制は，金融機関の積極的もしくは過剰な融資が不動産バブルを招き，その後の金融危機の端緒となったことへの反省である。

ただし，一連の金融危機の反省に立ったこれらの特徴は，銀行経営の面からみればトレードオフの関係にあるものが少なくない。例えば流動性資産を充実させることは利ザヤを生みにくい資産を積み上げることを意味するため，銀行の収益を圧迫し，自己資本の水準および質の向上にとってネガティブな影響を与える可能性が高く，ひいてはカウンターシクリカル・バッファーの積み上げにとってもマイナスとなりうる。また純安定調達比率についても短期小口の預金を受け入れ，長期大口の貸出を行うという銀行の資産変換機能を弱めるものとなりうる。金利と期間のミスマッチから生じるリスクを負担することで収益を上げてきた銀行にとって収益を圧迫する要因であり，やはり自己資本の量的・質的な向上や自己資本バッファーの充実と相反するものとなりうる。以上のような相矛盾する要求を持つバーゼルⅢに対して，銀行がどのように対応しているかを考察することは非常に重要であろう。

3.2 イギリスにおけるバーゼルⅢの導入過程

ここではイギリスにおけるバーゼルⅢの導入過程を考察する。なおイギリスでは一連の金融危機を踏まえて，バーゼルⅢの導入と並行してさまざまな金融制度改革に行っている。それら金融制度改革については第6章で詳細を考察するが，ここではバーゼルⅢの導入・実施における規制監督主体の担い手について簡単にみておく。第4章でも確認したとおり，金融危機を防げなかったFSAはさまざまな批判を受けた。そして2010年の政権交代に伴い解体されることとなった。FSAはプルーデンス政策を担うPRA（Prudential Regulation Authority）と，金融行為規制を担うFCA（Financial Conduct Authority）とに分割された。またイングランド銀行内にマクロプルーデンス政策を担うFPC（Financial Policy Committee）が新たに設置された。FPCはマクロプルーデンスの観点からPRAおよびFCAに指示・勧告を行う。

またこれも詳細は第6章で考察するが，イギリスでは2012年金融サービス法によって預金を取り扱っている部門については，トレーディング業務や証券化商品の組成を禁じられたリングフェンスバンク（RFB）を金融機関内に設定することを義務付けた。リングフェンス構造への移行が求められたのは，コア・リテール預金が250億ポンド以上の銀行であり，具体的にはBarclays，HSBC Holdings，Lloyds Banking Group，NatWest Group，Santander UKという5行である。リングフェンスの対象となる大手5行はすべて2018年中にRFBの設立を終えて，リングフェンス構造への移行を済ませている。

イギリスにおける新しい金融監督体制の下でのバーゼルⅢの導入・実施について確認してみよう。イギリスは2020年1月31日付でEUから既に離脱済みであるが，バーゼルⅢの導入については，従来のEU加盟国という立場からEUの自己資本要求指令（CRD IV）にもとづく形で整備してきた[5]。PRAは，CRD IVの要求内容にもとづいて各種のPolicy Statementを公表している。なお，PRAはCRD IVの要求内容として，自己資本の質および量，新しい流動性およびレバレッジに関する基礎，カウンターパーティー・リスクに関する新しいルール，カウンターシクリカル・バッファーとシステム上重要な金融機関に対する自己資本バッファーを挙げており，ほぼバーゼルⅢの内容を網羅していることがわかる。

まず自己資本バッファーの導入について，PRA は 2014 年 3 月に Policy Statement（PS3/14）を公表している。普通株式等 Tier 1 の量で定義される自己資本保全バッファーは総リスクエクスポージャーに対して 2.5% 以上としなければならない。またカウンターシクリカル・バッファーについては信用リスクエクスポージャーに対する自己資本充実を要求するものであり，イギリス国内の信用リスクについては FPC がカウンターシクリカル・バッファーの比率を設定する。なお第三国における信用リスクエクスポージャーに対するカウンターシクリカル・バッファーについては，当該国の当局が設定することになっているが，その比率が 2.5% を超える場合は FPC が 2.5% とみなす。

また流動性充実について，PRA は 2015 年 11 月に Policy Statement（PS11/15）を公表している。PS11/15 では金融機関に対して質と量の両面で十分な流動性を確保し，債務の履行について重大なリスクがないことを求めている。さらに流動性の充実を求めるなかで流動性リスクのみならず，中長期の資金の安定的な調達に関する資金調達リスク（funding risk）の考慮を求めている。

さらにレバレッジ比率については，PRA が FPC からの指示にもとづいて 2015 年 12 月に Policy Statement（PS27/15）を公表している。PS27/15 では PRA の監督対象である金融機関で 500 億ポンド以上の預金を取り扱っているものについて，レバレッジ比率規制の対象としている。PRA のまとめたルールブック（PRA2015/89）によると，レバレッジ比率規制の規制対象となる金融機関は総リスクエクスポージャーに対する Tier 1 の比率として最低 3% を維持しなければならない。また Tier 1 のうち 75% を普通株式等 Tier 1 が占めなければならない。加えて PRA2015/89 ではレバレッジ比率規制においても，カウンターシクリカル・バッファーを求めている。

4. バーゼルⅢの導入がイギリスの銀行業に与えた影響の検証

本節では，バーゼルⅢの導入がイギリスの銀行業に与えた影響を検証する。検証にあたってはリングフェンス構造への移行が求められた大手 5 行に加えて，比較対象として Nationwide Building Society と Standard Chartered という計7行を対象とする。

4.1　イギリスにおけるバーゼルⅢの達成状況

まずイギリスの大手金融機関のバーゼルⅢへの対応の状況をみてみよう。なおバーゼルⅢでは，総自己資本の最低所要水準が10.5%，普通株式等 Tier 1 資本の最低所要水準が7%（いずれも資本保全バッファーを含む），流動性カバレッジ比率および純安定調達比率の最低水準が100%，レバレッジ比率の最低水準が3%となっている。まず図5-1は自己資本比率規制上のコア Tier 1 比率の推移をみたものである。過去5年間で7行すべてがコア Tier 1 比率を引き上げており，最低所要水準である7%を大きく上回っている。7行のなかでは最も低い Standard Chartered でも2021年末時点で14.1%を達成しており，最低所要水準の2倍近い水準である。とりわけ Nationwide Building Society はコア Tier 1 比率で30%を超える水準を達成している。

また図5-2は規制上の総自己資本比率の推移をみたものであるが，やはり7行すべてが過去5年間で水準を引き上げており，すべて最低所要水準である

図 5-1　コア Tier 1 比率の推移

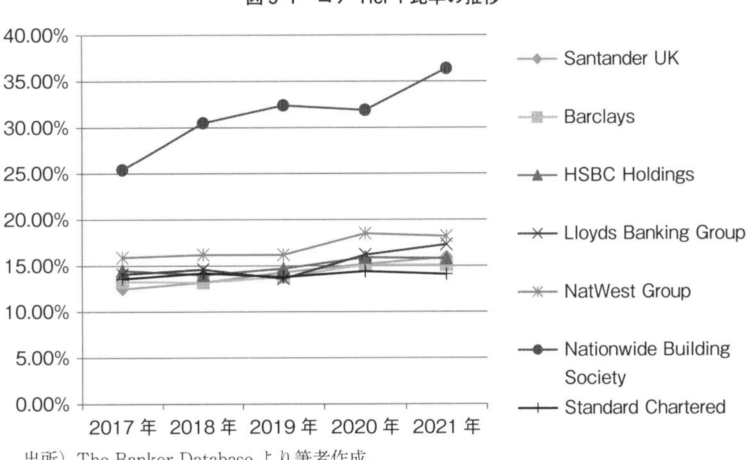

出所）The Banker Database より筆者作成。

図 5-2　規制上の総自己資本比率の推移

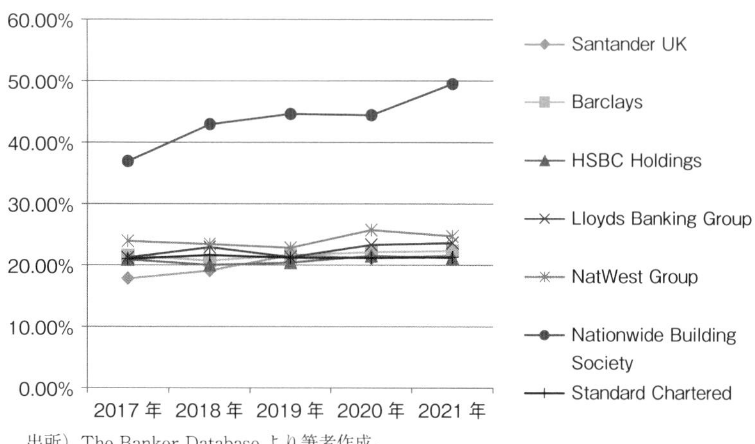

出所）The Banker Database より筆者作成。

10.5%を大きく上回っている。7行のなかでは2021年末時点で最も低い水準であるHSBC Holdingsですら21.2%を達成している。また規制上の総自己資本比率でみてもNationwide Building Societyは2021年末時点で50%近い水準に達している。

以上の自己資本比率の達成状況をみてみると，大きく上回っているNationwide Building Societyを除くと，国際合意であるバーゼルⅢで最低水準とされたコアTier 1比率で7%，総自己資本比率で10.5%というそれぞれについて，2倍程度の水準を維持しているようにみえる。銀行の個別性に配慮して多少の高低はあるものの，PRAが求めているターゲット・レシオがコアTier 1比率で14%程度，総自己資本比率で21%程度なのではないかと推察される。

続いて図5-3で流動性カバレッジ比率の達成状況を確認してみよう。図5-3のとおり，7行すべてが100%の最低水準を達成しており，過去5年間の7行のデータで最も水準が低かったのが2017年のSantander UKの120%である。2021年時点で最も低いのはLloyds Banking Groupであるが，それでも135%という水準である。過去5年間の7行の流動性カバレッジ比率をみると，Barclaysが160%以上の水準を維持しようとしているようにみえるのを除けば，概ね130～140%程度の維持すべき水準があるように思われる。なお純安定

図 5-3　流動性カバレッジ比率の推移

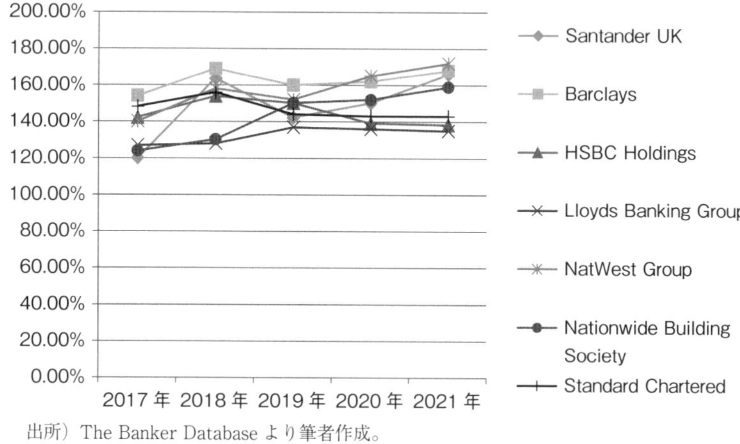

出所）The Banker Database より筆者作成。

図 5-4　総資産に対する自己資本の割合の推移

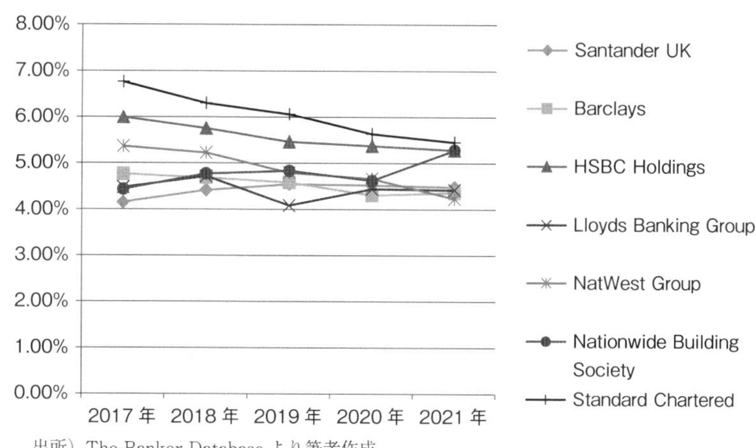

出所）The Banker Database より筆者作成。

調達比率については公表している銀行とそうでない銀行が混在している[6]。

最後にレバレッジ比率についてであるが，データの制約があるため，ここでは総資産に対する自己資本の比率で代用して用いる。図 5-4 は総資産に対する自己資本の割合の推移を示したものである。過去 5 年間において 7 行すべてが 4%以上の水準を達成している。ただし，2017 年と 2021 年を比較して比率が上昇したのは，Santander UK と Nationwide Building Society という2行だけである。とりわけ Standard Chartered と NatWest Group は2017年と比較して2021年は1.2%前後低下している。

第1章で確認した自己資本比率規制が導入される前の1960年代において，HSBC，Barclays，Chartered という3行の総資産に対する自己資本の割合は，3%～5%程度であった。1960年代当時の未公開データと，現在の積極的に公開されているデータでは，情報公開に対する銀行の意識や数値の正確性などに大きな違いがある。そのため単純に比較することに対しては慎重でなければならないが，イギリスにおいて自己資本比率規制が導入されて以降の約40年間は，自己資本の充実が図られたというよりも，自己資本の一層の低下をとどめていたにすぎないのかもしれない。

4.2　バーゼルⅢが銀行バランスシートに与えた影響

バーゼルⅢの導入を受けてイギリスの銀行はコア Tier 1比率，規制上の総自己資本比率，流動性カバレッジ比率，レバレッジ比率（総資産に対する自己資本の割合），という4つについて，既に対応していた。ここではバーゼルⅢの規制対応によって，銀行のバランスシートがどのような影響を受けたかについて，いくつかの指標を使って検証していく。

まず図5-5は過去5年間の7行の預貸率の推移をみたものである。図5-5のとおり，2017年から2021年にかけて7行すべての預貸率が低下している。大手5行についてはリングフェンス構造が導入された影響も考えられるが，Nationwide Building Society と Standard Chartered も同様に低下しており，リングフェンス構造の影響だけではないだろう。ただし，2020年と2021年については新型コロナウイルス感染症が拡大した影響が大きいとみられ，バーゼルⅢの導入が預貸率に与える影響については今後も慎重な検証が必要であろう。

それでは総資産に占める銀行業務ごとの割合を順に確認してみよう。まず図5-6は総資産に占める企業向け貸出の推移である。図5-6のとおり，Standard Chartered を除いて企業向けの貸出は低下傾向がみられる。ただし，企業向け貸出の低下傾向が顕著なのは2019年以降であり，またリングフェンス構造の

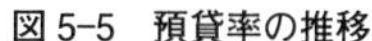
図 5-5　預貸率の推移

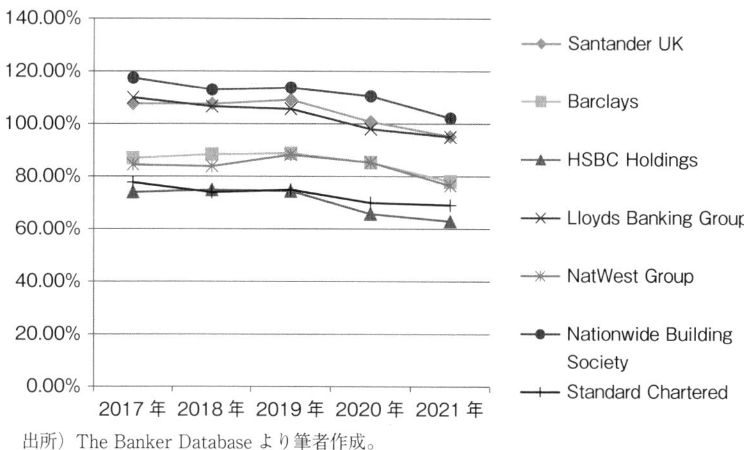

出所）The Banker Database より筆者作成。

図 5-6　総資産に占める企業向け貸出の推移

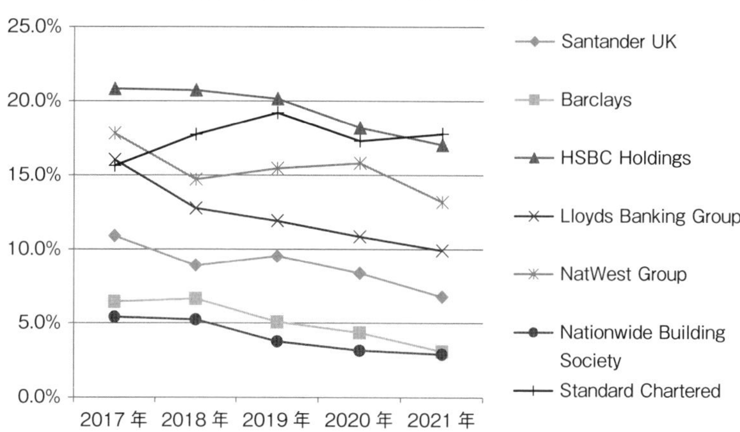

注）企業向け貸出の額は各年末の残高，総資産は各年の平均残高のデータを用いて算出している。
出所）The Banker Database より筆者作成。

対象外で海外業務の割合の高い Standard Chartered が企業向け貸出を伸ばしていることも考慮すると，バーゼルⅢの導入よりもリングフェンス構造の導入や新型コロナウイルス感染症が影響しているのかもしれない。

続いて金融危機の主要因といえた住宅ローンについて総資産に対する割合を

図 5-7　総資産に占める住宅ローンの推移

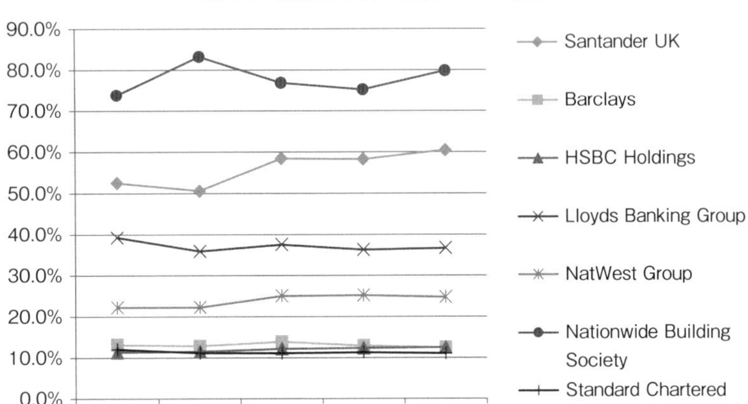

注）住宅ローンの額は各年末の残高，総資産は各年の平均残高のデータを用いて算出している。

出所）The Banker Database より筆者作成。

図 5-7 でみてみよう[7]。図 5-7 のとおり，住宅ローンへの注力の仕方は各銀行によってまちまちであるが，7 行すべてが住宅ローンの割合を維持もしくは増加させていることがわかる。新型コロナウイルス感染症の影響を受けた 2020 年と 2021 年についても住宅ローンの割合に大きな減少はみられず，基本的にリスク・ウェイトの低い住宅ローンは景気の悪化局面でも維持しやすいことがみてとれる。

さらにグローバルな金融危機において問題視されたトレーディング勘定との関連で，トレーディング目的の証券の割合についても確認してみよう。図 5-8 は総資産に占めるトレーディング目的の証券の割合をみたものである。まず住宅金融組合である Nationwide Building Society については 2019 年以降のデータしかなく，金額も総資産に対して 0.1%にも満たないものとなっている。また Santander UK については 2019 年以降リングフェンスバンクとなったため，やはり 1%にもみたない割合となっている。そして過去 5 年間でみると，NatWest Group や Standard Chartered は 4%前後，Barclays と HSBC Holdings は 10%前後でそれぞれ安定的に推移しているのに対し，Lloyds Banking Group だけが 2017 年の 5%程度から 2021 年の 20%強まで大きく増加させている。前

図 5-8　総資産に占めるトレーディング目的の証券の割合の推移

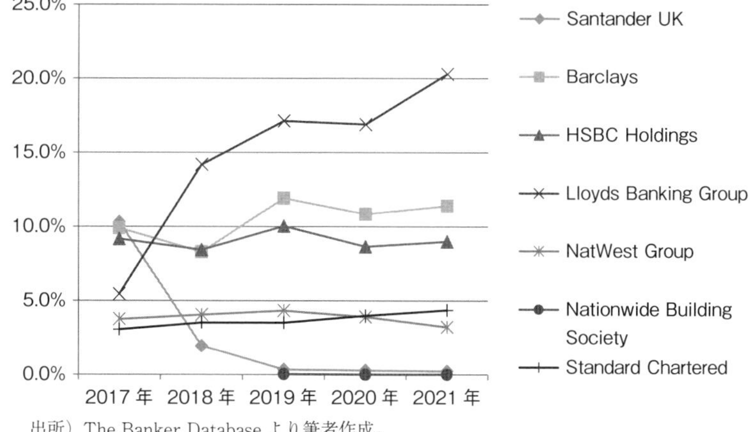

出所）The Banker Database より筆者作成。

掲の図5-5で確認できるとおり，Lloyds Banking Group は Nationwide Building Society や Santander UK と同様に預貸率が 100%を超えるような銀行グループであったが，2018 年以降のリングフェンス構造への移行・導入に合わせて預貸業務以外の収益源を求めているのかもしれない。

本項の最後に公的部門向けの貸出についても確認してみよう。図 5-9 は総資産に占める公的部門向けの貸出の推移であるが，データが確認できたのは 4 行だけであった。ここまでみてきた資産項目と比較すると割合的には小さいが，Standard Chartered と Barclays が新型コロナウイルス感染症の影響下にあって公的部門向けの貸出の割合を増加させているようにみえる。これに対し，HSBC Holdings は 0.5%弱，NatWest Group は 1%前後の水準をそれぞれ維持しているように思われる。公的部門向けの貸出は割合が小さく，預貸率に与える影響も限定的であるが，やはりリスク・ウェイトが低く，景気の悪化局面でも維持しやすいのであろう。

以上でみてきたことをまとめると，過去 5 年間で 7 行すべてが預貸率を低下させているが，総資産に占める住宅ローンやトレーディング目的の証券の割合は維持もしくは増加している。そのため，企業向け貸出の低迷が預貸率を低下させた大きな要因の 1 つと考えられる。企業向け貸出の低迷を招いたのが，

図5-9　総資産に占める公的部門向け貸出の割合の推移

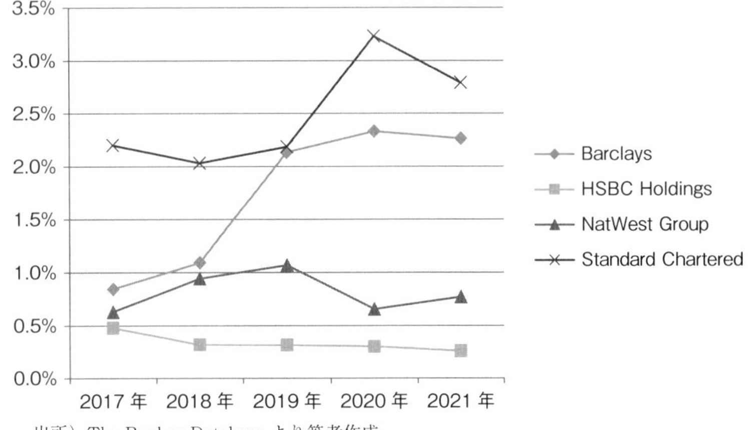

出所）The Banker Database より筆者作成。

バーゼルⅢの導入によるリスクエクスポージャーの抑制の影響なのか，リングフェンス構造の導入によるリテール分野への注力の影響なのか，あるいは直近については新型コロナウイルス感染症による景気悪化の影響なのか，定かではない。ただ住宅ローンは維持または増加していることを考えると，バーゼルⅢの達成が求められるなかで，多くの銀行が相対的にリスク・ウェイトの低い資産の比重が高まっている可能性は指摘できる。

4.3　バーゼルⅢが銀行の収益構造および収益性に与えた影響の検証

バーゼルⅢの導入やリングフェンス構造への移行などもあって，預貸率が低下し，総資産に占める企業向け貸出の割合も低下するなど，イギリスの銀行のバランスシートはさまざまな影響を受けていた。ここでは，そうした銀行による資産選択が各銀行の収益構造や収益性にどのような影響を与えたかを検証したい。

まず図5-10は銀行のROEの推移をみたものである。全体的にみると，銀行によって多少の違いはあるが，2017年～2019年はとくに大手5行がリングフェンス構造に伴う費用の増大等の影響でROEが低迷した。リングフェンス構造

図 5-10　各銀行の ROE の推移

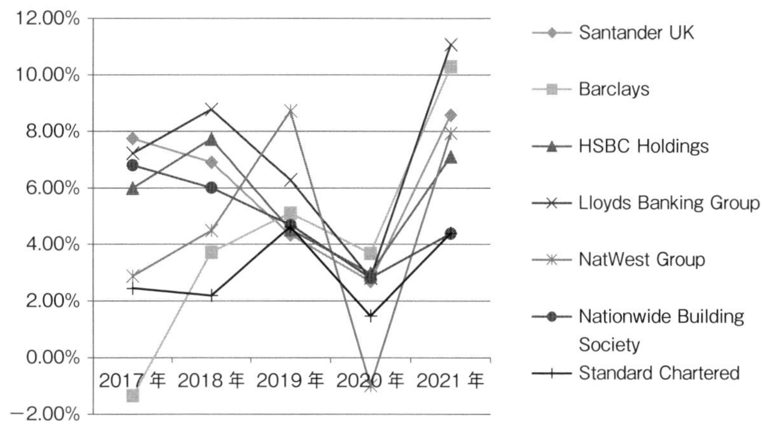

出所）The Banker Database より筆者作成。

導入の真価が問われた 2020 年は新型コロナウイルス感染症の影響で ROE がさらに悪化したが，2021 年は ROE が急回復したという状況である。2021 年の時点で Lloyds Banking Group と Barclays が 10%を超える水準の ROE を達成し，Santander UK や HSBC Holdings，NatWest Group もリングフェンス構造の導入以前の水準に戻っている。Standard Chartered は，2017 年の Barclays や 2019 年の NatWest Group のように赤字に転落する銀行が現れなければ，常に 7 行のなかでは最も ROE の水準が低い銀行であるが，2〜4%の水準で安定的に推移しているともいえる。ただし，いずれの銀行も金融危機前のような 10%台後半から 20%台半ばの ROE には程遠い状況である[8]。バーゼルⅢが導入されたこともあり，各銀行も ROE の目標値自体が 10%台前半に落ち着いている。

それでは各銀行はどのように収益をあげているのであろうか。まず金利収益の割合を図 5-11 で確認してみよう。Nationwide Building Society は当然ながらほとんどの収益を金利収益であげており，2019 年以降にリングフェンスバンクとなった Santander UK もほとんどが金利収益であることがわかる。NatWest Group はバーゼルⅢへの対応とリングフェンス構造の導入を受けて，金利収益への依存度をやや高めているようにみえる。これに対し，Barclays と Standard Chartered は金利収益の割合を低下させている。また HSBC Holdings は金利収

図5-11　各銀行の総業務収益に占める金利収益の割合の推移

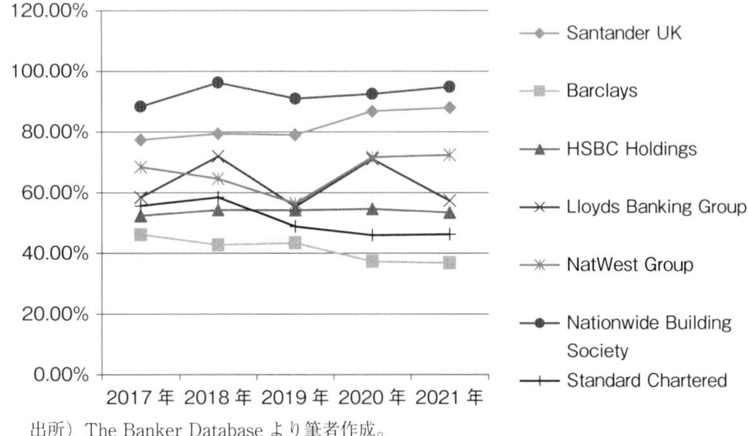

出所）The Banker Database より筆者作成。

益の割合が55%弱で非常に安定的に推移している。逆にLloyds Banking Groupは金利収益の割合の変動が非常に大きいが，これは非金利収益が安定していないことの影響である。なお非金利収益の割合からみた各銀行の数字は図5-12のとおりである。

ここまでの内容をまとめると，イギリスの銀行のROEは金融危機前と比較すると低迷しているといえる水準であるが，バーゼルⅢへの対応とリングフェンス構造の導入を経て，2021年にはROEの回復傾向がみられた。2020年から2021年への動きだけをみれば，非金利収益の成果がBarclaysとLloyds Banking GroupのROEの向上に貢献したとみることもできるが，Santander UKの2021年もROEが過去5年間で最も高いものとなっている。一方で似たような資産構成や収益構造を持つNationwide Building SocietyのROEは新型コロナウイルス感染症の拡大前の水準に至っていない[9]。バーゼルⅢの導入によって質の高い自己資本や流動性の充実が求められ，かつレバレッジにも制約がかかるなかで，以前のような各行の預貸率が100%を超えるような状況は考えにくく，伝統的な銀行業務だけでは高い収益率を求めづらい状況である。

収益性を過度に求める銀行の姿勢が金融危機の遠因になったとも考えられているため，銀行の収益性の確保について議論することには異論があるかもしれ

図 5-12　各銀行の総業務収益に占める非金利収入の割合の推移

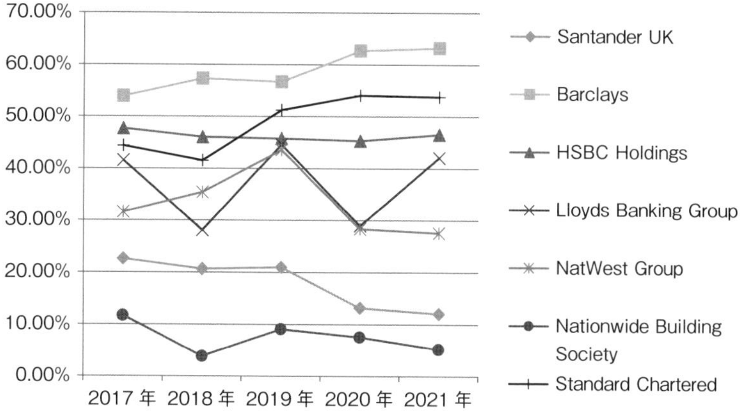

出所）The Banker Database より筆者作成。

ない。しかしながら，より質の高い自己資本の充実を銀行に求めるということは，銀行が内部留保できる利益を十分に得る必要がある。また銀行の株主資本に対する利益率の高さは，増資による資金調達にとっても重要である。新型コロナウイルス感染症拡大の影響に見舞われたため，直近のデータを見ても判断は難しいが，バーゼルⅢとリングフェンス構造が導入された状況下で，収益性の高い銀行業のビジネスモデルは模索が続いているようにみえる。

5. おわりに

本章ではバーゼルⅢの導入がイギリスの銀行行動に与える影響について検証してきた。イギリスでは金融制度改革によって規制監督体制を変更し，大手5行に対してリングフェンス構造の導入を義務付けるなど，最低所要自己資本にとどまらない大幅な規制監督強化に舵をきった。これに対して，大手5行に Nationwide Building Society と Standard Chartered を加えた7行は，コア Tier 1比率で14%以上，総自己資本比率で21%以上，流動性カバレッジ比率で130%以上，レバレッジ比率で4%以上という高い水準をクリアーしている。その結果，7行すべてが預貸率を低下させており，その主要因として総資産に対する企業向け貸出の伸び悩みもしくは減少がみられた。一方で，総資産に対する住宅ローンの割合は維持もしくは増加傾向がみられ，質・量ともに高い水準の自己資本が求められるなかで，リスク・ウェイトの低い資産が選択された可能性がある。収益の面では2020年から2021年にかけてROEのV字回復がみられたが，回復の程度は銀行によって大きな差がみられた。依存する収益についても金利収益の割合を高める銀行と，非金利収益の割合を高める銀行に分かれており，バーゼルⅢおよびリングフェンス構造の導入後の各銀行のビジネスモデルは模索中のようにみえる。なお銀行の収益性を高めることは，質・量ともに高い水準の自己資本比率を維持するうえで，前提条件といえる。

第2節において先行研究にもとづいて確認したとおり，バーゼルⅢやマクロプルーデンス政策については金融システムの健全性を重視するか，効率性を重視するかで評価がわかれる。既述のように，Meeks（2017）は最低所要自己資本の引き上げが企業や家計への貸出を低下させることを指摘し，住宅価格に対するマクロプルーデンス政策の有効性を示していた。本章の検証でも預貸率が低下していた点は整合するが，高い水準の自己資本比率を達成するためにリスク・ウェイトの低い住宅ローンは維持もしくは増加していた点は整合しない。本章で検証した期間は新型コロナウイルス感染症の影響で大きく景気が落ち込んだ時期も含んでおり，住宅ローンが増加することは望ましい状況であったと思われるが，バーゼルⅢが住宅バブルの抑制に有効かどうかは定かではない。表5-2で確認した住宅ローンに対するLTVにもとづくリスク・ウェイトも担保価値が上昇すればするほど，リスク・ウェイトが低下する仕組みである。他の業務に対する相対的なリスクの低さや経済政策的な観点から，住宅ローンに対するリスク・ウェイトが低いことは決して非合理的なことではないが，不動産バブルひいては金融危機の再発を防止する手段として，自己資本比率規制には限界があるだろう。

なお本書はバーゼルⅢの複雑さと膨大さに筆者が翻弄されながら，当初の完全実施予定であった2019年を待って執筆に踏み切ったものである。しかしながら，その間にイギリスでは金融制度改革が進み，リングフェンス構造が導入され，EUからの離脱が決定し，新型コロナウイルス感染症の拡大にも翻弄されるなど，イギリスにおける金融経済環境に大きな変化がみられた。それらすべての環境変化を考慮したうえで，バーゼルⅢ導入の影響を分析するのは，筆者の能力を超える作業であるが，本章の検証内容がバーゼルⅢひいては今後の銀行業の展開を考えるうえで少しでも参考になれば幸いである。

注

1　金融危機に対する各国の一連の対応については藤田（2015）が分かりやすく，かつコンパクトにまとめているので，参照されたい。

2　金融危機後の金融機関の業務展開の変化については，既に多くの先行研究が展開されている。そのため，ここでは欧米の主要な金融機関の業務展開の変化を網羅している著作として，若奈(2019）を挙げるにとどめる。

3　バーゼル合意の形成においてイングランド銀行などイギリスが果たした積極的な役割については，渡部（2012）を参照されたい。

4　以下のバーゼルⅢに関する内容は Basel Committee on Banking Supervision（2017）にもとづいている。

5　本書執筆時点（2022 年 8 月 17 日）で EU 離脱後のイギリスと EU 双方の金融規制について，同等性評価にもとづく相互承認を行うかどうかが問題となっている。既にイギリス側では財務省が EU の金融規制の同等性を承認しているが，EU 側はイギリスの金融規制を承認していない。Financial Times の報道によると，EU 側はイギリス側の将来の規制上の計画に関する詳細を求めている（Parker *et al.*（2021））。

6　純安定調達比率について，The Banker Database では HSBC Holdings が 2017 年に 108％という数値はあるが，それ以降のデータがない。NatWest Group と Nationwide Building Society は過去 5 年間のデータがあり，2021 年末時点でそれぞれ 157％と 141％となっている。Santander UK は 2021 年のみデータがあり，136％となっている。

7　The Banker Database にはリテール向けの貸出の数値もあるが，住宅ローンの数値とあまり変わらないため，ここでは住宅ローンの数値のみをみている。

8　2006 年の ROE は Barclays が 24.7％，HSBC Holdings が 15.7％，Lloyds TSB Group が 25.1％，Royal Bank of Scotland Group が 19.0％であった（各行の Annual Report より）。

9　ファイナンシャル・タイムズは，リングフェンスバンクが国際活動を通じてリスクが分散できない分，今後数年，イギリス経済の影響に縛られることを指摘していた（2019 年 1 月 1 日付）。しかしながら斉藤（2020）は 2019 年だけではわからないと断ったうえで，Nationwide Building Society との比較上，リングフェンスバンクの収益性が上回っていたことを指摘している。

第6章

イギリスにおける自己資本比率規制と規制監督体制の展開

1. はじめに

自己資本比率規制の導入は金融機関の規制や監督のあり方を大きく変える歴史的なイベントであった。本章では自己資本比率規制が導入されて以降のイギリスにおける金融規制監督のあり方の変化を考察し，現時点での金融規制監督体系の到達点を確認し，今後への示唆を得る。ここで本章での議論に入る前にいくつかの用語や論点を整理しておきたい。

まず規制や監督などの用語の概念整理を行う。Llewellyn（1999）は規制（regulation），モニタリング（monitoring），および監督（supervision）を明確に区別して議論すべきだとしている。Llewellyn（1999）によると，まず規制とは，行動に関する特定の規則を制定することである。そしてモニタリングとは，規則にしたがっているかを監視することであるとしている。さらに監督とは，金融機関のより一般的な行動を監視することであるとしている。つまり，まずルールとしての規制の問題があり，そのうえでルールが守られているかというモニタリングの問題があり，さらに明示的なルールを超えた銀行による行動について監督の問題が生じるということである。通常，モニタリングと監督はあまり区別せずに議論されがちであるが，本来であれば区別しなければならない問題である。例えば，第4章で確認したイギリスにおける金融危機において，FSA は自己資本比率規制というルールでみた銀行の健全性はモニタリングできていたが，結果的に破綻した銀行等の流動性不足や過度なレバレッジに対する監督はできていなかったといえる。

また規制や監督を行う際の体制もしくはアプローチについて，Group of Thirty（2009）の議論にしたがって分類する。Group of Thirty（2009）によると，金融規制監督体制は業態別アプローチ，機能別アプローチ，統合アプローチ，ツインピークス・アプローチの4つに大別される。業態別アプローチとは，銀行・証券・保険などの業態別に規制監督を行う手法である。つぎに機能別アプローチは法的な業態に関係なく業務に対して規制監督を行う手法である。続いて統合アプローチとは健全性や行為を1つの機関が規制監督を行う手法である。最後にツインピークス・アプローチとは健全性などを規制監督する機関と行為規制などを行う機関を分けて設置する手法である。典型的な展開を示せば，競争制限的な規制が機能しているうちは業態別アプローチをとり，業態間の競争等が生じて境界があいまいになれば機能別アプローチとなり，銀行や証券会社の統合が進むと統合的アプローチやツインピークス・アプローチが選ばれるようになる。

第2節ではイギリスにおける伝統的な自主規制体系から，業態別の公的な規制体系への変化と自己資本比率規制への変化の過程を考察する。第3節では金融ビッグバンによるユニバーサルバンク化と金融のグローバル化を経て，FSA設立による金融規制監督における統合アプローチの採択と自己資本比率規制との関係について考察する。第4節では金融危機後に自己資本比率規制が強化されると同時に，リングフェンス構造が導入された過程を考察する。そのうえで第5節では金融自由化およびグローバル化以降の主たる規制監督手段であった自己資本比率規制と，リングフェンス構造というある種の業務分野規制とを併用する金融規制監督の到達点を確認し，今後への示唆を得る。

2. 自主規制体系から業態別の公的な規制体系への変化と自己資本比率規制

まず本節では金融機関に対する競争制限的な自主規制体系から業態別の公的な規制体系への変化と，自己資本比率規制との関係について考察する。

2.1　競争制限的な自主規制体系から1979年銀行法にもとづく公的な規制体系へ

イギリスにおいて19世紀から20世紀初頭にかけて金融業における自主的な分業体制が築かれていた。1979年銀行法以前の自主規制体系についてはとくに明文化されたものはないが，Bank of England（1978）によると，イングランド銀行と銀行業界が個々の銀行に特定の行動基準を順守することを常に求めてきたとしている。そしてイングランド銀行はまず銀行の会計情報にもとづいて，銀行業務の性格と質について上級経営者と話し合い，続いて経営者の評判と質について情報を収集していたという。Bank of England（1978）によると，経験上，後者の経営者の評判と質の方が銀行業務を成功させる上でより重要であり，銀行家と一般市民の両方からの信頼を得て，また信頼に値することこそが重要であったという。また1946年のイングランド銀行法にもとづいて，財務省によって許可されている場合には銀行家に情報を要求し，また銀行家に勧告を行うことができたという。さらに1948年会社法で内部準備金の維持に関連する会計特権を許可された銀行のリストを作成したという。そしてこうしたシステムの下で，預金者が銀行に預けた資金の安全性を疑う理由はなかったという（Bank of England, 1978, p.230）。

そうした状況から並行市場の発展と，1971年の「競争と信用調節方式」の導入，およびその後の第二銀行危機を経て，イングランド銀行の銀行監督権限を法制化する1979年銀行法が成立し，翌年には80年基準を公表したことは第2章で考察した。ここでは1979年銀行法の下でのイングランド銀行による銀行監督体制について考察したい。

津村（1987）によると，1979年銀行法ではまず金融機関を預金受入機関と非受入機関とに区別し，預金受入機関をイングランド銀行による免許制とした。さらに預金受入機関についても一定の基準に従って，承認銀行（Recognized Bank）と認可金融機関（Licensed Institution）とに分けられた。承認銀行となるための承認基準の1つが最低純資産500万ポンドであるのに対し，認可金融機関となるための認可基準の1つが最低純資産25万ポンドとなっており，全体として承認銀行の基準の方が厳しくなっている。一方で，第二銀行危機を経験した経緯もあって，認可金融機関の方がイングランド銀行による監督が厳しく，また認可金融機関は「銀行」という名称の使用も禁止されていた。イングランド銀行による監督等についても，認可金融機関に対しては直接的に経営状況等について報告などを命じることができるのに対し，承認銀行に対しては経営状況等について第三者（監査人を想定）を通じて間接的に調査できるにとどまった。実際，第2章でも確認したとおり，80年基準では質の高い貸出を分散的に行っている大規模な銀行は本質的にリスクにさらされる可能性が低く，したがって，顧客基盤が狭い小規模な専門機関よりも，資産に対する資本カバーが比較的少なくて済む，と述べている。この時点でのイングランド銀行は伝統を持つ承認銀行よりも小規模な認可金融機関に対して厳しい監督姿勢を見せており，自己資本比率規制についても当初は中小の銀行を監督するための手段として開発されたといえるかもしれない[1]。

2.2　1987年銀行法による銀行免許の一元化と銀行監督権限の強化

1979年銀行法の下で銀行の免許制とイングランド銀行による銀行監督が法制化された。しかしながら，1979年銀行法による免許制と銀行監督は，住宅金融組合など他の法律にもとづく預金受入機関を対象としておらず，不十分な規制監督体制であった。加えて1984年には承認銀行の1つであるジョンソン・マッセー銀行が経営危機に陥り，銀行に対する規制監督体制の不備は明白なものとなった。さらに1980年代初頭から1986年にかけて行われた金融ビッグバンによる証券市場改革が進展し，銀行による証券業務への接近も起きた。こうした状況に対応して1987年には銀行法が改正された[2]。

1987年銀行法ではまず銀行免許を1979年銀行法における二元的な免許制度から，Authorized Institutionとしての免許に一元化した。ただし，「銀行」という名称の使用は，払込資本金が500万ポンド以上のAuthorized Institutionに限られた。そして銀行免許が一元化されたことに伴って，イングランド銀行が銀行監督委員会を設置してAuthorized Institution全般に対して立ち入り検査も可能な形で，監査法人とも協力しながら監督することとなった。なお次節で考察するFSAが設立される以前の1987年銀行法および1986年金融サービス

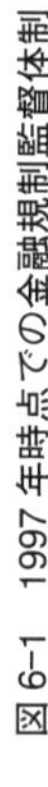

図6-1　1997年時点での金融規制監督体制

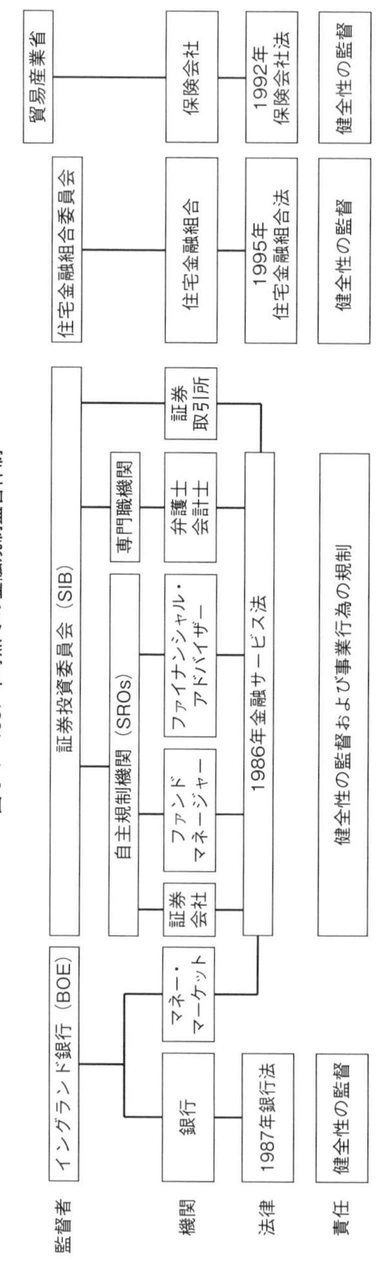

注）銀行は証券業務については金融サービス法による規制監督を受ける。
出所）Heffernan（2005），p.229 を参考にして筆者作成。

法などにもとづく金融規制監督体制は図6-1のとおりである。図6-1から明らかなように，概ねGroup of Thirty（2009）の分類でいえば業態別アプローチであるが，銀行による証券業務が金融サービス法の規制監督下にあるなど機能別アプローチも一部で採用されているといえる。

第3章で確認した自己資本比率規制における米英合意は1987年1月に成立しており，1987年5月に成立した銀行法に先行する形となった。米英合意は，ユーロダラー市場の拡大や証券業務への進出を果たした銀行を監督する手段として，自己資本比率規制が発展したことを示している。また銀行免許を一元化し，イングランド銀行が銀行業全般の規制監督を行う体制とした。ただし，第4章でも確認したとおり，実際には旧ビッグ4など伝統的な銀行は比較的低い自己資本比率である一方で，他の銀行は相対的に高い自己資本比率となっていた。米英合意ではすべての銀行が維持すべきトリガー・レシオの設定する一方で，個別銀行の経営状況に合わせた銀行監督上のターゲット・レシオも設定することが模索されていた。そういう意味では規制上こそ銀行免許を一元化して，88年基準における8%というルールも設定し，8%という水準のモニタリングこそ行っていたが，伝統的な銀行とそれ以外とでターゲット・レシオを区別する二元的な監督が行われていたのでないだろうか。

3. 1998年銀行法とFSAによる規制監督モデル

前節では，1979年銀行法の成立を契機にして，自主規制体系からイングランド銀行の法的権限にもとづく規制監督体系への変化を概観した。そして法的な権限にもとづく規制監督が行われるなかで，第二銀行危機の再発を防止する観点から，主に中小の銀行を監督する手段として80年基準が導入されたが，大手銀行のさまざまな問題や証券業務への進出などを背景に，自己資本比率規制が銀行業全般の監督手段として用いられるようになったことも確認した。そして，イングランド銀行が銀行の規制監督を行う一方で，銀行の証券業務については金融サービス法による規制監督が行われるなど，業態別アプローチによる規制監督体系が限界を見せていた。

本節ではこうした変化を踏まえて，成立した1998年銀行法と，イングランド銀行に代わって1998年以降に銀行（ひいては金融コングロマリット）を監督するようになった金融サービス機構（Financial Services Authority, FSA）の設立の過程について考察する。

3.1　1998年銀行法と銀行監督権限の委譲

イギリスにおけるFSAの設立や，イングランド銀行からFSAへの銀行監督権限の委譲を考察するうえで，2つの論点が存在する。1つには，イングランド銀行の権限（金融政策と銀行監督）に関する問題であり，もう1つは，イギリスの金融システム全体の監督に関する問題である。もちろん，銀行は金融システムの重要な位置を占めているため，この2つの論点は完全に分離して考えるべきものではない。しかしながら，ここでは，議論を整理するために，2つの論点を順番にみていくこととする。

まず，イングランド銀行の権限についてである。イングランド銀行は，伝統的に金融政策と銀行監督という2つの権限を有していた。1992年のインフレ・ターゲット[3]導入に際して，イングランド銀行の独立性（とくに金融政策の独立性）を確保する必要性から，イングランド銀行の権限に関する議論が活発化した。こうして議論が活発化するなか，ロール委員会は，イングランド銀行の独立性は高められるべきであると主張した（Roll, 1993, p.3）[4]。また，独立性を高めるために，利益相反と銀行の範囲という2つの問題から，イングランド銀行の権限を分離することを主張した。利益相反の問題とは，金融政策の運営と銀行監督を1つの機関に委ねる場合，銀行破綻を避けるために金融緩和を行うことによって，物価の安定を損なうおそれがある，という問題である（Roll, 1993, p.43）。また，銀行の範囲の問題とは，銀行と他の金融機関との線引きがますます曖昧になってきており，金融システム全体に対する統一的な規制主体の方が望ましいかもしれない，ということである（Roll, 1993, pp.43–44）。こうしたことは，イングランド銀行の目標をインフレ率のみに限定し，それに対して権限と責任を集中させる考え方に結び付いた。

つぎに金融システム全体の監督の問題である。この問題については，上記の

Roll（1993）でも指摘されているとおり，銀行だけの問題ではない。図6-1で確認したとおり，イギリスでは，銀行監督については1979年銀行法および1987年銀行法にもとづき，イングランド銀行が行っていた。また，証券等の投資業務の監督については，1986年金融サービス法に従い証券投資委員会（Securities and Investment Board＝SIB）が3つの各業態別の自主規制団体（個人投資規制協会，投資顧問規制機構，証券先物機構）に対して幅広く監督を行っていた。さらに，保険業については，貿易産業省が監督していた。しかしながら，こうした分散的な金融機関監督には，いくつかの問題点が指摘されていた。1つ目には，金融機関が合併・買収を通じて多角的に展開しているのに対し，監督主体がその一部しか把握できないという問題である。2つ目には，監督主体が重複する社会的コストの問題である。そして，3つ目には，投資業務の監督については，自主規制のため厳格な監督が行われているのかという疑問があるという問題である。FSAは，これらの問題点を克服するため，金融機関に対する総合的な監督機関として設立されたのである。こうした点を踏まえて，植田（1998）はFSA設立の意義をつぎのようにまとめている。「今回の改革では，SIBを発展的に解消させ強化したFSAに銀行・証券・保険の監督を一元化させる。このことは，金融機関監督体制の効率性を高め，『金融コングロマリット化』の進展に対する規制強化を図ったものとして捉えることができる」（p.208）。つまり，FSAは，金融コングロマリット化あるいはユニバーサルバンク化した金融機関を統合的に監督するために設立されたということである[5]。

1998年6月1日に施行された銀行法により，イングランド銀行は，MPC（Monetary Policy Committee）を設置し，財務省が設定した小売物価指数（RPIX）を達成することが金融政策の目標とされるようになった（Bank of England, 1998, p.93）。また，同時に銀行監督権限がFSAへ委譲された（Bank of England, 1998, p.93）。さらに，1998年に，財務省，イングランド銀行およびFSAの間で交わされたmemorandumでは，FSAの権限をつぎの4つとしている。それらは，(1) 金融機関の認可と健全性の監督，(2) 金融市場および証券の上場の監督，ならびに決済システムの監督，(3) 責任の範囲内で問題企業への対応，(4) 認可や承認を受けた企業へ規制に関するアドバイスという4つである。

これらの権限は，2000年金融サービス市場法（Financial Services and Markets Act 2000）により法制化された。

以上で考察してきたように，イギリスでは，金融政策の独立性を確保するため，銀行監督権限がイングランド銀行から新しく設立されたFSAへと委譲された。その論拠となったのが，金融機関のコングロマリット化あるいはユニバーサルバンク化と，それらを統合的に監督する機関の必要性であった。

3.2　FSAの規制監督モデル

ここでは，FSAのような統合的な機関が規制監督を行っていく上で，自己資本比率規制がどのような役割を果たすのかを理解するため，FSAの規制監督モデルについて簡単に確認する。なお2000年金融サービス市場法の下での金融監督体制は図6-2のとおりであり，Group of Thirty（2009）の分類でいえば統合アプローチにあたる。

Financial Services Authority（2000）は，金融サービス市場法の下でのFSA自身の目的を，つぎの4つとしている。市場への信頼の維持，公衆の自覚の促進，消費者保護，および金融犯罪の減少，という4つの目的である（p.5）。市場への信頼の維持という目的は，市場への信頼が金融システムの健全性の基礎であるという考え方にもとづいている。ただし，FSAは，市場における競争と革新の維持とが整合するように，規制される企業や市場の失敗の発生を減らせるような体制を目指している（Financial Services Authority, 2000, p.6）。つまり，これは，健全な市場とは，失敗や倒産のない市場ではなく，失敗や倒産がありつつも競争と革新を促していく市場である，という捉え方である。4つの目的のうち，残り3つの目的は，このような意味における健全な市場を維持するという，究極的な目的を達成するための手段としての目的であるととらえられる（須藤，2003，p.146）。

公衆の自覚の促進という目的は，一般的な金融知識の向上や，金融商品の消費者が利用可能な情報やアドバイスの改善を通じて果たされる（Financial Services Authority, 2000, p.7）[6]。つまり，公衆自身が本当に自分に必要な金融商品を選ぶことにつながるのである。こうした公衆の行動が，金融商品の提供

図6-2　2000年以降の金融サービス市場法の下での金融監督体制のイメージ

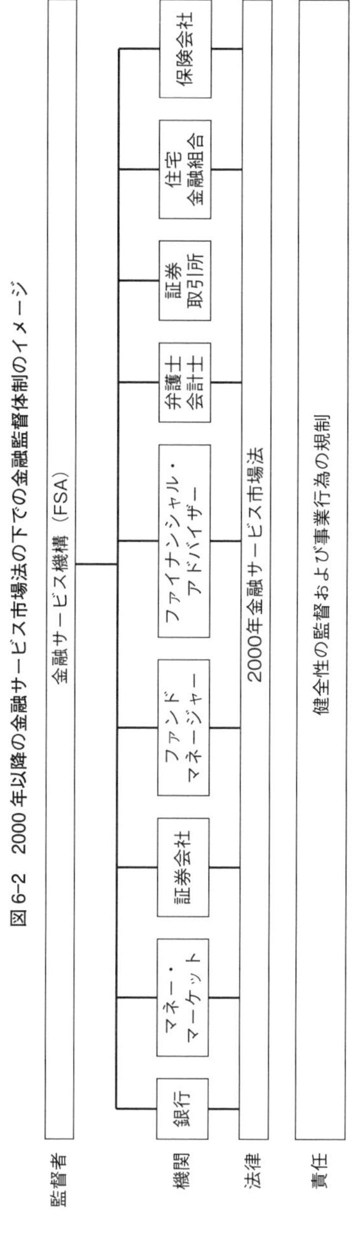

出所）Heffernan（2005), p.233を参考にして筆者作成。

者側の競争と革新を促すと期待されていることは，容易に想像できる。

消費者保護という目的は，金融商品の消費者を適度に保護することを通じて果たされる（Financial Services Authority, 2000, p.8）。金融商品の消費者が直面するリスクとしては，経営破綻リスク（prudential risk），不実リスク（bad faith risk），複雑・不適合性リスク（complexity/unsuitable risk），成果リスク（performance risk）という4つが挙げられている（Financial Services Authority, 2000, p.8）[7]。また，経営破綻リスク，不実リスク，複雑・不適合性リスクについては，FSAが認識および減少させる役割を担っているが，成果リスクについてはFSAの責任ではないとしている（Financial Services Authority, 2000, p.8）。つまり，FSAがいう消費者保護とは，消費者にアドバイスと情報を与える一方で，消費者は自らの意思決定に責任を持つべきであるという考え方である。

そして，金融犯罪の減少は，金融システムの信頼と消費者保護にとって重要な問題である。具体的には，マネーロンダリングやインサイダー取引，不正行為などを挙げている（Financial Services Authority, 2000, p.9）。FSAはこれらの犯罪行為の減少に責任を負っている。

以上のように，FSAは，金融サービス市場法にもとづいて統合的なアプローチで金融機関を規制監督しながら，市場の信頼性や，適切な情報の公開，金融商品の消費者側の自覚を促して，活力のある市場運営を目指していた，とでも言い表せる。それではFSAの統合アプローチの下で，自己資本比率規制はどのように位置づけられるのであろうか。既述のように，Financial Services Authority（2000）は金融商品の消費者が直面するリスクの1つとして，経営破綻リスクを挙げている。そして経営破綻リスクについては，無能な経営や自己資本不足により企業が破綻するリスクとされている。したがって，自己資本比率規制は，経営破綻リスクに対処するための重要な手段として捉えられていたと考えられる。ただし，Financial Services Authority（2000）は自己資本比率規制そのものについては触れていない。FSAの目的意識からすれば，銀行は監督対象となっている一業態に過ぎず，規制上の自己資本比率もその銀行の健全性を図る一指標にしか過ぎないという位置づけになったのだろう。加えて，銀行の自己資本比率が適切に計算されていることを担保しつつ，トリガー・レシオやターゲット・レシオをクリアーしてさえいれば，あとは預金者等の金融商品の消費者側が判断するべきという立場だったと思われる。

3.3 FSAモデルとバーゼルⅡ

金融サービス市場法の下でのFSAの規制監督モデルについては既に確認したが，こうした金融部門における統合的な監督機関は，イギリスのFSAをモデルとして世界の各地に広まっていった。Kochan（2005）によると，多くの国では，イギリスにおける民間および公的部門によって設定されたガイドラインに沿って，規制体系を変形させていたという（p.27）。また，FSAモデルは，既に各国に存在する規制主体に微調整を加えながら，ドイツ，日本，シンガポール，スカンジナビア，ベルギー，そしてオランダへと輸出されていったという（p.27）。つまり，各国がFSAのような統合的な規制監督機関を必要としていたということにもなり，コングロマリット化あるいはユニバーサルバンク化した金融機関[8]に対する規制監督が各国で問題となっていたということにもつながる。こうした金融機関のコングロマリット化あるいはユニバーサルバンク化と，それらに対する規制監督を行う主体としてのFSAモデルの広まりは，規制監督モデルにおける収斂とも捉えられる[9]。

ここでFSAの設立やFSAモデルの他国への普及と同時期に議論されていたバーゼルⅡにおける監督対象について，確認しておきたい。Basel Committee on Banking Supervision（2005）によると，バーゼルⅡは国際的に活動する銀行に対し，連結ベースで適用される（p.7）。そして，国際的に活動する銀行が含まれるグループ内で行われている，すべての銀行業および他の関連する金融業務（規制対象と対象外の両方）は，できる限り，連結ベースで捉えられることになる（p.7）。そして，連結の範囲については，過半数の資本を有している，あるいは，支配力を及ぼしている銀行子会社，証券子会社および他の金融子会社[10]は，一般的には完全に連結されるべきであるとしている（p.7）。また，保険子会社についても，同様に監督対象とされている（pp.8–9）。つまり，バーゼルⅡが監督対象としているのは，コングロマリット化あるいはユニバーサルバンク化した金融機関である。なお，監督対象のイメージについては，図6–3の

図6-3　バーゼルⅡの監督対象

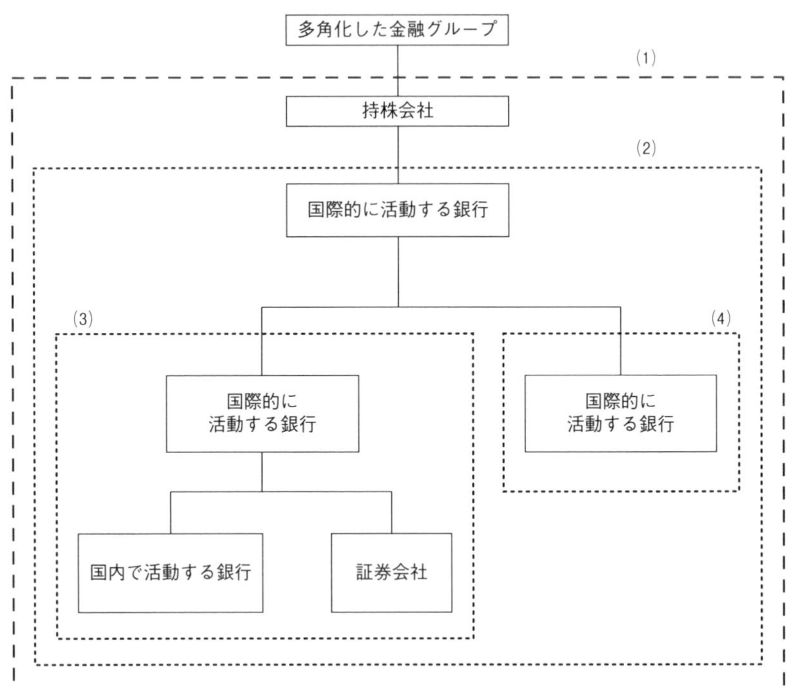

注）(1)は銀行業務を行っているグループの境界線であり，バーゼルⅡは持株会社レベルまで適用される。また，(2)，(3)，(4)は下位のレベルにも国際的に活動する銀行に対して，連結ベースで適用されることを表している。

出所）Basel Committee on Banking Supervision (2005), p.11.

とおりである。

つぎに，バーゼルⅡにおいて，コングロマリット化あるいはユニバーサルバンク化した金融機関を監督する主体についてみていく。バーゼルⅡでは，監督主体について特別に規定していない。ただし，つぎのような記述がある。「母国の監督当局は，銀行グループが連結ベースでこの枠組みを実施することを監視する責任を負う。現地の監督当局は自国で活動している事業体を監督する責任を負う。現地の監督当局の要件を適切に満たしている場合，法令遵守の負担を軽減し，規制上のアービトラージを回避することを目的として，現地の子会社に対しても銀行がグループ・レベルで利用する手法や承認手続が現地監督当局によって認められることがある。可能であれば，銀行の実施負担を軽減するとともに，監督当局の資源節約を図る観点から，監督当局は，承認・検証手続において重複や不整合を回避すべきである」(Basel Committee on Banking Supervision, 2005, p.169)。つまり，決して強制的ではないが，バーゼルⅡは，監督当局および金融機関双方の負担を軽減する観点から，総合的な金融機関を一元的に監督できる統合的な監督機関を想定していたといえる。

バーゼルⅡが想定していた規制監督主体はイギリスにおけるFSAと非常に整合している。そのため，バーゼルⅡが金融危機を防げなかった仕組みであったという考え方に立てば，FSAのような統合アプローチも金融危機を防げなかった仕組みといえる。しかしながら，バーゼルⅡの適用は2006年からである一方で，FSAによる金融規制監督が2000年以降であることを考えると，危機につながった2000年代初頭の不動産バブルの時期は，バーゼルⅠや市場リスク規制と統合アプローチとの組み合わせの問題であった。前章までで確認したように，金融危機を防げなかったFSAは解体されることとなったが，金融規制監督における統合アプローチそのものが否定されるべきものなのかは慎重に判断すべきものと思われる。

4. 金融危機後の規制監督体制の移行およびリングフェンス構造の導入

前章までで確認したとおり，2007年以降の金融危機のなかで，イギリスにおいても銀行の破綻などが相次ぎ，バーゼルⅢが導入された。本節ではバーゼルⅢの導入と軌を一にするように導入されたイギリスにおける金融規制監督体制について考察する。

4.1 2012年金融サービス法とツインピークス・アプローチ

金融危機の再発防止に向けて，イギリスにおいては2012年金融サービス法が成立した。2012年金融サービス法は金融危機を防げなかったFSAを分割す

図 6-4　2012 年金融サービス法の下での金融規制監督体制

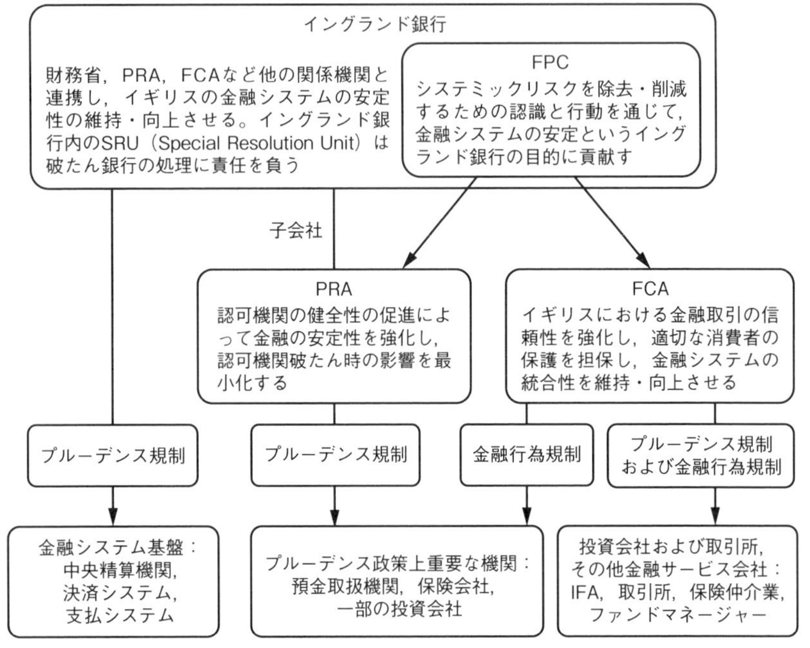

出所）HM Treasury (2011), p.5 より筆者作成。

る形で，新しい金融監督体制を構築するものとなった。現在のイギリスにおける金融監督体制は図 6-4 のとおりである[11]。まず既述のとおり，FSA はプルーデンス政策を担う PRA（Prudential Regulatory Authority）と金融行為規制を担う FCA（Financial Conduct Authority）とに分割された。ここで PRA は子会社という形でイングランド銀行の傘下に入り，プルーデンス政策上重要な金融機関の健全性確保に責任を負う。このことはイングランド銀行に対して規制監督権限が再移譲されたことを意味する。これに対し，FCA はすべての金融機関の行為規制および PRA が対象としない金融機関などのプルーデンス政策を担っている。なお FCA は FSA の本部を引き継いでいる。このように FSA が分割されることで，PRA と FCA というそれぞれがプルーデンス政策と金融行為規制政策という異なる目的を志向することになった。Group of Thirty (2009) の分類でいえば，統合アプローチからツインピークス・アプローチへの転換がなされたということになる。ただし，図6-4を詳細にみれば気づくことであるが，ツインピークス・アプローチの下で実際にPRAとFCAの両者から異なる規制監督を受けるのはプルーデンス政策上重要な金融機関のみである[12]。

さらに今回の金融監督体制の転換では，イングランド銀行内にマクロプルーデンス政策を担うFPC（Financial Policy Committee）が新たに設置された。FPCはマクロプルーデンスの観点からPRAおよびFCAに指示・勧告を行う。つまりミクロプルーデンス政策や金融行為規制政策よりも上位の政策としてマクロプルーデンス政策がある。

4.2　リングフェンス構造の導入

イギリスでは2012年金融サービス法によって新しい金融監督体制を導入するのみならず，預金を取り扱っている部門については，トレーディング業務や証券化商品の組成を禁じられたリングフェンスバンク（Ring-fenced body, RFB）を金融機関内に設定することを義務付けた。ここではリングフェンス構造について考察していく[13]。

イギリスでは，預金を取り扱っている部門については，トレーディング業務や証券化商品の組成を禁じられたRFBを金融機関内に設定することを義務付けた。Britton *et al.*（2016）によると，PRAがRFBを設定する目的として，グループ内の他の部門から生じる潜在的なリスクのRFBへの影響や他の部門への依存度を低減させ，RFBによる他の部門から独立した意思決定や，他の部門の破綻時にRFBの事業継続を確実にさせることを挙げている。RFBを設定することに伴う金融機関構造のイメージは図6-5のとおりである。

図6-5からわかるとおり，従来はユニバーサルバンクであったイギリスの金融機関に対して，グループ内で小口預金や住宅ローンを扱う部門を分離したうえでRFBを設定することを要請するものである。Britton *et al.*（2016）によると，リングフェンス構造への移行に際して，各金融グループはRFBとなる銀行を設定し（新たに銀行免許が必要な場合あり），投資銀行部門等の他の部門から小口預金をRFBに移転するとともに，RFBとなる銀行からは投資銀行業務を投資銀行部門へ移転する[14]。当然ながらリングフェンス構造へ移行した金

図 6-5　リングフェンス構造への移行イメージ

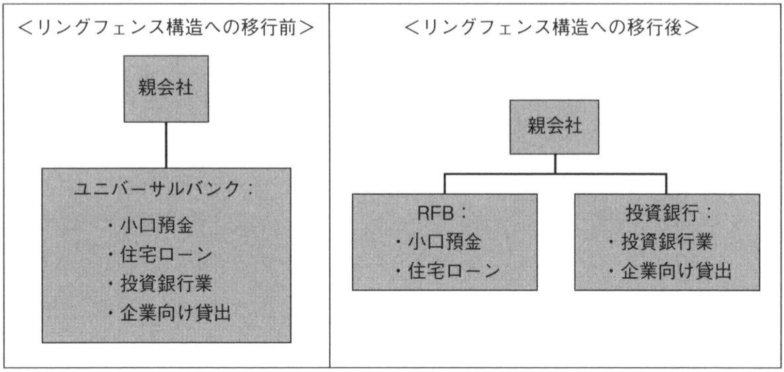

＜リングフェンス構造への移行前＞
親会社
ユニバーサルバンク：
・小口預金
・住宅ローン
・投資銀行業
・企業向け貸出

＜リングフェンス構造への移行後＞
親会社
RFB：
・小口預金
・住宅ローン
投資銀行：
・投資銀行業
・企業向け貸出

出所）Britton *et al.* (2016), p.168 を参考にして筆者作成。

表 6-1　リングフェンス移行後のイギリス大手銀行

	RFB	投資銀行業務
Barclays	Barclays Bank UK PLC	Barclays Bank PLC
NatWest Group	NatWest Holdings Limited	NatWest Markets Plc, Royal Bank of Scotland International Limited
Lloyds Banking Group	Lloyds Bank plc, Bank of Scotland, Halifax	Lloyds Bank Corporate Markets plc
HSBC	HSBC UK	HSBC Bank plc
Banco Santander	Santander UK plc	Banco Santander London Branch

出所）各社ウェブサイトより筆者作成。

融グループは Policy Statement にもとづく自己資本や流動性の充実等の規制監督に従うことになる。

リングフェンス構造への移行が求められたのは，コア・リテール預金が 250 億ポンド以上の銀行であった。表 6-1 のとおり，リングフェンスの対象となる大手 5 行はすべて 2018 年中に RFB の設立を終えて，リングフェンス構造への移行を済ませている。なお表 6-2 のとおり，預金を取り扱う銀行のトレーディング業務等を禁止する動きは，イギリスだけではなく，アメリカやフランスやドイツでも似たような動きがある[15]。

現状，リングフェンス構造の導入は大手銀行グループにとどまっており，その大手銀行グループにしても金融機関内の別の部門として投資銀行業務を継続

表 6-2　欧米各国の預金取扱銀行の業務規制の比較

各国の制度	アメリカ（ボルカー・ルール）	イギリス（銀行改革法）	フランス（銀行業務分離規制法）	ドイツ（分離銀行法）
リテール業務	可能	可能（義務）	可能	可能
ホールセール業務	可能	可能	可能	可能
資産および財産管理	可能	可能	可能	可能
投資銀行業務	可能	分離	可能（ブローカー業務は分離）	可能（ブローカー業務は分離）
自己勘定取引	禁止	分離	分離	分離
分離される業務	—	預金銀行業務	投資銀行業務	投資銀行業務

出所）山口（2014）を参考に一部を抜粋して筆者作成。

できており，純粋な業務分野規制ではない。しかしながら，銀行が証券業務やデリバティブ取引，証券化取引など新たな業務に進出するたびに，その業務に伴うリスクを認識・評価してリスク計測の枠組みに取り込んだうえで，自己資本の充実を要求する，というのが自己資本比率規制の導入以降の規制監督当局の対応であったといえる。それがRFBによる投資銀行業務を禁止し，またバーゼルⅢにおいて流動性規制やレバレッジ規制が導入されたことは，自己資本比率規制が大きな限界に突き当たっていることを示しているのであろう。

5. ツインピークス・アプローチ下の金融規制監督の課題

本章の議論からするとやや補論的な扱いであるが，本節ではDeloitte（2012）の議論を参考にして，イギリスを事例として，現在の金融規制監督体制の到達点であるツインピークス・アプローチの課題を検証しておきたい。

5.1　銀行側からみたツインピークス・アプローチの課題

本節ではまずDeloitte（2012）の議論にもとづき，銀行側からみたツインピークス・アプローチの課題を考察する。Deloitte（2012）はイギリスがツインピークス・アプローチを導入する前の段階で，金融機関へのコンサルティングを行う立場からいくつかの問題点を指摘している。まず大きな課題として監督管轄の問題を挙げている。Deloitte（2012）によると，PRAとFCAの取り決め上，PRAの認可金融機関をFCAが破たんとみなした場合において，PRAが金融システムへの影響を憂慮したときは，PRAには拒否権があるという。言い換えると，金融商品の消費者保護を中心とした金融行為規制政策よりも，プルーデンス政策が優先されるということである。もちろんこれはより高次の政策目標に位置づけられるFPCによるマクロプルーデンス政策との関係性を考えても当然の措置であるが，FCAによる規制監督政策の意義をあいまいにする恐れがある。Deloitte（2012）も監督機関同士の協力・協調がなければ大きな空白が生まれる恐れを指摘している。

またDeloitte（2012）が指摘している問題点の2つ目として，複数の機関が監督することによるコストの問題がある。これは金融機関が規制監督機関による立ち入り検査に対応する際にかかるコストについて，複数の機関が入れ替わり検査にくればそれだけ金融機関のさまざまなコストが増大するという問題を指摘したものである。そのうえでDeloitte（2012）は合同立ち入り検査も検討すべきであるとしている。コストの面だけをみれば金融機関側の意見を代弁している側面もあると思われるが，合同立ち入り検査についてはつぎに挙げる問題点とも関連している。

Deloitte（2012）が指摘している3つ目の問題点は上記2つの問題点と関連しており，監督機関間での情報共有のあり方の問題である。つまり，監督機関間でどのような場合にどのような情報を共有するかをあらかじめ決めておく必要がある，ということである。PRAとFCAは目的が異なるため，検査を行うに際しての重点項目も異なるが，共通する部分もあるはずである。こうした情報共有のあり方は既述の規制監督の空白を生まないという点にとっても重要であり，また合同立ち入り検査を実施する合理性とも結びつく。

ただし，これらDeloitte（2012）の指摘が正しいとすれば，結局1つの機関が規制監督を行う方がコスト面で合理性があり，権限に関する混乱も少ないということになるのではないだろうか。Deloitte（2012）はあくまで金融機関のコンサルタントとしての立場でまとめられたものであるが，ツインピークス・

アプローチが必ずしも最適な金融監督体制とはいえないという問題提起を行っているとみることもできる[16]。

5.2　イギリスにおける金融規制監督上の課題

ここではイギリス固有の問題にフォーカスしながら，ツインピークス・アプローチの課題について検証したい。イギリス固有の問題を取り上げる前提として，イギリスの新しい金融規制監督体制をまとめた前掲の図6-4をもう一度確認したい。図6-4で示された金融規制監督体制はHM Treasury（2011）がツインピークス・アプローチであるとしているため，本書もイギリスがツインピークス・アプローチを導入したということを前提にして議論を進めてきた。しかしながら，ツインピークス・アプローチの象徴であるPRAとFCAはイングランド銀行内にあるFPCから助言などを受ける立場である。つまりイングランド銀行のコントロール下にあり，うがった見方をすれば，図6-4の金融規制監督体制はいわばイングランド銀行による統合アプローチとみなせる[17]。このように実質的にイングランド銀行が金融政策だけでなく，規制監督政策も行う体制となっていることを前提に以下の考察を進める。

まずイングランド銀行が金融政策と規制監督政策を担う体制の問題点として，物価安定と金融システムの安定とのジレンマがある。つまり金融危機のような金融システムに負荷がかかる状況においては流動性を供給する必要があるが，その結果として物価の安定を犠牲にする可能性があるということである。このジレンマについてはインフレ・ターゲット政策の導入時に，Roll（1993）で議論されていた問題である。そしてこうしたジレンマを解消するために，金融システムの安定に資する規制監督の権限をイングランド銀行からFSAへ移譲したのである。イングランド銀行による実質的な統合アプローチとみなせる体制にはリスクが伴っている。

つぎにイングランド銀行による金融危機の再発防止と危機対応とのジレンマを指摘できる。新しい金融規制監督体制への転換が今回の金融危機の教訓を踏まえたものである以上，規制監督当局であるイングランド銀行には資産バブルの抑制が求められるはずである。第4章で確認したとおり，金融危機時には物価が安定し，かつ従前の基準では銀行が十分な自己資本比率を達成しているなかで，不動産バブルが発生していた。再びこのような状況が生じたとすると，イングランド銀行は物価と，自己資本比率，不動産価格のどこに焦点を当てて対応するのか難しい判断を迫られるのではないだろうか。ただし，第2章で確認したとおり，もともとイギリスにおける自己資本比率規制は，金融政策および国債管理政策と整合させようと構築されていたと考えられる。本書の執筆期間中の2022年4月にはイギリスのインフレ率が9%を記録し，その後も10%を超えるインフレ率を記録しており，ターゲットである2%を大きく上回っている。イングランド銀行が物価と金融システムの安定のために，金融政策とプルーデンス政策についてどのようなバランスをとっていくのか，引き続き考察していきたい。

以上のように実質的にイングランド銀行が金融政策と規制監督政策を担う体制は大きなリスクをはらんでいる。イギリスがどのような金融システムを構築し，そのために規制監督政策をどのように位置づけて遂行するかについて，規制，モニタリングおよび監督の概念整理にもとづいて継続的に検証する必要がある。

6. おわりに

本章では自己資本比率規制の導入・展開に歩調を合わせる形で変化してきたイギリスの銀行規制監督体制について検証してきた。1970年代前半の第二銀行危機を経て，1979年銀行法が成立し，イングランド銀行には銀行監督権限が付与され，銀行監督の主たる手段として自己資本比率規制が導入された。ただし，1979年銀行法でとくに厳しい監督対象となったのは，大規模な承認銀行ではなく，中小規模の認可金融機関であった。しかしながら，1980年代には大規模な承認銀行がさまざまな問題に見舞われたため，銀行免許が一元化され，自己資本比率規制においても一律のトリガー・レシオと，個別銀行に対するターゲット・レシオを課す監督体制となった。そして88年基準（バーゼルⅠ）が市場リスク規制を経て，バーゼルⅡへと展開する過程で，統合的な金融機関を監督するFSAが設立された。金融ビッグバンを経て，ユニバーサルバンク化あるいは金融コングロマリット化した金融機関に対するFSAによる統合的な規制監督は非常に合理的なアプローチに思えた。しかしながら，結果論になるが，FSAによる金融規制監督のアプローチは，規制上の自己資本比率について，銀行という規制監督対象の1つの健全性を図るための1つの指標という位置づけにしてしまった可能性がある。そして一連の金融危機を経てバーゼルⅢが成立するなかで，FSAは解体され，PRAとFCAによるツインピークス・アプローチが採用された。さらに，大手銀行に対するリングフェンス構造が導入され，少なくともRFBには業務分野規制が課される形となった。

以上でみたイギリスにおける自己資本比率規制の導入・展開と金融規制監督体制の変遷はどのようにとらえられるのであろうか。1つには金融自由化によって業務分野を規制する代わりに，リスクを捕捉して自己資本の賦課を要求するという自己資本比率規制導入以後の基本的なスタンスが，金融危機によって大きく変化しつつある。バーゼルⅢの枠内だけでも流動性規制やレバレッジ規制が追加されている。2つ目はイギリスにおいては大手銀行に対してリングフェンス構造が導入され，限定的ではあるが，自己資本比率規制と併用する形で一定の業務分野規制が課されるようになったといえる点である。3つ目は金融危機を防げなかったFSAを解体してツインピークス・アプローチを採用した点である。Group of Thirty（2009）においては，ツインピークス・アプローチが金融危機後の金融規制監督体制のモデルとしてとりあげられており，先端的な規制監督手法を積極的に取り入れるのはいかにもイギリスらしい。一方で，前章までで確認したとおり，自己資本比率規制における証券化商品や住宅ローンに対するリスクウェイトの低さが金融危機につながったのだとすると，FSAには十分な規制監督手段が与えられていなかったともいえる。

第5節でみたとおり，ツインピークス・アプローチにもさまざまな課題があり，ツインピークス・アプローチを実践するイングランド銀行が抱えるジレンマの問題もある。FSAの解体は，FSAを設立した労働党政権から保守党への政権交代に伴う政治的な判断という側面も否定できず，FSAの設立によって確立した統合アプローチが全面的に否定されるものではない。金融危機で露呈した自己資本比率規制の限界に対して，最適な金融規制と監督体制の組み合わせは今後も模索していく必要がある。

注

1　1979年銀行法の詳細な内容については，長谷川（1980）を参照されたい。

2　以上の内容については津村（1987）に依拠している。

3　植田（1998）は，インフレをターゲットとした背景としてつぎの3つを挙げている。⑴1980年代にマネーサプライなどを中間目標としたが達成できず，金融政策に対する信認が得られなかった，⑵物価の安定と政策決定プロセスの透明化を図ることで，中長期的な国民の経済厚生の向上を図れる，⑶金融政策が実物経済に影響を及ぼすことは短期的にしか可能でなく，長期的には物価の安定こそが中央銀行の役割である（p.200）。

4　これに対して，大蔵行政委員会はイングランド銀行の権限の分離に反対した。その理由は，つぎのとおりである。「金融機関の経営破綻に伴う決済システム悪化の顕現を回避するためにも，最後の貸し手機能を発揮し流動性を供給していく必要がある」（植田，1998，p.208）。

5　本項のここまでの内容は，植田（1998）および春井（1998）に依拠している。

6　みずほ総合研究所ロンドン事務所（2003）によると，イギリスでは，貯蓄性保険商品や投資信託の販売において，独立の金融アドバイザーを通じた販売ルートのシェアが2001年には60%以上にのぼっているという（p.4）。

7　FSAの消費者保護については，春井（2000）が詳しく論じている。

8　ただし，ドイツをはじめとするヨーロッパの各国では，もともとユニバーサルバンクであった。

9　ただし，Financial Services Authority（2005）では，ドイツ，フランス，オランダにおけるCRDにもとづく移行が規制当局の発するルールではなく，法制化を経てなされることなどを例に挙げて，ドイツの金融監督庁であるBafinなどの法的権限が不十分であることを指摘している（p.2）

10　金融リース，クレジット・カード発行，資産管理，投資顧問，保護預りサービスなど。

11　図の作成や現在の金融監督体制に関する説明は簗田（2012）および小林（2013）を参考にしている。

12　BDO and DLA Piper（2012）によるとPRAとFCAの両方の規制監督対象となる金融機関は全体の34%である。

13　リングフェンスというイギリス独特の概念や，リングフェンス銀行とナローバンク論との関係については掛下（2019）が詳しく論じている。

14　実際のリングフェンス銀行は住宅ローンだけでなく，中小企業向け貸出や大規模向けの貸出も禁止されておらず，信用創造も可能である（斉藤，2020，p.37）。

15　ただし，アメリカやフランス，ドイツがトレーディング業務を行う機関の切り離しを要求しているのに対し，イギリスはリテール業務を行う機関をRFBとして切り離すことを要求している。EUの規制案の検討の際に言われた例え話として，アメリカが猛獣（トレーディング業務）を檻に入れたのに対し，イギリスは鹿（リテール業務）を柵で囲ったという。詳細は山口（2014）を参照されたい。

16　イギリスにおけるツインピークス・アプローチについては別の論点も存在する。BDO and DLA Piper（2012）はイギリスのPRAによるプルーデンス政策とEU法との間にも摩擦が起きる可能性を指摘している。

17　ただし，小林（2013）はむしろ財務省の関与が強まっており，必ずしもイングランド銀行の権限強化とはいえないことを指摘している。いずれにせよ，小林（2013）の見解もPRAとFCAによるツインピークス・アプローチが形式的なものにとどまっている可能性を指摘しているととらえられる。

第 7 章

イギリスの自己資本比率規制における国債保有に対する自己資本賦課

1. はじめに

前章まででみてきたとおり，サブプライムローン問題を契機とする金融危機は，バーゼルⅢの成立という大幅な自己資本比率規制強化のみならず，金融規制監督体制のあり方にも大きな影響を与えた。さらに今次の金融危機後の金融規制監督体制を考えるうえで重要な要素となったのは，破綻した金融機関の救済のためにさまざまな形で税金が投入されたことであった。そのため，納税者負担を回避する目的で，金融機関の破綻処理におけるベイル・インの枠組みも整備された。いわば金融機関の経営破綻から財政の悪化への連鎖を断つための枠組みである。前章でみたイギリスにおけるリングフェンス構造の導入も，他の業務で損失が発生した場合に，RFB を隔離できるようにするためである。

他方，財政の悪化から金融機関の破綻への連鎖を断つために重要とみなされるようになったのが，金融機関が保有する国債の金利リスクの問題である。バーゼルⅠやバーゼルⅡにおいて，国債には基本的に 0% もしくは非常に低いリスク・ウェイトが課され，自己資本比率規制上は国債の保有にはほぼ制約がない状態であった。しかしながら，当然ながら国債にも金利リスクや信用リスクが内在する。そのため，バーゼルⅢ成立後のさらなる見直しの一環として，金融機関が保有する国債に対してリスク・ウェイトを課すという問題が持ち上がった。結局，国債に対するリスク・ウェイトの設定は見送られたが，国債に内在するリスクが消えたわけではない。

本章では，80 年基準の導入以来，一貫して国債のリスク・ウェイトを課してきたイギリスの経験にもとづいて，銀行の国債保有と自己資本比率規制との関係について検証したい。第 2 節では先行研究等にもとづきながら，銀行の国債保有と自己資本比率規制との関係について整理したい。第3節ではイギリスの自己資本比率規制における国債の取り扱いについて確認したうえで，国債の保有にリスク・ウェイトが課された背景を考察する。第4節では自己資本比率規制の導入が銀行の国債保有に与えた影響について検証する。

2. ソブリンリスクと自己資本比率規制

本節ではまず国債保有のリスクと自己資本比率規制上の取扱いに関する先行研究等を確認したうえで，国債へのリスク・ウェイトに関する議論を整理する。

2.1　ソブリンリスクの顕在化と銀行の国債保有

従来，金融市場において国債はリスクフリーの資産とされてきた。しかしながら，ラインハート・ロゴフ（2011）による検証でも明らかなとおり，さまざまな要因から国家が債務不履行に陥るリスクがあることは周知の事実である。一方でラインハート・ロゴフ（2011）は企業や個人の場合と異なり，国家が政治的・社会的な配慮から損得勘定でデフォルトを起こすことが多く，債権者の執行権限なども制限されがちなことも指摘している。いずれにせよ，国債といえどもデフォルトリスクがあるにもかかわらず，金融市場で国債がリスクフリーの資産としてみなされてきた。その点について，BIS の General Manager である Caruana 氏は厳密な意味で信用リスクが全くないという意味ではなく，市場参加者が慣習的に信用リスクを無視できるかのように扱ってきたと述べている（Monetary and Economic Department, 2013, p.1）。そのうえで Caruana 氏は，金融市場が国債の金利を基準としており，国債の信用リスクが高まって資金調達コストが増加すると，その影響は銀行や企業，家計の資金調達コストにまで及ぶことを指摘している。

以前からソブリンリスクが取りざたされることはあったが，多くは途上国や新興国を意識したものであった[1]。しかしながら，今次，金融危機で国家債務のデフォルトリスクが顕在化したのは先進国，とりわけ EU 諸国であった。金融

図 7-1　ソブリンリスク顕在化と銀行に対する波及のフロー

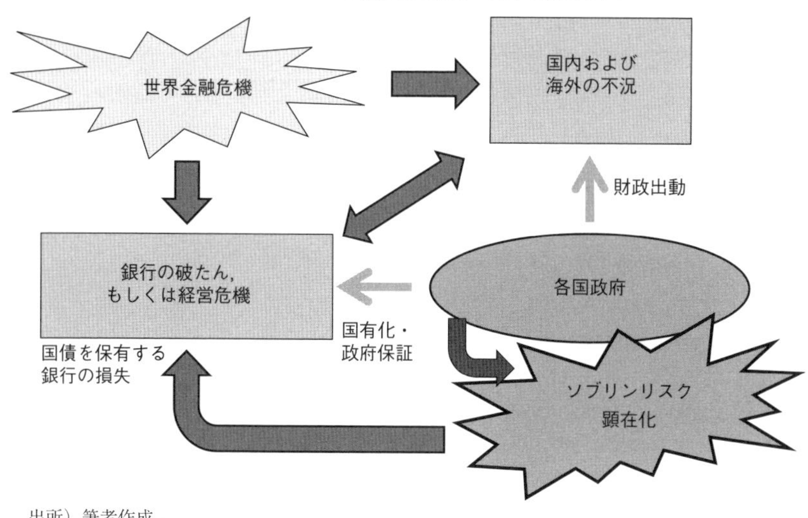

出所）筆者作成。

危機からソブリンリスクの顕在化までの流れを簡単に表したものが図 7-1 である。図 7-1 のとおり，金融危機の影響はまず金融システムの機能不全と世界的な不況という形で現れ，さらに金融システムの機能不全と不況が相互作用で悪影響を与え合った。この状況に対応するため，各国政府は金融システムの安定化や景気対策を目的とした財政出動を増大させ，結果的に各国財政の持続可能性に対する懸念が高まった。そして，各国財政への懸念は，国債価格の下落を通じて国債を保有する銀行のさらなる損失を発生させる。しかしながら，一方で不況による資金運用難を背景として，銀行が国債の保有割合を増加させている国も存在する。その状況を表しているのが図 7-2 および図 7-3 である。図 7-2 からわかるとおり，ユーロ圏全体でも金融危機前後の期間から保有割合が増加しており，イタリアやスペインではむしろ金融危機以前よりも増加している[2]。また図 7-3 から EU 全体でも銀行による国債の保有割合が 10% を超えるような国が多数存在していたことがわかる。イギリスは 2.3% となっており，銀行部門による国債の保有割合が相対的に低い国となっている。こうした状況が自己資本比率規制において銀行が保有する国債にリスク・ウェイトを課すべきという議論につながった。

図7-2　各国金融機関の国債の保有割合の推移

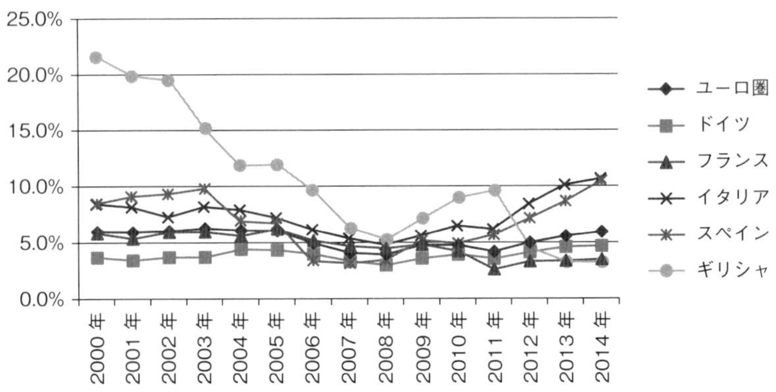

注）数字は各年末の数字である。
出所）ECB, *Monetary and Financial Statistics* より作成。

図7-3　銀行の自国ソブリン向けのエクスポージャーの平均（2013年末時点）

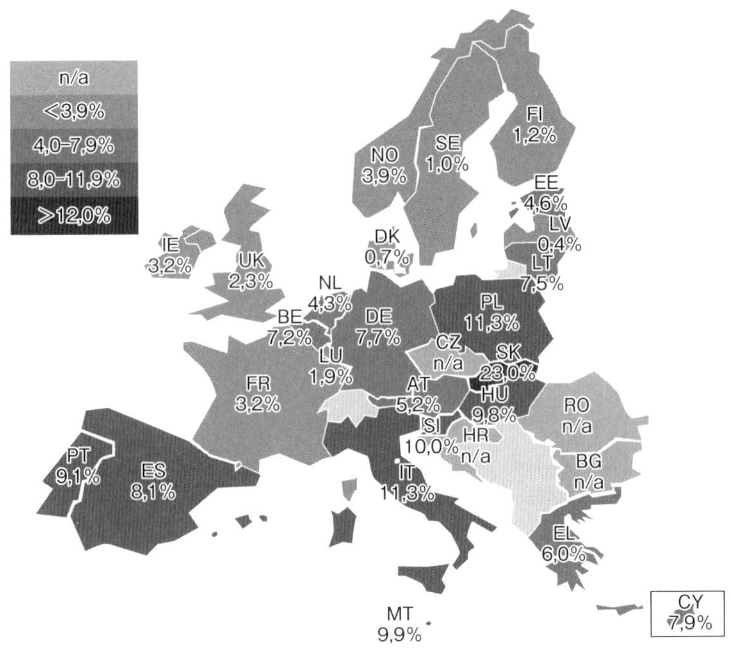

出所）EU会議2015年3月31日のBriefingより引用。

2.2　自己資本比率規制強化への動き

周知のように1988年に成立したバーゼルⅠにおいて，自国やOECD諸国に対する債権はリスク・ウェイトが0%とされ，銀行は国債保有に対する自己資本の賦課を免れてきた[3]。その後，1996年に市場リスク規制が加わり，トレーディング勘定で国債を保有する場合は市場リスク規制の対象となった。さらに2005年に最終案が合意されたバーゼルⅡの標準的手法においては国債に対しても外部格付けを適用することで信用リスクを反映させることとなった[4]。ただし，バーゼルⅡやEUの自己資本要求指令（CRD）においても，各国の裁量にもとづいて，自国通貨建ての国債等に対するリスク・ウェイトはしばしば0%である（Nouy, 2012, p.96）。またバーゼルⅡの内部格付手法を用いる場合も，民間のデフォルト確率（PD）の下限が0.03であるのに対し，国債の場合は0.01まで適用可能である（Nouy, 2012, p.96），など国債に対する優遇措置は残っていた。なお金融危機を経て2010年に成立したバーゼルⅢはリスク計測のさらなる精緻化や，カウンターシクリカルバッファーなど自己資本の積み増し，流動性規制など幅広く，かつ大幅な自己資本比率規制の強化となった。しかしながら，バーゼルⅢは成立時期を考えても，サブプライムローン問題やリーマンショックへの教訓にもとづいたものであり，その後の欧州債務危機のようなソブリンリスクの問題を考慮できていないことが指摘できる。

そうした状況下で，国際決済銀行（BIS）のHannounは2011年10月26日にアブダビで“Sovereign risk in bank regulation and supervision: Where do we stand?”と題した講演を行い，ソブリンリスクの増大と，バーゼル合意における国債のリスクウェイトが0%とされている問題を指摘した。さらに2013年1月にはBISで“Sovereign risk: a world without risk-free assets?”と題したセミナーが行われ，ソブリンリスクに関する論点が整理された。このセミナーではさまざまな参加者による多様な報告がなされているが，もはや国債が無リスクの資産といえない一方で，実務的な視点から国債を最もリスクの低い資産とみなす金利体系や取引慣行は続くこと，などが概ね共通認識として確認されたといえる。またセミナーでは仮に国債にリスク・ウェイトを課した場合に，自己資本賦課が国債保有の制約となる一方で，バーゼルⅢにおける流動性規制は流動性の高い資産としての国債の保有動機となる，というトレードオフの関係も指摘されている。

そして2015年6月8日にバーゼル銀行監督委員会は“Interest rate risk in the banking book”というConsultative Document（以下，協議案）を公表した。協議案では銀行勘定の金利リスクへの自己資本比率規制上の対応として，バーゼルⅡ以降の3つの柱に即して，自己資本の賦課を直接求めるPillar 1アプローチと，金利リスクを監督対象とするPillar 2アプローチという2案を示している。2015年6月9日付の日本経済新聞社によると，Pillar 1アプローチを支持しているのはドイツやイギリスであり，Pillar 2アプローチを支持しているのは日本とアメリカとなっていた。その理由として，ドイツやイギリスの銀行による国債の保有割合が4%台であるのに対し，日本は13%台と高く，アメリカに至っては14%近いことが指摘されている[5]。ただし前掲の図7–2および図7–3から分かるように，EU域内だけでも銀行による国債の保有割合は国によって非常にばらつきが大きく，必ずしも日本とアメリカだけが孤立していたわけではないだろう[6]。

バーゼル銀行監督委員会はパブリック・コメント等を受けて，Pillar 1アプローチを採用するために求められる正確性とリスク感応度を備えた銀行勘定の金利リスクを策定する複雑性を考慮し，最終的にPillar 2アプローチを採用した（Basel Committee on Banking Supervision, 2016, p.1）。ただし，Basel Committee on Banking Supervision（2016）は金利が歴史的な低水準にある状況から正常化へ向かう時期に銀行勘定の金利リスクは重要となることも指摘している。

そこで本章では，自己資本比率規制の導入当初から国債にリスク・ウェイトを課していたイギリスの経験にもとづいて，自己資本比率規制において国債にリスク・ウェイトを課した場合の影響に関して検証してみたい。なお第3章で考察したとおり，イギリスでは80年基準の導入に続いて1982年に流動性基準も導入しており，自己資本比率規制と流動性規制による国債保有のトレードオフについても参考となりうる。

3. イギリスにおける自己資本比率規制上の国債とその背景

前節でみたように自己資本比率規制において銀行による国債の保有に自己資本の賦課を要求することは，各国の金融機関の経営や財政活動に大きな影響を与えうる。そのため，本節では，イギリスの自己資本比率規制において国債がどのように扱われてきたか，そしてその背景としてどのような問題があったのかについて考察する。

3.1 イギリスにおける自己資本比率規制上の国債

ここでは，前章までで確認したイギリスの自己資本比率規制において，国債の取り扱いがどのように展開してきたかを改めて概観しておく。イギリスでは1979年に成立した銀行法にもとづき，イングランド銀行による銀行監督の権限が法制化された。そして1980年にイングランド銀行が80年基準を公表した。80年基準では，信用リスク，強制売却リスク，投資リスクという3つのリスクを考慮して資産を分類し，リスク・ウェイト方式の自己資本比率の計測手法が採用された。80年基準においては現金や中央銀行預け金などのリスク・ウェイトが0%とされる一方で，表7-1のようにTBや国債にもリスク・ウェイトが課された。なお80年基準における自己資本賦課については，国債がリスク計測の対象となっている一方で，銀行が抱える総リスクに対してどの程度の自己資

表7-1　80年基準およびバーゼルⅠにおける国債等のリスク・ウェイト

ウェイト	80年基準	バーゼルⅠ（参考）
0%	―	自国の国債 OECD諸国の国債
10%	英国および北アイルランドのTB	―
20%	英国および北アイルランド以外のTB 満期まで18カ月未満の英国国債	―
50%	満期まで18カ月以上の英国国債 北アイルランドの国債	―

出所）Bank of England (1980), p.329および横山（1989），p.128より筆者作成。

本を積むべきか，という点については個別銀行の状況に応じてイングランド銀行が監督することになっていた。そういう意味で80年基準における国債への自己資本賦課の枠組みは，Basel Committee on Banking Supervision（2015）が提案していたPillar 1アプローチとPillar 2アプローチの中間的なアプローチといえるのかもしれない。

また第3章で確認したとおり，1982年にイングランド銀行は流動性基準を公表している。流動性基準では，TBや満期まで12カ月未満の国債などを流動性の高い資産として割引せず，満期まで5年未満の国債などを5%割引するなど，流動性が低いほど高い割引率を適用して資産を評価し，預金やコミットメントなど負債総額に対して純額を維持しているかを計測するという単純なものである[7]。当然ながら流動性基準において流動性の高い資産として例示されている資産は国債である。そのためこの段階で，国債保有に関する自己資本賦課と流動性基準によるある種のトレードオフが生じている。

さらに1988年7月にバーゼルⅠが国際的な自己資本比率規制として初めて合意されたのを受けて，1988年10月にはイングランド銀行が88年基準を公表した。この88年基準でもバーゼルⅠにおける各国の裁量にもとづいて，表7-2のような国債等へのリスク・ウェイト付を継続している。なお，その後は1996年に市場リスク規制が加わった以外，金融危機直前におけるバーゼルⅡの適用まで目立った動きはない。

以上で確認してきたとおり，イギリスでは80年基準や88年基準において国債に対してリスク・ウェイトを課していた。また80年基準に続く形で流動性基準を導入しており，国債に関して自己資本賦課による保有の制約と，流動性基

表7-2　88年基準における国債へのリスク・ウェイト

項目	リスク・ウェイト
OECD諸国の政府および中央銀行に対する貸付（Loans）	0%
OECD諸国の政府が発行する債券で満期まで1年未満の固定金利の債券，もしくは変動金利の債券	10%
OECD諸国の政府が発行する債券で満期まで1年以上の固定金利の債券，およびそれら債券で担保された債権	20%

出所）Bank of England（1988），p.7より筆者作成。

準による保有の推奨というトレードオフも存在していた点も確認した。

3.2　国債の保有に対する自己資本賦課の背景

ところでイギリスの自己資本比率規制において国債に対してリスク・ウェイトが課されたのはなぜだろうか。80 年基準の導入に至る 1970 年代は金利の上昇によって国債の価格が下落しやすい状況であり，国債の価格変動リスクが反映されたのは間違いないだろう。しかしながら，イギリスでは銀行の健全性を高めるという自己資本比率規制上の目的とは別の文脈で，銀行の国債保有，ひいては公的部門向けのエクスポージャーを抑制することが求められていた。それは当時のイギリス経済において大きな問題であったインフレが高進する要因として，銀行から公的部門向けの貸出等が問題視されていたことである。

まず自己資本比率規制導入前の 1960 年代後半から 88 年基準の導入前後までの期間におけるイギリスのインフレ率とマネーストックとの関係について，図 7-4 で確認してみよう。マネーストックの増加率を確認しておくと，第二銀行危機が発生した 1970 年代初頭に急激な伸びを見せ，その後にやや伸び率が鈍化しているが，1980 年前後と 1980 年代後半に大きく増加した後で，再び低下

図 7-4　マネーストック（M4）の増加率およびインフレ率の推移

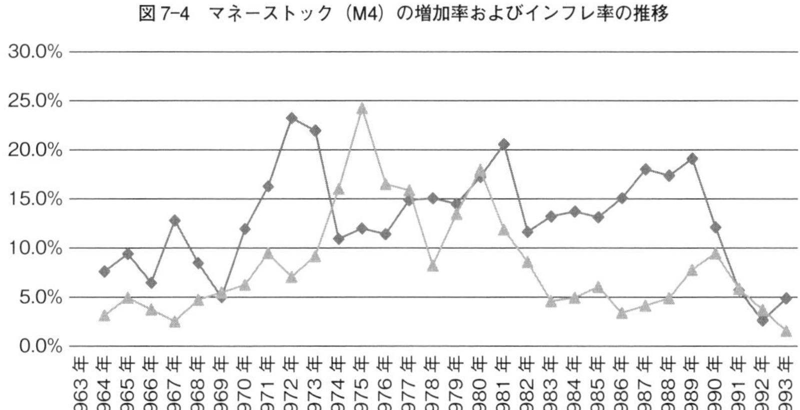

出所）Hills *et al.* (2010), *Data Annex* にもとづいて筆者作成。

している。小売物価指数の動きについては，25%近い数字を記録してピークを迎える1975年まではほぼ一貫してインフレ率が上昇し続けており，その後は1980年代前後に反発したことを除けば低下傾向をみせている。1975年前後と1980年前後という2つのピークは，それぞれ第一次石油危機と第二次石油危機の1～2年後ともいえるが，第2章で確認したとおりインフレ抑制を重要な目的として導入された75年基準と80年基準が一定の成果をみせたともいえなくない。また少なくとも図7-4の期間でみれば，多少のタイムラグはあるが，マネーストック増加率とインフレ率とは一定の相関関係がありそうである。ただし，1970年代に高進していたインフレ率は，1980年代半ばから後半にかけて安定的に推移するようになっている。

そして1970年代当時のイギリスにおいて，マネーストックの増加や高いインフレ率の要因として指摘されていたのが，PSBR（Public sector borrowing requirement，公的部門借入必要額）の問題である。ウィルソン委員会報告は，「通貨膨張は銀行の対政府貸付プラス民間貸付に等しい。そして公共部門と民間部門に対する貸付の変動は決して互いに独立ではないが，金融市場に参加する人達はPSBRが大きいと，当局側は通貨の伸びを規制することがより困難になると信じている[8]」（西村他，1982，p.124）ことを指摘している[9]。

また，イングランド銀行も，つぎのように指摘している。「他の国々と違って，我々は広義の貨幣について第一に考えてきた。…それはPSBRを含む通貨膨張の原因である取引相手についての分析を可能とすることによってとりわけ利点がある。このことは，財政政策と金融政策との整合性が非常に重要であることに対して注意を向けることにかなり有用であった。財政政策と金融政策との同じような関連性は，政府の中期の資金調達戦略によって生じる。これは，通貨目標とならんで，将来の公共部門借入に関する方針—それも規模を縮小していくことに関するもの—を説明することから始まる」（Bank of England, 1983, p.197）。さらに「非銀行部門または海外部門に対する公共部門債務借入の増加は広義の貨幣の増大を減らす傾向にある一方で，銀行部門からの借入れはそのような傾向にない」（Bank of England, 1984b, p.487）とも指摘している。そして，銀行部門に対する公共部門債務の増大がポンドM_3の増大をもたらすという論理については，つぎのように説明している。「もし，PSBRがこのベース（非銀行部門からの借入れのこと）では資金調達しきれず，政府が銀行システムから強制的に借り入れたならば，PSBR の国内における資金調達は，ポンド M_3 の増大をもたらしうる。そのような借入は銀行預金への直接的な影響はないが，資金調達した政府支出の結果を通じて上昇する傾向となるだろう。それゆえに，最終的な結果はポンド M_3 の上昇となる」(Bank of England, 1984b, p.488. カッコ内は筆者による挿入)。つまり，イギリスでは，マネー・サプライをコントロールする上で，国債の管理が重視されていたため[10]，非銀行部門に国債保有をうながす必要があった。非銀行部門で消化しきれない公共部門借入は，公共部門の支出増加を通じていずれかの段階でマネー・サプライの増大をもたらす，ととらえられていたのである。

こうした背景もあって，イングランド銀行は *Quarterly Bulletin* において 1960 年代初頭から毎年，“Distribution of the national debt” を公表して，政府債務の動向について注視していた。表 7-3 のとおり，1968 年の段階でイギリスの政府債務総額の GNP に対する割合が 89% となっており，主要国の中で突出して高い問題も指摘されていた。さらに 1986 年からは Quarterly Bulletin において “The net debt of the public sector” を公表するなど国債発行額の金融市場への影響を注視していた。

上記のようなウィルソン委員会報告やイングランド銀行による政府債務とイ

表 7-3　1968 年度末時点での各国の政府債務残高の状況

国名	政府債務総額の GNP に対する割合
カナダ	37
フランス	18
イタリア	61
日本	10
オランダ	35
イギリス	89
アメリカ	46
西ドイツ	30

注）フランス，イタリア，オランダ，西ドイツは 1968 年 12 月末の数値で，それ以外の国は 1969 年 3 月末の数値
出所）Bank of England（1970）より筆者作成。

図 7-5　年代別の財政収支とインフレ率との関係

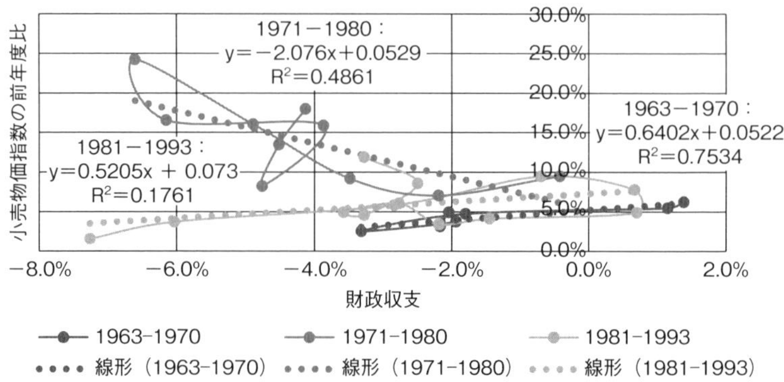

出所）Hills *et al.*（2010）, *Data Annex* にもとづいて筆者作成。

ンフレ率に関する問題意識は正しかったのであろうか。以下ではいくつかのデータでその点を検証してみたい。まず図 7-5 は財政収支とインフレ率との関係を年代別にプロットしたものである。1960 年代は財政収支とインフレ率との間に緩やかな正の相関関係が見られる。おそらくはインフレ率が高まると，名目的な税収が増えるという形での相関関係がみられたものと思われる。これに対し，1970 年代になると明確な負の相関関係が見られるようになる。1970 年代は一貫して財政赤字を記録しており，政府による資金調達がインフレ率の高進に影響を与えたことがみてとれる。なお後述するように，財政再建に取り組んだ1980 年代になると，また正の相関関係がみられるようになるが，調整済みの決定係数が大幅に低下しており，財政赤字が与える影響は弱まったものとみられる。

それでは肝心の PSBR と銀行部門からの公的部門向けの貸出はどのように推移したのであろうか。図 7-6 は 1971 年度から 1990 年度までの PSBR と，銀行部門からの借入額の純額である。PSBR の金額は 1975 年度まで一貫して増加し，その後いったん減少するものの，1980 年度までさらなる増加をみせたのち，減少傾向をたどり，1987 年度以降はマイナスに転じている。そして，その PSBR の金額に歩調をあわせるように，銀行部門からの借入額も 1980 年度まではほぼ純増の傾向があったが，それ以降はほぼ純減の傾向をみせている。また単純にタイミングだけをいえば銀行部門からの借入の純増額は，1975 年と

図7-6　PSBRおよび銀行部門からの借入額の推移

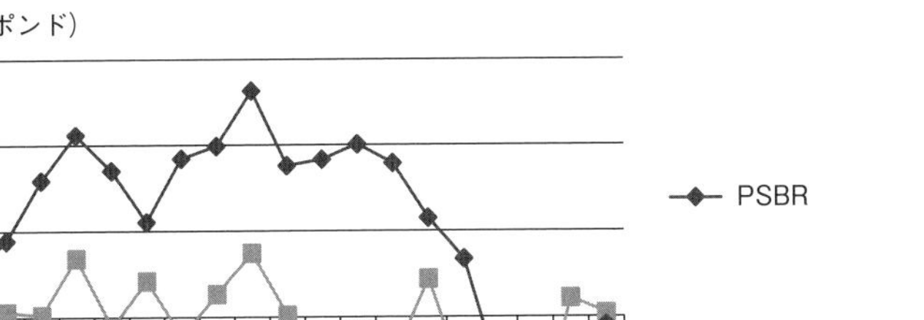

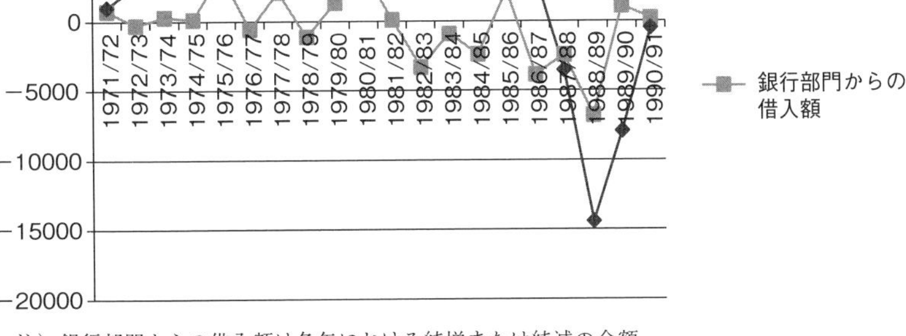

注）銀行部門からの借入額は各年における純増または純減の金額
出所）Bank of England, *Quarterly Bulletin*, various issues, "Flow of funds" より作成。

1980年にピークをつけて減少に転じ，1989年は最大のマイナスを記録しており，75年基準，80年基準，および88年基準の導入がそれぞれ一定の影響を与えているのかもしれない。

以上から，イギリスの公的部門が時間をかけつつもPSBRの削減に取り組んできたことがわかる。なおこの公的部門によるPSBR削減への取り組みの背景には，公共部門の民営化に取り組んだサッチャー政権の新自由主義的政策が指摘できる[11]。また須藤（2003）が指摘するように，当時のイギリスでは国債管理政策がマネーサプライ・コントロールを目指した金融政策の補完的な政策として位置付けられていた点も挙げられるであろう。つまりマネーサプライ・コントロールという当時の金融政策の目標にとって，かく乱要因であった国債の増発に対して，イングランド銀行は抑制を促す立場であり，銀行による国債の保有に対して自己資本賦課を要求することは非常に整合的であったといえる。

4. 国債に対する自己資本賦課への対応

前節で確認した通り，イギリスでは自己資本比率規制の導入当初から一貫して国債に自己資本の賦課を要求しており，その背景に国債の増発に起因するとみられたインフレへの対応という問題意識があったとみられる。本節では金融機関が国債を保有する際に自己資本が賦課されたことへの対応について検証する。

4.1 国債に対する自己資本賦課への銀行部門の対応

ここではイギリスの銀行部門による自己資本比率規制上の国債の保有に対する制約への対応について検証する。なお前節で確認したとおり，1980年代にはPSBRの削減によって銀行による国債の保有に制約を課すことの重要性は低下したものと思われるため，バーゼルⅠの導入前後までを分析の中心とする[12]。

まず図7-7にもとづいて，銀行部門による公的部門向けエクスポージャーの推移を確認し，銀行部門による対応を検証してみよう。図7-7から明らかなとおり，1975年当時の銀行部門のポンド建て資産に対する公的部門向けエクス

図7-7　大手銀行による公的部門エクスポージャーの推移

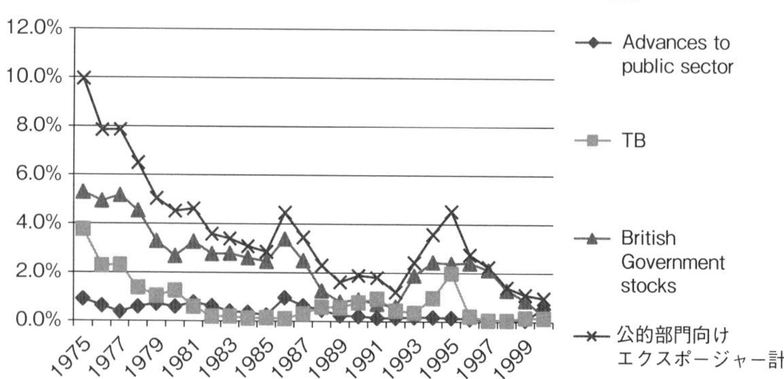

注）各資産の数値はポンド建て資産合計に対する割合である。
出所）British Bankers' Association, *Banking abstract* より筆者作成。

ポージャーの割合は10%近いことがわかる。前掲の図7-3や既出の日本経済新聞にもあったように現在のイギリスにおける金融機関の国債の保有割合は低いが，その姿が決して伝統的なものでないことは明らかであろう。しかしながら，75年基準が公表された1975年以降，公的部門向けエクスポージャーの割合は劇的に低下し，1980年の段階で5%を割り込むところまで低下している。さらに1982年以降は1986年と，1995年を除いてほぼ一貫して4%を割り込んでいる[13]。とりわけ1975年当時はTBの保有割合が比較的高かったが，その減少傾向が顕著である。国債についても5%近く保有していたものが，減少傾向を見せ，1988年以降はほぼ2%を割り込んでいる。また既述のとおり，1982年に流動性基準が導入されているが，公的部門向けエクスポージャーの低下傾向に大きな変化はみられない。

図7-7は集約データであるため，以下では個別の銀行による国債保有についても確認してみよう。図7-8はBritish Bankers' Associationの*Banking Abstract*で入手できた6行の1975～1992年までのデータである。1975年の段階で総預金に対する国債の保有割合の平均は4.7%であるが，1977年に5.1%まで上昇した後は低下の一途をたどり，1992年時点で0.5%にまで低下している。個別銀行でみると，Lloydsが1975年では6.1%で最も高ったが，1980年には

図7-8　個別銀行の総預金に対する国債の保有割合の推移

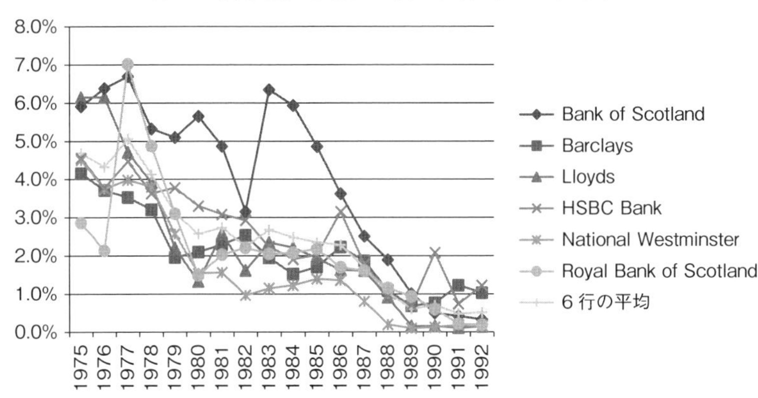

注）各行の数値は総預金額に対して保有している国債の割合である。
出所）British Bankers' Association, *Banking Abstract*より筆者作成。

1.3%まで低下し，1980年代半ばに2%を超えることもあったが，1992年には0.1%まで低下している。Bank of Scotlandも1985年まではほぼ5%以上の割合で推移していたが，その後急激に低下し，1992年の段階で0.3%まで低下している。Royal Bank of Scotlandは1977年に7%という高い割合を例外的に記録したが，概ね1975年の2.9%から低下傾向をみせ，やはり1992年の段階で0.2%にまで低下している。BarclaysとHSBCは1975年には4%台であったが，そこから少しずつ割合を低下させ，1992年時点で1%前後となっており，似たような動きをみせている。National Westminsterも1970年代まではBarclaysやHSBCと似たような動きであったが，1980年には2%を割り込み，1992年の時点で0.2%まで低下している。

以上のようなイギリスの経験から仮に流動性規制が存在したとしても，国債などにリスク・ウェイトが課され，自己資本賦課が義務付けられると，銀行にとって公的部門向けエクスポージャーの割合を維持することは難しくなる可能性が示唆される。あるいは流動性規制が存在したとしても，イングランド銀行の最後の貸し手機能が期待できる下では，流動性の充実を図るインセンティブは弱かったのかもしれない。

4.2　国債管理政策としての銀行の国債保有に対する自己資本賦課

自己資本比率規制において国債のリスクを考慮してリスク・ウェイトを設定し，国債の保有に対して自己資本賦課を要求すると，銀行が国債の保有割合を低下させることが示唆された。ただし，そのこと自体は想像の範疇であろう。ここでは国債管理政策への示唆を得るため，銀行の国債保有に対する自己資本賦課が金融市場に与えた影響について検証しておきたい。

まず図7-9は銀行のバランスシートに占めるTBの割合とTB金利との関係をプロットしたものである。図7-9から明らかなように，1975年以降に銀行部門がTBの保有割合を減少させ，TBの金利が上昇傾向をみせたことがわかる。しかしながら，80年基準の導入以後，銀行のバランスシートに占めるTBの割合が1%を超えることはほとんどなくなった。TBの金利も1990年代半ば以降は10%を切るようになり，銀行によるTBの保有割合の与える影響がかなり弱

図 7-9　銀行 BS に占める TB の割合と TB 金利の推移（1975-1999 年）

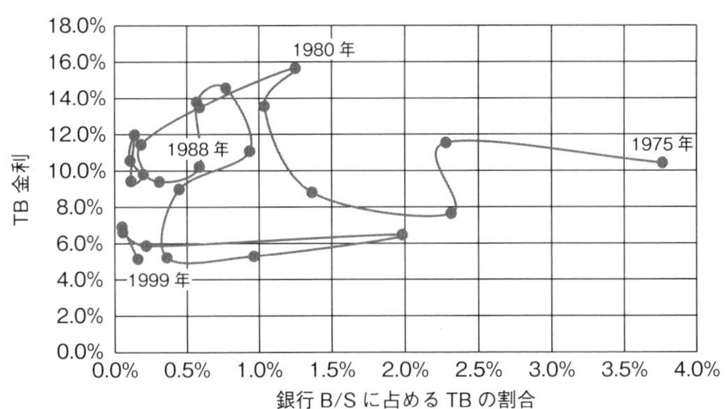

注）TB 金利は各年における毎月金利を平均したものである。
出所）Hills *et* al. (2010), *Data annex* および British Bankers' Association, *Banking Abstract* より筆者作成。

まっていることがわかる。

また図 7-10 の銀行による国債の保有割合と 10 年物国債の金利との関係についても，1975年以降に銀行が国債の保有割合を減少させ，10年物国債の金利がやや上昇傾向を見せていることがわかる。1980年以降は銀行による国債保有の割合は3%前後で推移した後，1988年に大きく低下した。そして10年物国債金利との関係でみると，銀行が国債の保有割合を減らすと 10 年物国債の金利が上昇するという関係がみられ，1990年代半ばまではその関係のままで左下へシフトしてきているようにみえる。しかしながら，1990 年代後半に入ると，むしろ 10 年物国債の金利が低下すると，銀行が国債の保有割合を減少させるという相関関係があるようにみえる。1996 年にレポ取引が開始され，資金の運用と調達の両面で国債の保有動機が強まったのかもしれない。ただし，1970 年代後半や 1980 年代前半のような高い保有割合ではなくなっている。

本節でみてきたように，イギリスでは 1970 年代の時点では銀行部門による公的部門向けのエクスポージャーの割合は低いわけではなかった。しかしながら，自己資本比率規制による公的部門向けの債権等に対する自己資本賦課や，政府部門による PSBR の削減等の取り組み等を通じて，銀行による公的部門エクスポージャーが減少してきた。銀行部門による公的部門向けエクスポー

図7-10　銀行BSに占める国債の割合と長期金利の推移（1975-1990年）

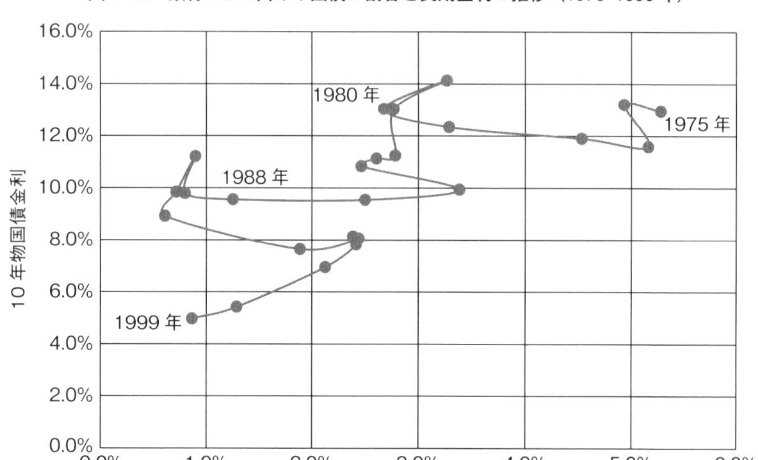

注）10年物国債は各年における毎月金利を平均したものである。
出所）Hills *et al.* (2010), *Data annex* および British Bankers' Association, *Banking Abstract* より筆者作成。

ジャーの削減は，短期的にはTBや10年物国債の金利の上昇を招いていたが，中長期的には財政健全化への取り組みを促すことにつながったものと思われる。

4.3　バーゼルⅢ導入後のイギリスの銀行部門による公的部門向けエクスポージャー

本章ではここまで，イギリスにおける80年基準導入からバーゼルⅠの適用基準である88年基準における国債等の公的部門向けエクスポージャーの動向を検証し，その背景にインフレを背景としたPSBRの削減問題があったことを指摘した。しかしながら，金融危機後のイギリスをはじめとした先進各国は財政悪化によるインフレを懸念する状況ではなかった。そこで財政やインフレに関する環境が変化しているバーゼルⅢ導入後のイギリスにおいて，銀行による公的部門向けエクスポージャーがどのように推移しているかについても追加的に検証したい。なおデータの制約もあって，イングランド銀行の公表している

図 7-11　銀行 BS に占める公的部門向けエクスポージャーの推移

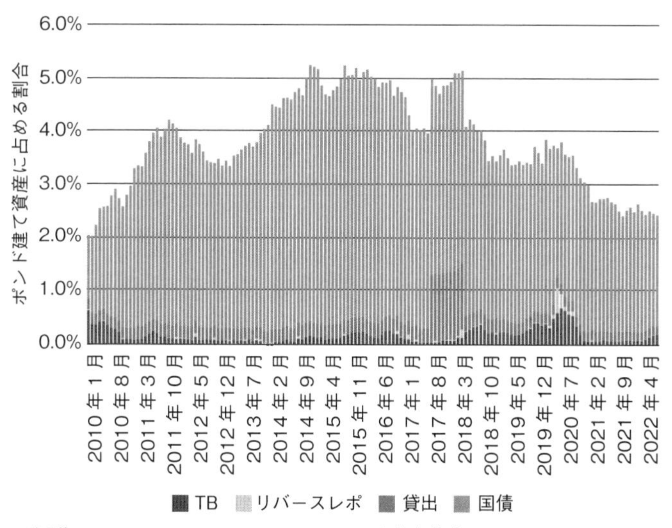

出所）Bank of England, *Bankstats tables* より筆者作成。

Bankstats tables の 2010 年以降の数値にもとづいて検証する[14]。

図 7-11 はイギリス国籍の銀行のバランスシートにおいて，ポンド建て資産の総額に占めるイギリスの公的部門向けエクスポージャーの推移である[15]。公表を開始した 2010 年 1 月の時点では 2% だった公的部門向けエクスポージャーは 2014 年後半に 5% 程度まで上昇した後，公的部門向け貸出が急激に伸びた 2017 年後半から 2018 年前半の期間を除いて，再び低下傾向に転じおり，2022 年 6 月末の段階で 2.4% まで下落している。なお図 7-11 から明らかにように，公的部門向けエクスポージャーのほとんどを占めるのは国債である。

前節までで確認したとおり，イギリスにおいては銀行による国債等の公的部門向けエクスポージャーに対しても自己資本賦課を要求してきた。1982 年には流動性充実を求めるための基準も公表したが，国債や TB ひいては公的部門向けエクスポージャーの削減傾向は大きく変化しなかった。しかしながら，流動性カバレッジ比率として 100% という明確な基準を設けたバーゼルⅢが導入されて以降は，国債の保有割合が上昇している。

また銀行による国債の保有については，金融危機の反省を踏まえたリスク管

図7-12　イギリスにおける短期金融市場における取引額の推移

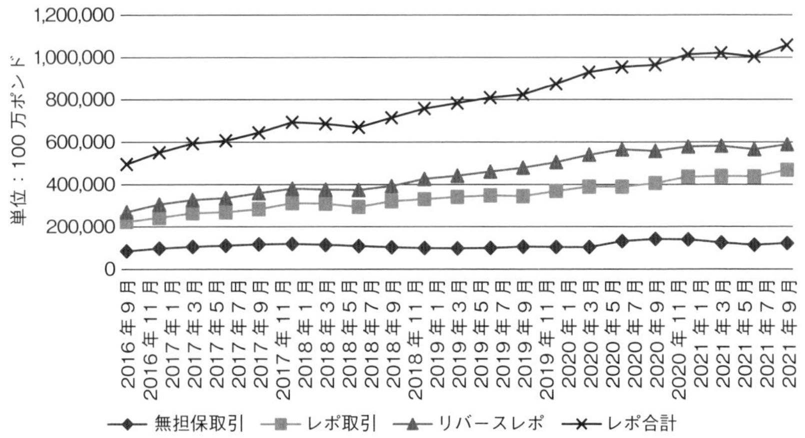

注）数字は四半期ごとの日次平均取引額である。
出所）Bank of England, *Bankstats tables* より筆者作成。

理の観点から，銀行間であっても有担保取引の割合が増加しているという背景もあるだろう。図7-12はイギリスの短期金融市場における無担保取引とレポ取引，リバースレポ取引の推移をみたものである。図7-12のとおり，短期金融市場における無担保取引はほとんど取引額が増加していない一方で，レポ取引やリバースレポ取引などの有担保取引の取引額は大きく拡大している。無担保取引の縮小と担保付取引の拡大については，LIBORの公表停止や国際銀行業務と関連付けて，第8章でも検証する。

いずれにせよ，バーゼルⅢ導入後のイギリスは1970年代から1980年代の状況とは異なり，インフレ抑制のためにPSBRの削減や銀行による国債保有の制約が重要な状況ではない。むしろ流動性確保のための流動資産として，あるいは短期的な資金の運用・調達のための担保として一定の国債の保有が求められているといえる。

5. おわりに

本章では銀行による国債の保有に対する自己資本賦課の影響を考えるため，自己資本比率規制の導入当初から国債を無リスクの資産とみなさず，リスク・ウェイトを課してきたイギリスの経験にもとづいて検証してきた。その結果，国債の保有に自己資本賦課を要求された銀行は，トレードオフの関係にある流動性基準が課されていても劇的に公的部門向けのエクスポージャーの割合を低下させていたことがわかった。また銀行による公的部門向けのエクスポージャーの割合が低下した背景には，公的部門による PSBR 削減への取り組みがあったことも指摘できる。さらに自己資本比率規制を課したイングランド銀行の動きは，国債の増発に対して抑制を促す立場とも整合的であった。つまり，国債の保有に対して自己資本賦課を要求すれば金融機関が公的部門向けエクスポージャーを減らす可能性は高いが，そこには公的部門による財政再建への取り組みや，それを促す中央銀行の取り組みが前提となるということである。

金融自由化後の先進各国において，最も信用力の高い国債の金利は無担保コールレート翌日物と並んで，最も重要な金利の 1 つであることは間違いない。そして過度な国債の発行がマネーストックやインフレ率，金利のかく乱要因となることを経験したのは，イギリスだけではない。そのうえで，イギリスでは国債の増発が物価や金利のかく乱要因になる原因として銀行部門による公的部門向けの債権等の増加があると考えていた。80 年基準や 88 年基準において国債等の保有に対して自己資本賦課を要求した理由として，財政健全化を促す意図をイングランド銀行が明言しているわけではないが，国債管理政策を担うイングランド銀行の立場と整合していたことは間違いない。

またバーゼルⅢ導入後のイギリスにおける銀行による公的部門向けのエクスポージャーの動向も検証したところ，流動性充実や短期的な資金の運用・調達の観点から一定の国債保有が求められていることもわかった。金融危機の反省を踏まえたリスク管理の観点から，こうした一定程度の国債保有は望ましいものと思われる。ただし，本書を執筆している 2022 年 8 月時点では，新型コロナウイルス感染症による景気悪化からの回復過程と，ロシアによるウクライナ侵攻による経済危機が重なり，急激な物価上昇に見舞われている。もしこの状況に対応するために放漫な財政運営が行われた場合，石油危機に見舞われた1970年代と同じような歴史を繰り返す可能性は否定できないのではないだろうか。月並みであるが，経験ではなく，歴史に学ぶことが重要であろう。

注

1　1980年代初頭の中南米の債務危機問題を取り上げた代表的なものとしてクチンスキー（1990），比較的近年の新興国の財政問題を取り上げたものとしてRemolona *et al.*（2007）などを参照されたい。

2　ただし景気の回復がみられ，IMFからも財政再建への取り組みを評価されているスペインと，景気回復も思わしくないイタリアでは多少意味合いが異なったであろう。

3　ただし，バーゼルⅠの時点でも固定利付の自国国債について金利リスクを考慮する検討がなされていた。そして各国が裁量で0%ないし一定の低いウェイトを付するとの結論を出した。後述するように，イギリスはこの裁量にもとづいて国債にリスク・ウェイトを付した国である。

4　以上のようなバーゼルⅡ成立までの経緯については，氷見野（2005）を参照されたい。

5　ただし，協議案そのものの内容はタイトル通り，あくまで銀行勘定の金利リスクを規制もしくは監督することを目的としたものであって，国債の金利リスクのみが対象となっているわけではない点は注意が必要である。

6　協議案が示される前の記事ではあるが，Watt（2015）は *The Banker* において，仮に国債へのリスク・ウェイトが課された場合の試算として100万ユーロの国債保有に対して，ドイツ国債なら1.72万ユーロ，イタリア国債なら6.06万ユーロ，ギリシャ国債なら22.9万ユーロの自己資本が要求される可能性を報じていた。

7　流動性基準において評価対象となる資産は市場性のあるものに限定されており，負債も預金とコミットメントに限定されている。また満期まで5年以上の国債などが10%の割引率が設定されるなど，10%の割引率までの評価対象資産は例示されているが，それ以外の市場性の資産については「今後割引率が決定される」としか書かれていない。そのため，流動性規制上の保有すべき流動資産として想定されていたのは，基本的に国債であったことがうかがえる。

8　当時のイギリスの金融政策において最も重視されたマネーストックの主要な指標がポンドM_3である。ポンドM_3とは，1976年にイギリス通貨当局が指標となる通貨量として採用した通貨量であり，70年代初頭に関心が払われていたM_3からイギリス居住者の外国通貨預金を控除したもので，M_1＋イギリス民間部門のポンド建有期預金＋全公共部門預金として示しうる（岡本，1988, p.136）。そしてポンドM_3とPSBRとの関係はつぎのとおりである。

$$\Delta M_3 = PSBR - \Delta PLG + \Delta BLP + \Delta R$$

ただし，PLGは非銀行部門から公共部門への貸付，BLPは銀行部門から民間部門への貸付，Rは外貨準備。

上記の式はつぎのように書き換えられる。

$$\Delta M_3 = DCE + \Delta R$$

ただし，DCEは国内信用拡大であり，

$$DCE = PSBR - \Delta PLG + BLP$$

と定義される。そのうえで，Gilbody（1988）はつぎのように述べている。「DCEは，外国為替市場における政府介入の効果を相殺した上で，銀行から国内の公共部門および民間部門への貸出から生じるM_3の拡大要因としてみなされうる」（Gilbody, 1988, p.260）。ただし，こうしたPSBRの管理を通じた金融政策については「『マネタリスト』および『ケインジアン』双方のエコノミストからのかなりの批判を引き起こした」(Gilbody, 1988, p.262)。エコノミストからの批判を含め，イギリスにおけるPSBRの定義と債務管理政策については，Gilbody (1988) が詳細に，かつ，わかりやすく論じている (pp.257-264)。

9　ただし，続きの文章では「若干の委員は以上の見解は誤りであると考える」(西村，1982，p.124) との指摘がある。

10　イギリスにおいては，もともと金融政策と国債管理政策が一体のものとして捉えられてきた。例えば，玉野井 (1968) では，ラドクリフ委員会報告を踏まえて，つぎのように指摘している。「通貨，信用制度は通貨及び債権を発行し，銀行以外の金融仲介機関は流動的な債権を調整する。このような全機構の下では，通貨政策，国債管理ならびに財政政策は，この金融構造をつうじて支出の調整を目的とした一般的な金融政策の中の，それぞれ同等の政策手段として考えられる。…中央銀行は公債管理者としての資格において，一般的流動性ポジションと総需要の水準にたいして適切な影響を与えるように，利子率の全水準と構造を動かすことを使命とする」(玉野井，1968，pp.464-465)。同様の指摘は，岡本 (1988) にもある。また，中島 (1977) では，国債管理政策と金融政策がまったく異なる政策であったアメリカと，イギリスを対比させている。

11　こうした点の詳細については春井 (1991) を参照されたい。

12　また本節の分析が依拠しているBritish Bankers' Associationによる*Banking Abstract*のデータにおいて，1999年までしか投資勘定における国債の金額を集計していない，というデータ上の制約もある。

13　1986年はジョンソン・アンド・マッセー，1995年はベアリングが破綻した年であり，銀行部門全体として民間企業向けの貸倒損失が増加している。

14　前項までで利用していたBritish Bankers' Associationによる*Banking Abstract*は1999年までは投資勘定の内訳を集計し，国債への投資額も算出していたが，2000年以降のデータでは投資勘定の総額となっている。そのため，2000年以降の銀行部門による国債保有額に関する信頼できる集約データが見つけられなかった。一方で，イングランド銀行の*Bankstats tables*は銀行のバランスシートの集約データを2010年から公表している。本章における分析にとって，2000年～2009年が空白期間になってしまうが，ご容赦願いたい。

15　銀行の総資産について，イングランド銀行の*Bankstats tables*はポンド建て資産と外貨建て資産に分けて集計している。図7-11で考察している2010年1月～2022年6月末の期間において，イギリス国籍の銀行が保有するポンド建て資産の総資産に対する割合は平均で40%弱である。そのため，本文中の公的部門向けエクスポージャーの数値は，外貨建て資産を含む総資産に対する割合よりも，およそ1.5倍程度高い数値となっている。

第8章

イギリスにおける自己資本比率規制と国際銀行業務の展開

1. はじめに

初めての国際的な自己資本比率規制であるバーゼルⅠには，国際銀行システムの健全性および安全性の強化と，国際業務に携わる銀行間の競争上の不平等の要因を軽減する，という2つの基本的な目的があった。とくに1980年代初頭には中南米の債務危機があり，アメリカを中心に国際業務に携わる銀行が破綻するなど，国際銀行業務に付随するカントリーリスクが強く意識された時期であった。バーゼルⅠ導入後も，イギリスでは1992年にポンド危機があり，1990年代後半にはアジア通貨危機やロシア危機など国際金融市場でのさまざまな危機が生じたが，経済のグローバル化の進展もあって国際銀行業務が大きく委縮することはなかった。そしてイギリスは国際銀行業務の中心地であり続けた。前章までで確認したように，イギリスで自己資本比率規制が導入された大きなきっかけは，1970年代前半の第二銀行危機であり，80年基準には不動産バブルの再発防止やインフレ抑制などの国内的な問題に対処するための意図がみられた。ただし，第2章でも確認したとおり，自己資本比率規制の導入に向けたイングランド銀行内部での議論では，自分たちの作る基準が国際的なガイドラインとなることを期待されているという自負もみられた。もしイギリスが国際銀行業務を抑制するような自己資本比率規制を設定していたら，国際銀行業務の全体的な萎縮をもたらすか，あるいは，少なくともイギリスの国際金融センターとしての地位が低下していたであろう。

そこで本章では，イギリスにおける自己資本比率規制の導入および展開と，国際銀行業務との関係を検証する。第2節では自己資本比率規制と国際銀行業務との関係について，先行研究にもとづいて論点整理を行う。なお今後のイギリスにおける国際銀行業務を考えるうえで，LIBOR（ロンドン銀行間金利）の公表停止についても確認する。第3節ではイギリスの自己資本比率規制における国際銀行業務に対する対応を考察する。第4節ではイギリスにおける自己資本比率規制が国際銀行業務に与えた影響について検証する。その際，補論のような位置づけになるが，EUからの離脱の影響についても現時点でデータから検証を試みる。なお本書ではここまでイギリス国籍の銀行が主な考察対象であったが，イギリスにおける国際銀行業務ひいては国際金融市場の分析にあたってはアメリカやEU，日本といった外国籍の銀行も適宜に考察対象とする。

2. 国際銀行業務と自己資本比率規制

本節では先行研究にもとづいて国際銀行業務と自己資本比率規制との関係を整理し，本稿の問題意識を明確化したい。

2.1　先行研究

ここでは先行研究にもとづいて国際銀行業務と自己資本比率規制との関係を整理してみたいが，まず McCauley *et al.*（2021）の指摘にもとづいて国際銀行業務の発展を概観しておこう。McCauley *et al.*（2021）は国際銀行業務が1950年代から2000年代にかけて急速に成長した背景として，国内の規制を回避する銀行の行動，投資機会を拡大する金融自由化，リスクを管理するための新しいツールを提供する金融革新，という3つの要因があったことを指摘している。そして McCauley *et al.*（2021）は国際金融市場の中核が貸し手と借り手双方にとって外国の通貨で取引するオフショア市場であり，また銀行間の競争が主要な金融危機に先立つ信用ブームを増幅させる国際貸付の急増を招いたことも指摘している。また McCauley *et al.*（2021）は金融危機の際の損失とそれに続く規制改革により，銀行の拡大が抑制され，ノンバンクの金融機関が主要な国際金融機関として出てくるきっかけになったことも指摘している。図8-1はBISの報告銀行によるクロスボーダー債権の残高と，銀行部門および非銀行部

図 8-1　全世界のクロスボーダー債権・債務の推移

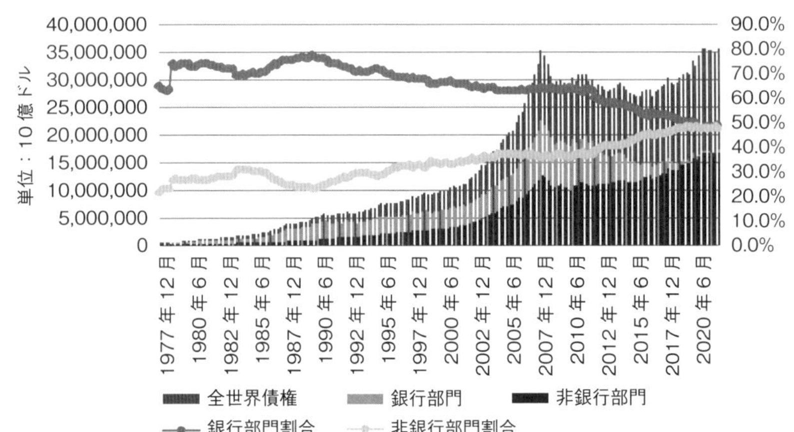

注 1）クロスボーダー債権の残高は左軸，銀行部門および非銀行部門のシェアは右軸である。
注 2）区分不明（Unallocated）があるため，銀行部門および非銀行部門の割合を合計しても 100%に満たない。
出所）BIS, *Locational Banking Statistics* より筆者作成。

門に対する債権の割合の推移をしめしたものである。

図 8-1 のとおり，全世界のクロスボーダー債権・債務は 1977 年末時点の 6,877 億ドルから 2022 年 3 月末時点の 35.8 兆ドルへと約 52 倍に膨れ上がっている。そして，当初は 70%以上を銀行部門向けの債権が占めていたが，1989 年 12 月末の 77.3%をピークに低下傾向をみせて，2000 年代に入ってからは 63%前後で推移し，2012 年半ばから再び下落傾向に転じ，2022 年 3 月末の段階で 48.7%まで低下している。当然ながら非銀行部門は全く逆の動きをみせていて，2022 年 3 月末の段階で 47.1%となっており，直近のデータは銀行部門とほぼ並ぶ規模になっている。

銀行によるクロスボーダー債権について，もう少し詳しくみてみよう。図 8-2 は銀行の各部門に対するクロスボーダー債権について，貸出と債券の推移をみたものである。図 8-2 のとおり，1995 年 12 月末の段階では銀行部門向けの貸出と債券でクロスボーダー債権のほぼ 7 割を占めている。この時点では国際銀行業務とは，国際的な銀行間の市場における業務といえるだろう。しかしながら，銀行部門向けの貸出の割合は一貫して低下しており，貸出だけでみた場

図 8-2　銀行のクロスボーダー債権に占める各部門に対する貸出および債券の割合の推移

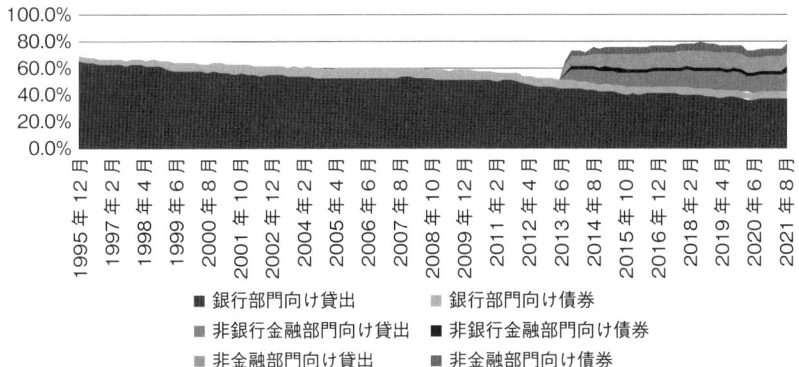

注 1）銀行部門向けの債権が貸出や債券など金融商品別で公表されるようになったのは，1995年 12 月末以降である。
注 2）非銀行部門について金融部門と非金融部門に分け，また金融商品別に公表されるようになったのは 2013 年 12 月末以降である。
注 3）区分不明や他の金融商品などもあるため，図中の各年の合計は 100%に満たない。
出所）BIS, *Locational Banking Statistics* より筆者作成。

合は，前掲図 8-1 で確認できた 2000 年代の下げ止まりすらほぼみられない。2000 年代の銀行部門向け債権の下げ止まりは，銀行部門向けの直接の貸出が債券に置き換わることで，起きていることがわかる。具体的には 1995 年 12 月の段階で 3.3%だった銀行部門発行の債券の割合は，2009 年 9 月末の時点で 7.5%まで上昇している。その後は下落傾向に転じたが，近年は 5%強の水準で安定的に推移している。

非銀行部門の詳細については 2013 年 12 月末からしか公表されていないが，非銀行金融部門向けの貸出は，公表開始時点での 4.1%から直近で 13%を超える水準にまで上昇している。また非銀行金融部門発行の債券については 3%前後で安定的に推移している。そして，非金融部門については 2013 年 12 月末時点で貸出が 6.1%，債券が 2.3%であったが，2022 年 3 月末の時点でそれぞれ 10.8%と，5.4%へと 2 倍前後の水準にまで上昇している。

以上のように，図 8-1 および図 8-2 から単純に時期的・年代的なものからのみ判断すれば，バーゼルⅠの導入時期から銀行間のクロスボーダー債権，とくに貸出の割合が低下し始め，2000 年代に入ってから下げ止まっていたが，バーゼルⅢへの移行が始まってから急減していることがわかる。

こうした国際銀行業務の発展と自己資本比率規制との関係は先行研究でどのようにとらえられてきたのだろうか。Milia *et al.*（2017）は先進国の銀行で途上国にも進出している銀行を対象として自己資本比率を既定する要因を検証し，親銀行の母国の規制の枠組みがホスト国の海外子会社の自己資本比率に影響していることを明らかにしている。また Temesvary（2015）は1997年以降の米国銀行の海外活動を検証し，バランスシートの健全性が外国市場への参入・退出という選択の推進力となっていたことを指摘している。さらに Park and Kim（2018）は多国籍銀行が貸出の審査に高いコストをかけている（非効率な）場合，その銀行に対する当局の規制努力は代替手段であるが，銀行が効率的な場合は，当局の規制努力は補完的となり，銀行の政治的な影響力が金融規制政策の効果的な条件に影響していると結論付けている。いずれも自己資本比率規制の存在によって，国際銀行業務もしくは海外への進出が影響を受けていることを示している。

それでは自己資本比率規制の存在を前提とした国際銀行業務はどのような影響を受けるのであろうか。Hasan *et al.*（2015）は信用格付けにもとづくバーゼルⅡの導入が外国銀行の貸出行動に及ぼす影響を検証し，外国銀行が必要な自己資本賦課を最小限に抑えるために国際的な貸付を決定していると指摘している。また Offiong *et al.*（2016）はナイジェリアの商業銀行の収益性に為替変動が与える影響を検証したところ，ドルとポンドの為替変動が悪影響を与える一方で，銀行の規模や自己資本比率は有意にプラスの影響していることを指摘している。さらに Buncica and Melecky（2013）は金融危機による東欧の銀行システムへの影響を分析したうえで，ヘッジされていない借り手の外貨建ての貸出等による間接的な信用リスク等も考慮しながら，経済的なリスク加重自己資本比率を提案している。一方で，Vo（2015）は AIG とリーマンブラザーズの破綻は現代のリスク管理手法と規制の根本的な弱点を露呈したものだとしている。ただし，Barrel *et al.*（2017）は OECD 諸国における銀行危機に対する金利自由化の影響を1980年～2012年の期間で分析し，金利の自由化には銀行危機を軽減する効果があり，その有益な効果は資本バッファーを強化することによって機能したと指摘している。

以上でとりあげた先行研究の内容をまとめると，まず先進主要国の自己資本比率規制の枠組みが多国籍銀行等の行動を通じて，途上国の銀行業や自己資本比率規制の枠組みにも影響を与えていることがわかる。またとくにバーゼルⅡの導入前後以降については，信用格付けの枠組みの採用が国際的な貸付にも影響を与えていた可能性が指摘されている。さらに，そうした枠組みが国際的な金融危機を招いてしまった可能性も指摘される一方で，各国の銀行危機に対して自己資本充実が有益な枠組みであることも示唆されている。

2.2　LIBOR の歴史的展開

さてここで，イギリスにおける国際銀行業務と自己資本比率規制との関係を検証する上で，LIBOR の歴史的な盛衰について確認しておきたい[1]。まずLIBOR スキャンダルに至る歴史を表 8–1 で確認してみよう。表 8–1 のとおり，1969 年 8 月に LIBOR の原型が生み出され，ユーロダラー市場の急速な成長を背景に，シンジケートローンおよび変動利付債に対応する金利として LIBOR の利用が急速に広まった。1980 年代には変動金利の指標金利としての LIBOR

表 8–1　LIBOR の発展と不正発覚までの歴史

年月	主な出来事
1969 年 8 月	米国のマニュファクチャラーズ・ハノーバー・トラストのミノス・ゾンバナキスが LIBOR の原型を生み出す
1970 年代	国際市場のシンジケートローン，変動利付債で LIBOR 利用拡大
1980 年 6 月	英国の FT 紙が LIBOR を独自に計算し，掲載開始
1982 年 8 月	メキシコが一時利払いを停止，米国の高金利政策で LIBOR 高騰 金利スワップ取引開始で変動金利に LIBOR 活用
1984 年	金利先渡契約（FRA）開始で LIBOR 活用
1986 年	英国銀行協会（BBA）が LIBOR の公表開始
1998 年 3 月	BBA が LIBOR を改革（LIBOR の提示金利を自行取引にもとづくものへ変更）
2007 年 8 月	パリバ・ショック時に Barclays が LIBOR 呈示金利を低めに操作
2008 年 3 月	国際決済銀行（BIS）が掲載した金融危機時の銀行間金利に関する 2 本の論文を掲載し，不正発覚のきっかけ

出所）太田（2019），p.239 を参考に一部抜粋のうえ筆者作成。

は金利スワップ取引での活用が開始されたり（1982年），金利先渡契約での利用が開始されたりする（1984年），などデリバティブでの利用も広がっていった。さらにLIBORはファイナンシャル・タイムズ紙が独自に計算して掲載していた金利から，英国銀行協会（BBA）が公表するBBA-LIBORとなり（1986年），1998年には自行取引にもとづくものへの改革が進められた。太田（2019）によると，この1998年のLIBORの改革は，当時不良債権問題に苦しみもはやプライム・バンクといえなくなった邦銀への配慮から，LIBORの呈示金利を自行取引にもとづく方式への変更であったという（pp.77–78）。そして，大田（2019）は，この金利呈示の方式の変更がパリバ・ショック時のBarclaysの不正や，UBSによるLIBORの不正操作につながった一連の歴史的な流れをまとめている[2]。

不正操作が明らかになったLIBORは当初，信頼回復のための改革が進められてきたが，最終的に2021年末で公表が停止されることとなった[3]。廃止に向かわざるを得なかった背景にはさまざまな要因が指摘されているが，根本的な要因は無担保での銀行間取引が既に枯渇している現状である。無担保の銀行間取引は2007年以降の金融危機時に大きく減少し，銀行間であっても担保付資金調達が主流となった。McCauley *et al.*（2021）によると，ユーロ銀行間市場における短期の担保付の資金調達の割合は，金融危機を迎える2007年ごろまでは60%に満たなかったが，2013年には80%を超えるまでに至っている。その主な要因として，McCauley *et al.*（2021）は質の高い担保に裏付けられたレポ取引の増大を挙げている。

それでは銀行間市場でのレポ取引はなぜ増大したのであろうか。Degryse *et al.*（2019）は2011年のEBAが大手金融機関に対して自己資本比率の引き上げを要求した際の事例を分析し，規制上の自己資本が少なくて済む担保付融資が増加したことを指摘している。つまり，自己資本比率規制の存在が無担保から担保付へのシフトを促進している可能性が高いということである[4]。

2.3　本章の問題意識

先行研究で確認したとおり，国際銀行業務の発展が国際的な自己資本比率規制の導入を要請し，その自己資本比率規制の存在が国際銀行業務に影響を与えていた。その結果が金融危機を招いた側面もありつつ，自己資本充実が金融危機の影響を軽減する効果も指摘されていた。また国際金融市場で指標として機能してきたLIBORは廃止されたが，その背景にもLIBORの呈示金利の前提である無担保取引が既に枯渇しており，担保付取引の拡大の要因として金融危機に対する自己資本比率規制上の要請が指摘されていた。国際銀行業務の発展と国際的な金融危機の発生，LIBORの発展と廃止の背景に自己資本比率規制が相互に関係していることがわかる。

ところで国際銀行業務の発展とともに国際的な自己資本比率規制の枠組みであるバーゼル合意が導入・発展してきたのであれば，国際的な金融危機やLIBORの廃止に対してどのような影響があったのであろうか。先行研究では主に金融危機の背景としての国際銀行業務について，自己資本比率規制の導入・変化などを統計分析上のいわばイベントとして検証している。

そこで本章では，国際銀行業務と自己資本比率規制との相互作用について，国際銀行業務の中心地であるイギリスにおける動向を歴史的・動的に考察してみたい。そうした考察を通じて，今後の国際銀行業務や自己資本比率規制のあり方，ひいては国際金融市場の行方の検証を試みる。

3. イギリスの自己資本比率規制における国際銀行業務

本節では，イギリスの自己資本比率規制における国際銀行業務の取り扱いについて考察し，次節での検証につなげたい。

3.1　80年基準における国際銀行業務

ここではまず80年基準における国際銀行業務に関連する項目の取り扱いを確認してみよう。80年基準における国際銀行業務に関連する資産のリスク・ウェイトは表8-2のとおりである。

まずイギリスの国内銀行に対する債権や，報告銀行の海外支店に対する債

表8-2　80年基準における国際銀行業務関連の資産のリスク・ウェイト

リスク・ウェイト	資産項目
0%	他の英国銀行から取立中の項目 報告銀行の海外支店に対する債権 輸出および造船に対する特別なスキームの下での貸付
10%	外国通貨
20%	海外銀行から取立中の項目 1年未満の海外銀行預け金（金の請求権含む） 英国および北アイルランド以外のTB
50%	居住者および非居住者の手形振出 保証その他の偶発債務
100%	預金その他の形態での報告銀行の海外支店向けの運転資本の供与 期間1年以上の海外銀行預け金 外国通貨建持高（外貨建エクスポージャー）

出所）Bank of England（1980），p.329より一部を抜粋して筆者作成。

権，輸出関連の特別なスキームの下での貸付はリスク・ウェイトが0%とされている。また外国通貨は10%のリスク・ウェイトとなっている。続いて，海外銀行に対する1年未満の債権（預金）や，他国のTBが20%となっている。さらに，非居住者の手形や偶発債務が50%となっており，非居住者向けの貸出や，海外支店向けの運転資本の供与，満期まで1年以上の海外銀行向けの債権，および外貨建エクスポージャーが100%のリスク・ウェイトとなっている。

80年基準の時点では，イギリス国内での銀行間市場での債権のリスク・ウェイトが0%となっているのに対し，海外銀行に対する債権については短期の債権であっても20%，長期の債権については100%のリスク・ウェイトが課されている。イングランド銀行がイギリス国内での銀行間市場を優遇し，また海外銀行に対する債権についてはなるべく短期化させる方向に仕向けていることが見てとれる。一方で手形については居住者と非居住者の区別なく50%のリスク・ウェイトとなっており，内外一体型のオンショア市場としてイギリスらしさも表れている。さらに外貨建エクスポージャーについては100%のリスク・ウェイトとなっており，為替変動を見込んでいるというより信用リスクを重視しているのであろう。さらに保証その他の偶発債務のリスク・ウェイトが50%となっており，オンバランス資産よりも有利な扱いを受けていることが指摘できる。

3.2 イギリスにおけるバーゼルⅠと国際銀行業務

続いて，イギリスにおけるバーゼルⅠ導入時の国際銀行業務の扱いについて確認したい。前章までで確認したとおりイギリスではバーゼルⅠの適用基準として88年基準を設定し，翌1989年に早くもバーゼルⅠを導入している。バーゼルⅠは国際合意であるが，いわば最低限度の基準を決めたものであり，各国での導入に際しては一定の裁量が認められていた。イギリスの88年基準における国際銀行業務に対するリスク・ウェイトは表8-3のとおりである。

表8-3のとおり，88年基準においてはOECD諸国の政府等への貸付，および非OECD諸国政府等への現地通貨建貸付等のリスク・ウェイトが0%とされた。一方で，OECD諸国への変動利付債，および1年未満の固定利付債などが10%のリスク・ウェイト，OECD諸国への1年以上の債権や銀行向け債権などが20%のリスク・ウェイトとされた。また非OECD諸国の公共部門向け債権や，1年以上の銀行向け債権などは100%のリスク・ウェイトとされた。他方でオフバランス項目のリスク・ウェイトについては，債務保証や買戻し条件付きの資産売却は100%，スタンド・バイL/Cなどは50%，短期の貿易関連偶発債務は20%などとされた。加えて金利および外為関連取引のオフバランス項目についてはカレントエクスポージャー方式と呼ばれる時価評価したものが用いられた。

88年基準でのリスク・ウェイトを見ると，OECD諸国の政府に対する債権については変動金利債もしくは1年未満の固定金利債が10%と優遇される一方で，非OECD諸国の政府に対する外貨建の債権については100%のリスク・ウェイトとなっている。1980年代初頭の南米の債務危機がバーゼルⅠ成立の大きなきっかけであることを想起させる。また銀行向けの債権についてはとくにイギリス国内での取引を優遇する形となっておらず，1年未満の取引であればOECD諸国の銀行向けでも非OECD諸国の銀行向けでも同じ20%となっている。さらに与信を代替するオフバランス項目については，保証・偶発債務の一律50%となっていた80年基準と比較して，さまざまなリスク・ウェイトが設

表 8-3　88 年基準における国際銀行業務関連資産のリスク・ウェイト

リスク・ウェイト	オンバランス項目
0%	OECD 諸国の中央政府および中央銀行に対する貸付 OECD 諸国の中央政府または中央銀行により付保された債権 非 OECD 諸国の中央政府および中央銀行に対する貸付で現地通貨建のもの 非 OECD 諸国の中央政府および中央銀行によって保証された貸付で現地通貨建のもの
10%	OECD 諸国の中央政府発行の変動利付債券または残存期間 1 年未満の固定利付債券 OECD 諸国の中央政府発行の変動利付債券もしくは残存期間 1 年未満の固定利付債券により担保された債権 非 OECD 諸国の中央政府の債券で，残存期間 1 年未満かつ現地通貨建で調達されたもの
20%	残存期間 1 年以上の OECD 諸国の中央政府債券またはこれにより担保された債権 残存期間 1 年以上の非 OECD 諸国の中央政府の債券で現地通貨建で調達されたもの 国際開発銀行の債権，およびそれらの機関により担保された債権 OECD 諸国の銀行向け債権と，これらにより保証された債権 非 OECD 諸国の銀行向け債権で，1 年未満のもの OECD 諸国の公共部門向け債権，およびそれらの機関により付保された貸付
100%	非 OECD 諸国の銀行向け債権で 1 年以上のもの 非 OECD 諸国の中央政府の債券で，現地通貨建以外の債権 非 OECD 諸国の中央政府によって付保された貸付で，現地通貨建以外のもの 非 OECD 諸国の公共部門向け債権 外国為替の売持ちポジション

リスク・ウェイト	与信を代替するオフバランス項目
100%	債務保証，手形引受等の直接的な信用供与代替取引 買戻し条件付の資産売却 先物資産購入，証券購入のコミットメント
50%	特定の取引に伴う偶発債務（スタンド・バイ L/C など），NIF，RUF その他の原契約期間 1 年以上のコミットメント
20%	短期の貿易関連偶発債務
0%	1 年以下，あるいは随時無条件で取り消し可能なコミットメント 手形の裏書き（銀行の引き受けのないものは 100%）

金利および外為関連取引のオフバランス項目
リスクアセット＝信用リスク相当額×取引相手に応じたリスク・ウェイト（上限 50%）
信用リスク相当額＝時価評価による再構築コスト×想定元本×掛け目

掛け目	残存期間	金利関連	外為関連
	1 年未満	0%	1.0%
	1 年以上	0.5%	5.0%

出所）Bank of England（1988），および増田（1989）より一部を抜粋して筆者作成。

定されており，かつオンバランス項目と一定程度の整合性もとれている。加えて金利および外為関連取引についても，信用リスク相当額を計算する手法ではあるものの考慮されるようになった。1980年代にデリバティブ取引が急速に拡大したことが見てとれる。

3.3 バーゼルⅡにおける国際銀行業務

つぎにバーゼルⅡにおける国際銀行業務関連の取り扱いについて考察してみたい。高度化した金融機関によるリスク管理をバーゼルⅠが反映していないとの批判を受け，1998年から改訂議論が始まり，2004年にはバーゼルⅡが最終合意された。イギリスは当時EU加盟国であったため，EUの自己資本要求指令にもとづいてバーゼルⅡを導入している。バーゼルⅡには「最低所要自己資本」，「監督上の検証プロセス」，「市場規律」という3つの柱がある。とりわけ第1の柱である「最低所要自己資本」において，標準的手法，基礎的内部格付手法，先進的内部格付手法という3つのリスク計測手法が示され，リスク計測の精緻化が図られた。紙幅の制約もあるため，ここでは標準的手法において国際銀行業務がどのようにとらえられているかを考察したい。バーゼルⅡの標準的手法におけるリスク・ウェイトは表8-4のとおりである。

表8-4 バーゼルⅡの標準的手法における国際銀行業務関連のリスク・ウェイト

債権	信用格付	AAA～AA－	A＋～A－	BBB＋～BBB－	BB＋～B－	B－未満	無格付
ソブリン向け		0%	20%	50%	100%	150%	100%
銀行向け債権	オプション1	20%	50%	100%	100%	150%	100%
	オプション2	20%	50%	50%	100%	150%	50%
	オプション2の短期債権	20%	20%	20%	50%	150%	20%
事業法人向け		20%	50%	100%	100%	150%	100%

注1）信用リスク削減手法として担保付取引，オンバランスシート・ネッティング，保証とクレジット・デリバティブなど認められる。

注2）銀行向けの債権については当該国のソブリン向けリスク・ウェイトより1段階低いリスク・ウェイトを付すオプション1と，外部格付による当該銀行向けの格付にもとづいてリスク・ウェイトを付すオプション2が提示されている。

出所）Basel Committee on Banking Supervision（2006）より筆者作成。

表8-4にあるとおり，バーゼルⅡの第1の柱である「最低所要自己資本」におけるリスク計測の精緻化の考え方にもとづいて，すべての債権が格付にもとづいてリスク評価が行われるようになった。ただし，自国の国債等については各国の裁量にもとづいてほぼ0%に設定可能である[5]。そして基本的に債務者が居住者か非居住者かなどの区別はみられず，為替リスクは市場リスクの範疇となっている。さらに，「リスク計測の精緻化」の考え方にもとづいて，担保付取引，ネッティング，クレジット・デリバティブなど各種の信用リスク削減手法を反映したものとなっている。

ところで信用リスク削減手法のうち，とくに担保付取引については，BIS内の支払・決済システム委員会が2006年にクロスボーダー取引での担保での取り扱いについて，Committee on Payment and Settlement System（2006）でとりまとめている。Committee on Payment and Settlement System（2006）はその背景として，過去数年間，金融市場のグローバル化と金融市場取引におけるカウンターパーティー・リスクを軽減するための担保の使用が増加しており，銀行コミュニティがある国または通貨で担保を使用して別の国で流動性を獲得する可能性について議論してきたことを説明している。そのうえで，Committee on Payment and Settlement System（2006）は外国の資産を担保として受け入れる方法について，G10中央銀行が「アラカルトアプローチ」を採用することに合意したことをまとめている。そして，Committee on Payment and Settlement System（2006）は「多くの人が，新しいバーゼルⅡの自己資本比率の枠組みにより，銀行が担保をより集中的に使用してエクスポージャーを削減し，規制資本を大幅に削減する可能性があると予想している」（p.6）ことも述べている。

3.4　バーゼルⅢにおける国際銀行業務

本節の最後にバーゼルⅢにおける国際銀行業務について確認しておこう。バーゼルⅢにおける国際銀行業務の基本的な考え方は，バーゼルⅡと同様に債権ごとに格付にもとづいてリスク評価が行われる。バーゼルⅡで認められていた各種の信用リスク削減手法が認められているのも同様である。表8-5はバー

表 8-5　バーゼルⅢの標準的手法における信用リスクの削減手法

信用リスク削減手法	信用リスク削減効果の反映方法
適格金融資産担保	・担保付債権のリスク・ウェイトを担保のリスク・ウェイトに置き換え ・担保付債権の額から担保額（価格変動リスクを考慮し保守的に減額した額）を控除
保証	被保証債権のリスク・ウェイトをプロテクション提供者のリスク・ウェイトに置換え
クレジット・デリバティブ	原債権者のリスク・ウェイトをプロテクション提供者のリスク・ウェイトに置換え
貸出金と自行預金との相殺	エクスポージャーの額を自行預金と相殺後の額とする

出所）吉井他（2019），図表 2-37（p.152）を引用。

ゼルⅢの標準的手法において認められている信用リスク削減手法の一覧である。表 8-5 のとおり，貸出金と預金との相殺（オンバランス・ネッティング）を除く，適格金融資産担保，保証，クレジット・デリバティブは担保もしくは保証の提供者のリスク・ウェイトが重要となっている。

さらに一連の金融危機によって金融機関が破綻した際に，OTC デリバティブ取引を通じて他の金融機関にリスクが波及したことへの反省から，OTC デリバティブ取引の清算業務を中央清算機関（Central Counterparties, CCP）に集中させる方向となった。そして中央清算機関へ清算業務を集中させる観点から，バーゼルⅢにおいては中央清算機関向けのエクスポージャーも自己資本賦課の対象としたうえで，適格中央清算機関についてはリスク・ウェイトが 2% と非常に優遇されている。なお適格中央清算機関以外の中央清算機関向けのデリバティブ取引については，外部格付に応じて 20〜150% のリスク・ウェイトが適用される。図 8-3 のとおり，金融危機以降，OTC デリバティブにおいて中央清算機関のシェアが急増している。

本節のここまでの内容をまとめると，イギリスにおいては 80 年基準の段階で既に国際銀行業務に伴うカウンターパーティー・リスクはかなり強く意識されていたが，国内資産と大きく異なるリスク・ウェイトが課されていたわけではなかった。ただし，銀行間での債権に対するリスク・ウェイトについては国内銀行向けが 0% であったのに対し，海外銀行向けが短期で 20%，長期で

図8-3　OTC金利デリバティブの想定元本に対するカウンターパーティー別シェア

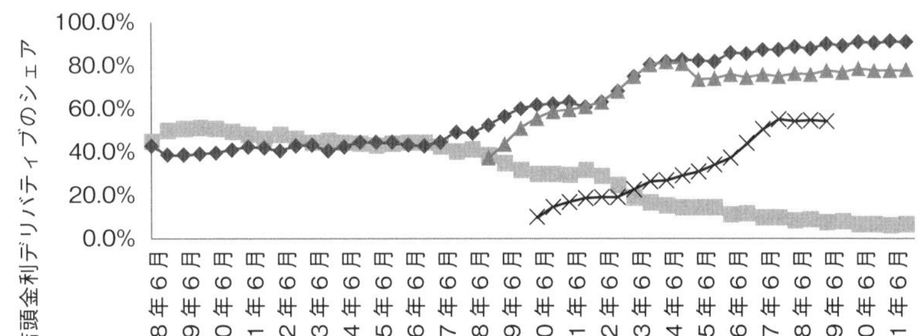

注）CCPのOTC金利デリバティブにおける2015年以前の数値，およびCDSの数値については Aramonte and Huang（2019）のデータを参照している。
出所）BIS, *OTC Derivatives Statistics*, および Aramonte and Huang (2019) より筆者作成。

100%となっていた。これに対し，バーゼルⅠの適用基準である88年基準ではOECD諸国と非OECD諸国，変動利付債と固定利付債，短期と長期，などの要素でリスク・ウェイトが細分化された。また銀行向けの債権に対するリスク・ウェイトは80年基準の海外銀行向けと同様に短期が20%，長期が100%となっていた。さらにデリバティブ取引の拡大に伴い，信用リスク計測の枠組みの下でさまざまなリスク・ウェイトが設定されていた。さらにリスク計測の精緻化を図ったバーゼルⅡの標準的手法においては，債務者を格付に応じて区分してリスク・ウェイトを設定する一方で，信用リスク削減手法が大幅に認められていた。とりわけ担保付取引については，バーゼルⅡの導入以前から信用リスク削減の観点から使用されていたが，バーゼルⅡの導入によりさらに拡大するという見方もあったことが確認できた。最後に金融危機の反省を踏まえて合意されたバーゼルⅢでは信用リスク削減手法の適用を厳格化させつつ，OTCデリバティブ取引を通じたシステミックリスクの顕在化を防止する観点から適格中央清算機関向けのエクスポージャーを優遇していた。

以上をみると，まず80年基準によってオンバランスでの国際銀行業務の拡大に制約がかかった銀行がオフバランス業務を拡大させた。そして，その影響で88年基準においてオフバランス項目のリスク・ウェイトが拡充された。さらにその後の信用リスク削減手法の発展がバーゼルⅡにおいて反映されるようになった。加えてバーゼルⅢの下で中央清算機関の利用が促進される，という大まかな流れが読みとれる。

4. イギリスにおける自己資本比率規制が国際銀行業務に与えた影響の検証

前節でイギリスでの自己資本比率規制と国際銀行業務の変遷を確認した。本節では，自己資本比率規制が国際銀行業務に与えた影響について検証したい。

4.1 イギリス所在の銀行によるクロスボーダー取引と自己資本比率規制

ここではイギリス所在の銀行によるクロスボーダー取引と自己資本比率規制との関係について，BIS の *Locational Banking Statistics* にもとづいて検証する。図 8-4 のとおり，1980 年代初頭には全世界のクロスボーダー債権におけるシェアが 30％近かったが，1983 年には急落して，その後も減少が続き，1990 年代前半には16％前後まで低下している。しかしながら，1990年代には増加に転じ，金融危機前には 20％前後までシェアが上昇し，金融危機後は再び若干の減少へ転じた。2022 年 3 月末の時点で，イギリスのクロスボーダー債権のシェア 15.7％，債務のシェアは 17.6％である。1980 年初頭の水準からみれば，シェアがほぼ半減しているといえるが，それでも世界全体の 6 分の 1 程度を占めている。

続いてイギリスのクロスボーダー債権および債務について，図 8-5 で銀行部門向けの債権・債務のシェアを確認してみよう。1970 年代後半は債務の割合の方が高く，1980 年代はほぼ均衡していたが，1990 年代後半から 2013 年頃まで一貫して債務が債権を上回っている。また銀行部門向け債権の割合は 1990 年頃から金融危機ごろまで一貫して低下しているが，銀行部門向け債務は 1980 年頃から金融危機後まで70％強の水準を維持している。銀行部門向けの債権と債務の割合はそれぞれイギリス全体のクロスボーダー債権と債務に対する割合

図8-4　全世界のクロスボーダー債権・債務に占めるイギリスのシェアの推移

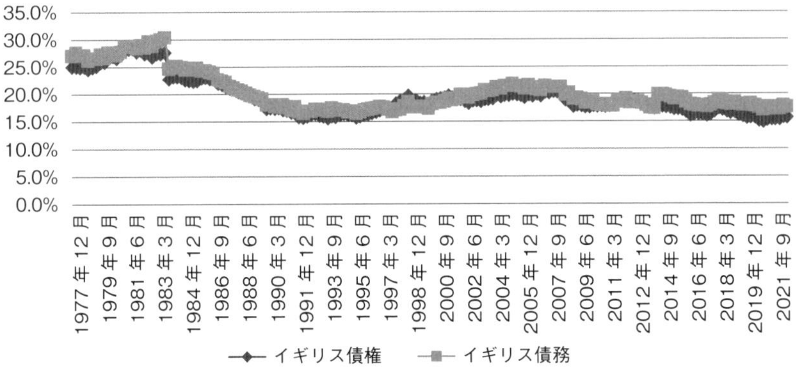

注）債権シェアと債務シェアはそれぞれ，全世界のクロスボーダー債権および債務に占めるイギリスの割合である。

出所）BIS, *Locational Banking Statistics* より筆者作成。

図8-5　イギリスのクロスボーダー債権・債務に占める銀行部門の割合

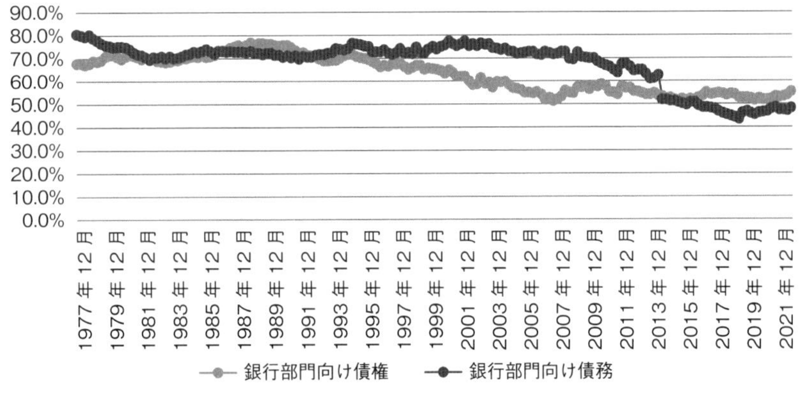

出所）BIS, *Locational Banking Statistics* より筆者作成。

であるため，必ずしも分母の金額が一致していないが，金融危機前は海外から余剰資金を受け入れて，国内外に資金の運用先を提供していたことがみてとれる。

さらに図8-6と図8-7を用いてクロスボーダー債務について通貨別でも確認してみよう。1980年代半ばには債権・債務ともにドル建てが80％近くを占めて

図 8-6　イギリスのクロスボーダー債権における通貨別の推移

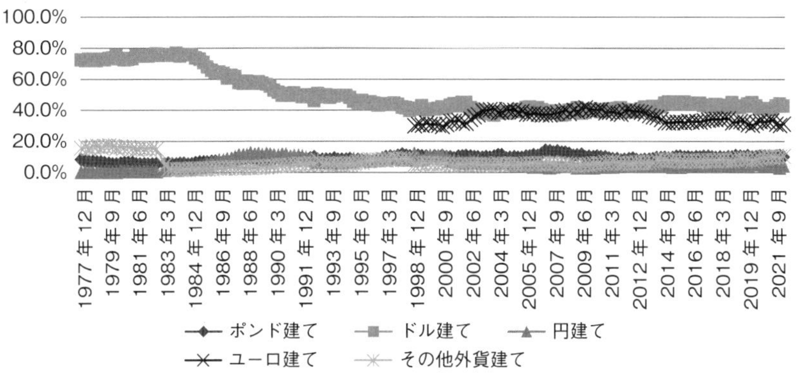

出所）BIS, *Locational Banking Statistics* より筆者作成。

図 8-7　イギリスのクロスボーダー債務における通貨別の推移

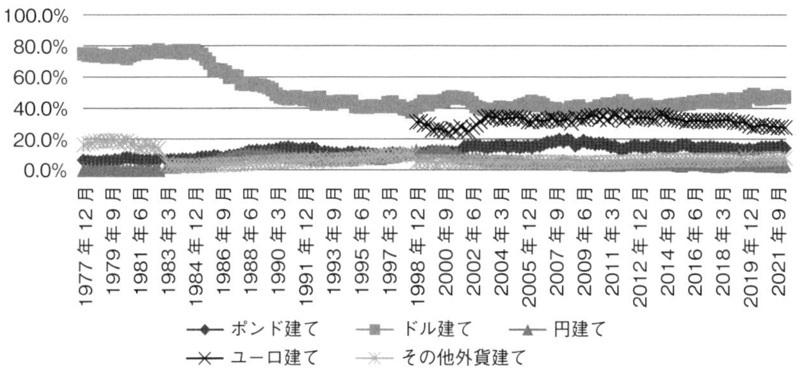

出所）BIS, *Locational Banking Statistics* より筆者作成。

いたが，その後に急落して，1990年代半ばから後半には40％程度まで低下している。1999年にはユーロ建てが登場し，クロスボーダー債権でみると，2003年以降2012年頃まではユーロ建てとドル建てが拮抗している。ただし，クロスボーダー債務でみると，ドル建てが常に最も多くなっている。

イギリスのクロスボーダー債権・債務のシェアの動きを自己資本比率規制の動向と重ねてみると，1982年頃から債権のシェアが低下しはじめており，80年基準が影響しているのかもしれない。むしろバーゼルⅠの適用基準である88

年基準を導入したころから下げ止まっており，1990年代後半には増加に転じており，その増加傾向は金融危機前まで続いている。ただし，銀行部門向けの債権はバーゼルⅠを導入する頃から低下傾向となり，その低下傾向は2008年頃まで続いている。以上の考察から，世界全体のクロスボーダー債権の30%近くを握っていた1980年代初頭のような圧倒的なシェアではないものの，バーゼルⅠや市場リスク規制の導入，バーゼルⅠの改訂などを通じて，再びシェアを増加させきたことがわかる。またEUにおいて共通通貨ユーロが導入されたこともイギリスのシェア拡大にポジティブな影響を与えていたことが読みとれる。

4.2　イギリス所在の銀行によるデリバティブ取引と自己資本比率規制

前項ではクロスボーダーの債権・債務の推移にもとづいて，国際銀行業務と自己資本比率規制との関係について検証した。しかしながら，第3章で確認したとおり，80年基準を課されるようになったイギリスの銀行はオフバランス業務，とりわけデリバティブ取引を拡大させた。そこで以下では，デリバティブ取引と自己資本比率規制との関係について検証する。

まずイギリスのデリバティブ取引のシェアを確認してみよう。図8–8は外国為替の取引高と各種の取引におけるイギリスのシェアの推移を示したものである。図8–8のとおり，外国為替取引高は，1986年の2,000億ドルほどの規模から2022年には9.8兆ドルまで48倍程度に膨らんでいる。そして外国為替取引全体に占めるイギリスのシェアを確認すると，当初は1986年の43.7%から1989年の25.1%へと急落しているが，その後徐々にシェアを回復し，2022年時点で38.1%となっている。そして，直物取引（Spot transactions）だけでなく，為替スワップ（FX swaps），通貨スワップ（Currency swaps），為替予約（Outright forwards），オプション（options）と満遍なく37%以上のシェアを維持している。2022年は2019年と比較してトータルでみても，各商品別でみてもややシェアを落としているが，イギリスがさまざまな外国為替取引において出合いがとれる市場となっているのがわかる。

また図8–9はOTC金利デリバティブ取引の取引高と各種の取引におけるイギリスのシェアの推移を示したものである。図8–9のとおり，OTC金利デリバ

図 8-8　外国為替関の取引高と取引別のイギリスのシェア推移

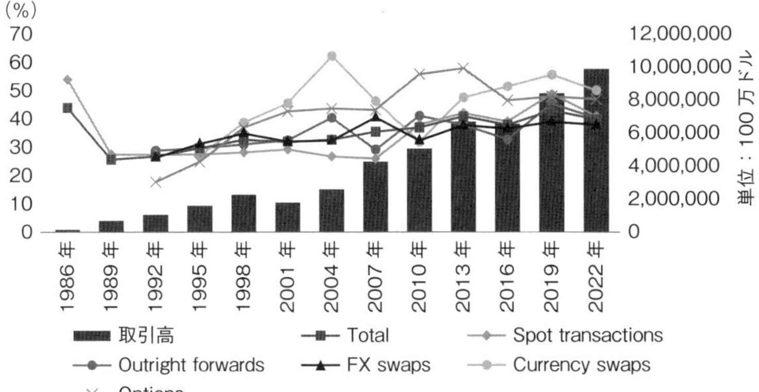

注 1）取引高は各年 4 月における一日当たりの取引額であり，イギリスのシェアは各取引別に世界全体でのシェアを計算したものである。

注 2）1986 年と 1986 年は外国為替取引全体とスポット取引の数値しか公表されていない。

出所）BIS，*Triennial OTC derivatives statistics* より筆者作成。

図 8-9　OTC 金利デリバティブの取引高と取引別のイギリスのシェアの推移

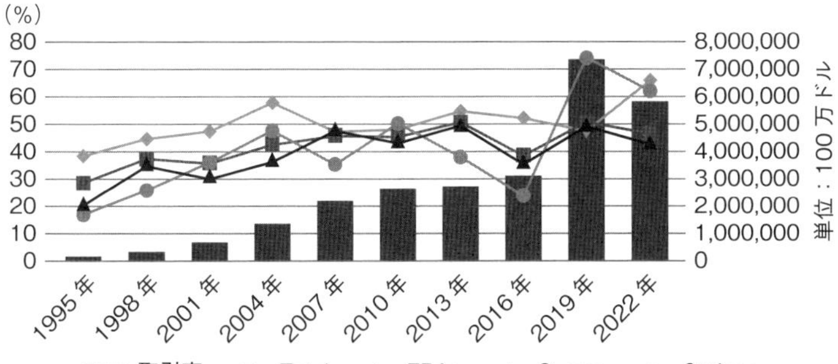

注 1）取引高は各年 4 月における一日当たりの取引額であり，イギリスのシェアは各取引別に世界全体でのシェアを計算したものである。

出所）BIS，*Triennial OTC derivatives statistics* より筆者作成。

ティブの取引高は 1995 年の 2,000 億ドル程度から，2019 年には 7.3 兆ドルまで増加したが，2022 年には約 5.8 兆ドルに減少している。2019 年から 2022 年へ取引高が減少した主な要因は金利先渡契約（FRAs）によるもので，その背景として Monetary and Economic Department（2022）は LIBOR の公表停止があることを指摘している。それでも2022年の取引高は1995年の取引高の約28倍にまで膨らんでおり，ここ30年ほどのOTC金利デリバティブ市場の急激な拡大がみてとれる。イギリスはOTC金利デリバティブ取引において，1995年の時点で30%弱のシェアであったが，シェアを徐々に伸ばし，2016年に一度シェアを大きく落としたが，2019年には50.1%という圧倒的なシェアを獲得している[6]。そしてその要因として，FRAsと金利スワップ（Swaps）というOTC金利デリバティブの主要な取引のシェアの高さがある。ただし，2022年にはイギリスのシェアが45.5%へと低下している。Monetray and Economic Department（2022）は，依然としてイギリスのシェアが圧倒的であることに触れつつ，ドル建てスワップが部分的にアメリカやアジアへシフトし，同様にユーロ建てスワップもユーロ圏へシフトしている点を指摘している。

図8–8と図8–9は国際的な取引高とシェアであったが，図8–10でイギリス国内に積み積み上がったデリバティブ債権についても確認してみよう。図8–10から明らかなように，金利スワップ債権が他のデリバティブ債権よりも圧倒的に多く，2022年3月末時点で約1兆6,778億ポンドに達しており，以下多い順に，為替先物債権の約3,695億ポンド，為替スワップ債権の約3,260億ポンドと

図8–10　イギリス所在銀行によるデリバティブ債権の残高の推移

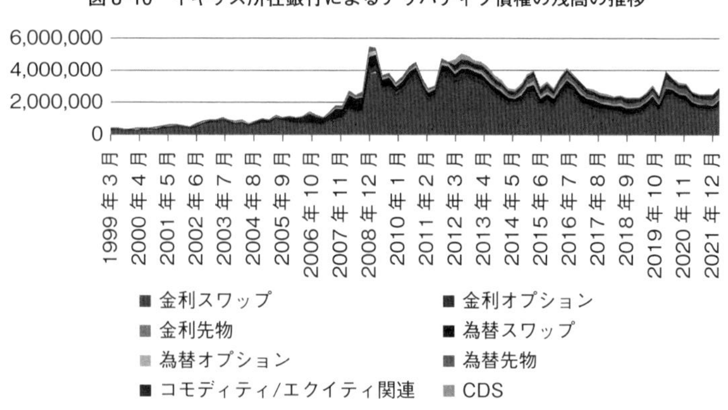

注1）金額は季節調整前のものであり，ポンド建てと外貨建ての合計である。
注2）金利先物と為替先物それぞれの金額は先物（Future）と先渡（Forwards）の合計である。
出所）Bank of England, *Bankstats tables* より筆者作成。

続いている。デリバティブ債権全体でみてもリーマン・ショック時に大きく膨らんだ後に縮小しているが，金融危機前よりも大きな残高を抱えている。なお金利スワップ債権は2020年12月の約1兆9,305億ポンドから2021年12月には約1兆4,155億ポンドへと25%近く減少したが，2021年12月から2022年3月へかけて20%近く増加している。図8-10で考察している期間全体でみると，2008年のような特殊な時期を除いて，デリバティブ債権の残高は年末（多くの銀行にとっては会計期末）に減少する傾向がみられる。2021年12月から2022年3月にかけての動きが，そうした通常の銀行行動なのか，LIBORの公表停止という大きなイベントを乗り切った表れなのかについては，慎重な判断が求められるが，2021年にみられた減少傾向から増加へと転じたことは指摘できる。

デリバティブ取引と自己資本比率規制の関係については，まず1980年代当初の各国の自己資本比率規制がオフバランス業務の拡大を招き，バーゼルⅠではリスク・ウェイト方式を採用することでオフバランス取引についてもリスク加重資産の計算に含められるようになった。ただし，イギリスでは2005年から国際財務報告基準（IFRS）が適用されており，デリバティブ取引は公正価値にもとづいてバランスシートに計上されるようになっている。例えばBarclaysグループのバランスシートを確認すると，2004年の総資産が約5,380億ポンドであるのに対し，2005年の総資産は約9,240億ポンドと1.7倍近くに膨らんでおり，その要因として保有証券やデリバティブを公正価値で計上した約3,880億ポンドが大きく寄与している。しかしながら，デリバティブ資産・負債が自己資本比率規制上のリスク計測に組み込まれても，企業会計上オンバランス化されるようになっても，デリバティブの取引高は増加の一途をたどっている。イギリスにおけるデリバティブ債権の残高には増減の波があるが，リーマン・ショック後やギリシャ危機時に残高が急増するなど，ある意味でリスク管理の場を提供しているともいえる。これはつまりデリバティブ取引が，原始的な自己資本比率規制に対する抜け道や，資産を膨らませずに手数料収入等を増加させてROE等を引き上げる手段として選ばれているのではなく，リスク管理手法や自己資本比率規制上のリスク削減手法として活用されている証左であろう。

加えて，OTCデリバティブ取引を適格中央清算機関で集中的に清算する方向へ誘導するバーゼルⅢにおける取り扱いも，ロンドンクリアリングハウスやインターコンチネンタル取引所などを抱えるイギリスに対して優位に働いているものと思われる[7]。第5章で確認したとおり，イギリスにおけるバーゼルⅢの対応は銀行の収益性をかなり低下させており，バーゼルⅢの導入をイギリスの利益誘導のようにとらえるのは公正な見方とは思わないが，うまくバランスをとっているのは確かである。さらにイギリスにおけるリテールリングフェンス構造は「投資銀行業務・国際業務等のリスクにより商業銀行が破綻するのを防ぐというのがその目的であった」(斉藤, 2020, p.44)。しかしながら，見方を変えれば外国籍の大手銀行にとってはイギリスのリテール分野へのある種の参入障壁となりうる[8]。リングフェンス構造の導入を提言したヴィッカーズレポートも，金融システムの安定化や，金融機関の破綻処理可能性を踏まえたリングフェンス構造の必要性を主張する一方で，この改革の課題の一部が国際金融センターとしてのイギリスの立場との調和であるとしていた (Independence Committee on Banking, 2011, p.7)[9]。コアな銀行システムはリングフェンスで覆いながら，むしろ国際銀行業務の自由度は確保するしたたかな戦略といえる。

4.3　EUからの離脱とイギリスにおける国際銀行業務

イギリスは周知のとおり2016年6月の国民投票でEUからの離脱を決定し，移行期間などを経て，2020年1月31日付で完全に離脱した。いわゆる「合意なき離脱」こそ避けられたとはいえ，金融サービスについてはイギリス国籍の銀行に認められていたEUの単一市場にアクセスできる単一パスポートが失われ，イギリスの個別の規制がEUの規制と同等と認められたサービスのみアクセスが可能となる「同等性評価」が大きな課題となっている。そうした状況もあり，イギリスにおける国際銀行業務および国際金融市場に対しては，EUからの離脱の影響が懸念される状況である。必ずしもバーゼルⅢとは関係ないため，やや補論的な内容になるが，EUからの離脱によるイギリスの国際銀行業務への影響について考察しておきたい。

まず図8-11でイギリス国内において各国銀行が保有するユーロ建て債務の状況を確認してみよう。2010年前半の段階ではイギリス国内のユーロ建て債務は2兆ポンド相当を超える水準であったが，2012年以降のギリシャ危機等の局

図 8-11　イギリス国内における各国銀行のユーロ建て債務の推移

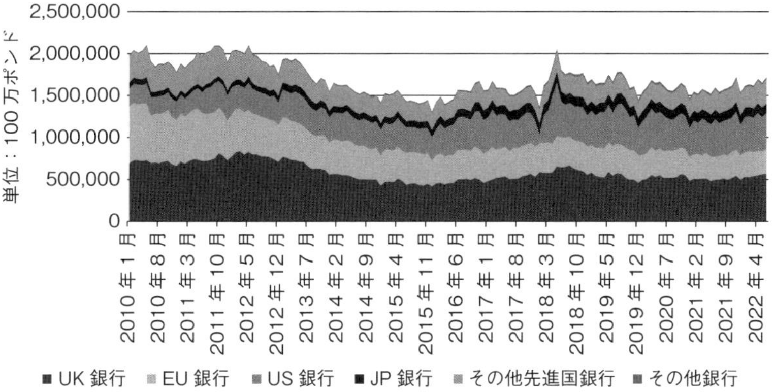

注 1）金額は季節調整等はなされていないものである。
注 2）その他先進国はイギリス，EU，アメリカ，日本以外の OECD 加盟国および南アフリカである（図 8-11 も同様）。
出所）Bank of England, *Bankstats tables* より筆者作成

面で減少傾向が始まり，その傾向は2018年ごろまで続いている。その後はイギリスの EU からの離脱へ向けた動きのなかで，増減を繰り返している。イギリス国内のユーロ建て債務全体でみると，2010 年 1 月末の約 1 兆 9,810 億ポンド相当から 2022 年 6 月末の約 1 兆 7,217 億ポンド相当へと 13% 程度減少している。銀行の国籍別でみると，まず目立つのが EU 国籍の銀行が 2010 年 1 月時点の約 6,700 億ポンド相当から，2022 年 6 月末の約 2,800 億ポンド相当まで，ユーロ建て債務を 60% 近く減少させていることであろう。イギリス国籍の銀行も 2010 年比で 80% 程度の水準まで減少しているが，ここ数年は 5,000 億ポンド前後の水準を維持している。そして 2010 年 1 月時点の約 2,000 億ポンド相当から，2022 年 6 月末時点で約 4,400 億ポンド相当まで 2 倍以上に増加させているのが，アメリカ国籍の銀行である。邦銀も 2010 年比で 40% 程度増やしている。その他の先進国の銀行は 2,000～3,000 億ポンドで安定的に推移している。

イギリスにおけるユーロ建て債務全体をみると，EU からの離脱の影響でイギリスがユーロ建て取引を失いつつあるようにみえる。しかしながら，BIS の *Locational Banking Statistics* によると，世界全体でのユーロ建ての銀行部門向けクロスボーダー債務が 2009 年 3 月末の約 5 兆 9,727 億ドルから 2022 年 3 月

図8-12　イギリス国内における各国銀行の外貨建て債務の推移

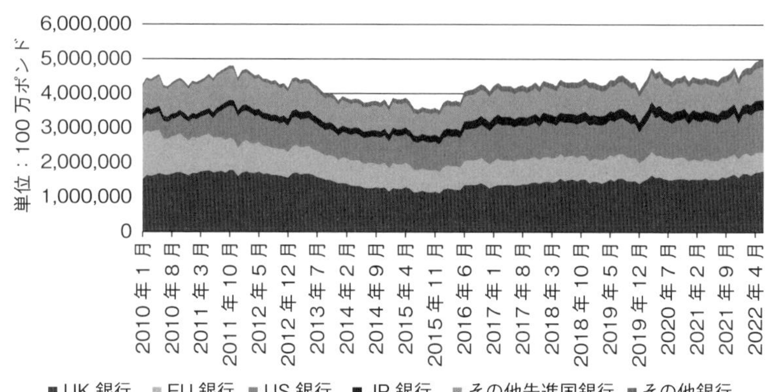

注1）金額は季節調整等はなされていないものであり，ユーロ建ても含む。
出所）Bank of England, *Bankstats tables* より筆者作成

末の約4兆6,185億ドルへと23%近く減少している。また基本的にイギリスにおけるユーロ建ての債務を減少させているのは，EU国籍の銀行のみといっていい状況である。ユーロ危機等の影響によって世界全体でみたユーロ建て取引のシェアが低下するなか，むしろユーロ建て取引においてイギリスへの依存度が高まっていることが読み取れる。

ここまではユーロ建て債務をみてきたが，図8-12で外貨建て債務全体の動きもみてみよう。2010年1月の段階ではイギリス国内の外貨建て債務は約4兆2,620億ポンド相当であり，2012年ごろから減少傾向をみせていたが，2015年ごろには増加傾向に転じ，2022年6月末時点で5兆ポンド相当まで増加（2010年比で117%程度）している。なお，BISの *Locational Banking Statistics* によると，世界全体での銀行部門向けのクロスボーダー債務は2009年3月末の約17兆2,920億ドルから2022年3月末の約16兆5,180億ドルへと6%弱減少している。この期間に国際銀行業務においてイギリスのシェアが高まっていることの証左といえる。

銀行の国籍別でみると，やはり目立つのがEU国籍の銀行が2010年1月時点の約1兆5,170億ポンド相当から，2022年6月末の約5,390億ポンド相当まで，外貨建て債務を60%近く減少させていることであろう。イギリス国籍の銀行の

外貨建て債務は2010年比で17%程度増加しており，2022年6月末時点で1兆7,700億ポンド相当である。そして2010年1月の約4,750億ポンド相当から，2022年6月末時点で約1兆2,210億ポンド相当まで2.5倍以上に増加させているのが，アメリカ国籍の銀行である。邦銀の外貨建て債務も2010年比で80%近く増加し，2022年6月末時点で約2,870億ポンド相当となっている。その他の先進国の銀行は2010年比で82%程度増加しており，2022年6月末時点で約9,800億ポンド相当まで増えている。外貨建ての債務を減らしているのは，EU国籍の銀行のみである。

以上のように，EUからの離脱はイギリスでの国際銀行業務に対して，大きな支障となっていない。むしろ世界全体でのユーロ建て取引が縮小するなかで，ユーロ建て取引におけるイギリスへの依存度が高まっている可能性すらある。実際，BISの統計では，2016年においてユーロ建てのOTC金利デリバティブ取引の75%がロンドンで行われていたのに対し，2019年には実に86%まで高まっていたと指摘している。基本的に筆者自身は，バーゼルⅢにおけるOTCデリバティブの適格中央清算機関に対するリスク・ウェイトの優遇措置は，大手クリアリングハウスを抱えるイギリスに優位に働く可能性が高いと考えているが，ユーロ建て取引に対するユーロ圏の巻き返しの動きもみられる。こうした動きが，2021年末でLIBORの公表が停止されたことによる一時的な影響なのか，またはユーロ圏の急激な物価上昇（ひいては金利の上昇予想）に伴う金利デリバティブに対する需要の急拡大なのか，あるいはEUからの離脱によってイギリスがユーロ建て取引を中長期的に失いつつあるのかについての見極めは慎重な判断を要する。いずれにせよ，イギリスのEUからの離脱がロンドンひいては国際金融市場に与える影響については，今後も注視していく必要があるだろう。

5. おわりに

本章はここまでイギリスにおける自己資本比率規制と国際銀行業務との関係について検証してきた。国際銀行業務の拡大は国際的な自己資本比率規制であるバーゼル合意の必要性を生じさせ，そのバーゼル合意の導入・改訂が国際銀行業務のあり方を大きく変えていた。そしてイギリスはバーゼル合意の導入や改訂，金融危機などの機会をとらえて，国際銀行業務の中心地としての地位を築いてきた。

EU からの離脱が国際金融市場としてのイギリスにネガティブな影響を与える可能性を筆者も感じていたが，現時点では大きな支障を与えていない。ただし，EU 離脱後の最大の焦点であるイギリスの金融規制や監督政策に対する EU による同等性評価は現在進行形の問題である。EU の金融商品市場規則（MiFIR）第 23 条は，EU の顧客が EU の取引場所，組織的内部執行業者（SI），域外の同等の取引場所のいずれかで取引を執行しなければならないと規定している。現状，イギリスの取引所等は同等と認められているが，これは混乱を避けるために移行期間が設けられているためである。イギリスの金融規制や監督政策に対する EU による同等性評価の問題をめぐっては，イギリス側は既に 2020 年 11 月 9 日付で EU の同等性を承認している。

しかしながら，EU 側が同等性を認めるかについては不透明もしくは悲観的な報道が多く占める。例えば，Parker *et al.*（2021）は，EU 側（とくにフランス）はユーロ建て取引の清算を域内で行うべきとの立場である一方，ドイツが追加的なコスト面で難色を示していると報じている。一方で，EU は 2021 年 1 月 27 日にアメリカの金融規制が EU の規則と同等であると決定したことを発表し，アメリカの清算機関が EU 全体で運用可能になった[10]。また EU 離脱後にロンドンでのユーロ建てスワップ取引が急減しており，1 月の株式の取引高でアムステルダムがロンドンを上回ったことも報じられている[11]。2021 年 3 月 26 日には「イギリス・EU 共同金融規制フォーラム」を新たに設置するなど，金融サービス分野での不確実性を提言するための協力は図られているが，同等性評価の問題は予断を許さない[12]。実際，BIS の OTC 金利デリバティブ取引に関する統計データでは，ユーロ建て取引に関するドイツやフランスの取引高が急増する動きが確認されている。

また LIBOR の公表停止については，既に各主要通貨の発行国で無リスクの金利指標の公表が始まっている。LIBOR は主要通貨の指標金利がロンドン時間の午前 11 時に決定されてきたため，各国が公表する現在の金利指標では通貨間で時差が生まれることが懸念される[13]。金利スワップなど変動金利が関連する取引の契約について，OTCデリバティブの債権残高の動向をみる限り，本書執筆時点では大きな変動は生じていないが，イギリス（ロンドン）がこれまでどおり中心地であり続けられるのかは不透明である。

EUからの離脱とLIBORの公表停止がイギリスの国際銀行業務ひいては国際金融市場に与える影響については，継続的な調査が必要である。しかしながら，バーゼルⅢの導入によって大幅な規制強化を図る一方で，OTCデリバティブにおける適格中央清算機関の利用促進がロンドンクリアリングハウスにとって有利に働いたり，リングフェンス構造がむしろ国際銀行業務の自由度を高めている可能性があったり，イギリスが非常にしたたかな対応をしているようにみえるのは確かである。

イギリスにおける自己資本比率規制は国内的には不動産バブルを防げなかったが，自己資本比率規制の導入後の歴史的展開でみれば，金融のグローバル化をうまく自国の利益につなげてきたといえるだろう。悪く言えば自国への利益誘導といえるが，見方を変えればデリバティブ等の提供を通じて国際銀行業務に係るリスクを引き受けた当然の報酬を受け取っているともいえる。そしてリスクを引き受けるために高い水準の自己資本比率規制を求めてきたといえるのではないだろうか。

注

1　本項の以下の内容は，基本的に太田（2019）に依拠している。

2　BarclaysやUBSが関わったLIBORスキャンダルの詳細については太田（2019）を参照されたい。

3　ただし，利用者の多いドル建てLIBORについては2023年6月末まで一部の金利を公表し，ポンドと円のLIBORについても2022年末までは参考指標を公表する予定である。

4　ただし，Degryse *et al.*（2019）は銀行との高いリレーションシップを築いていた借手は，低いリレーションシップの取引相手よりも求められる担保が4～9%低かったことを指摘している。そのうで，Degryse *et al.*（2019）はリレーションシップバンキングが担保に関する意思決定の重要な原動力となることを実証している。

5　バーゼル合意における国債のリスク・ウェイトの問題については北野（2016）を参照されたい。

6　2016年にイギリスのシェアが急減し，アメリカにトップを奪われたのであるが，その理由についてBISは2つの理由をあげている。1つはドル安の影響で，他の通貨のドル建ての取引額が目減りしたことである。もう1つは金利関連の店頭デリバティブの取引高についての調査開始以来，常にユーロが最大の取引通貨であったが，2016年にはドルが最大の取引通貨となったことである。BISによると，ドル建ての取引は2013年の6,390億ドルから2016年の1兆4,000億ドルへ急増したのに対し，ユーロ建ての取引は2013年の1兆1,000億ドルから2016年の6,380億ドルへ急減した。詳細については，Monetary and Economic Department（2016）および（2019）を参照されたい。

7　ロンドンクリアリングハウスは2008年にリーマンブラザーズが抱えていた想定元本にして9兆ドルもの金利スワップ取引に成功したという。またインターコンチネンタル取引所はアメリカの大手取引所であるが，世界6か所にあるクリアリングハウスのうち半分近い収益をロンドンになるICE Clear Europeが稼ぎ出している。

8　ただし，イギリス国内においてはリテール分野や中小企業金融での大手銀行による寡占状態が問題視されており，フィンテック企業の成長を後押しする大きな背景にもなっている。詳細については井上・小松（2017）を参照されたい。

9　Independent Committee on Banking（2011）によると，リングフェンス構造の導入によって影響を受ける銀行はシティの約14～16%を占めるだけであり，ヒストリカルデータでみてもイギリスの銀行による投資銀行業等の成功とシティの成功との間に相関はみられないとしている（p.146）。

10　Boscia（2021）を参照されたい。

11　Willem（2021）参照。ただし，Willem（2021）は，シティの関係者の声として，EUの規則との同等性の欠如はよりグローバルな市場に対するアピールになるという強気な声も紹介している。

12　詳細については尾崎（2021）を参照されたい。

13　詳細については太田（2019）を参照されたい。

終　章

本書のまとめと今後の課題

1. 本書のまとめ

本書ではここまで8章にわたって，イギリスにおける銀行業と自己資本比率規制との関係について検証してきた。その内容を振り返っておこう。

まず第1章では，個人銀行から無限責任制の株式会社銀行，有限責任制の株式会社銀行という銀行業の発展の歴史を考察し，銀行業の形態の変化が自己資本の役割を低下させ，自己資本比率の低下も招いたことを確認した。自己資本比率の低下傾向は，イングランド銀行が中央銀行としての役割を果たすようになると，拍車がかかった。その大きな要因として，自己資本の増加率を預金債務の増加率が上回っていたことを指摘できた。そして自己資本比率規制という形で自己資本充実を銀行に求めることは，預金債務の増加率の抑制に結び付くことを明らかにした。

第2章では，イギリスにおける自己資本比率規制の導入過程の議論を考察し，第二銀行危機を直接的な契機としつつ，銀行に対する監督権限の問題や，インフレ率の高進など金融構造の変化に対する対応手段として，自己資本比率規制が選ばれた側面があることを指摘した。そして実際に，導入された80年基準は不動産関連の資産に対する高いリスク・ウェイト，投資リスクの観点から国債に対する相対的に高いリスク・ウェイトを課すなど，の特徴を有していた。

第3章では，80年基準導入後の改訂の動きと，銀行業の変化について考察した。銀行業のオフバランス業務の拡大や，証券業務への進出などの変化に合わせて，80年基準は変化し，1987年の米英合意にも大きな影響を与えた。さらに米英合意は1988年に成立したバーゼルⅠに大きな影響を与えていた。イギリスにおけるバーゼルⅠの適用基準である88年基準は，永久劣後債を Tier 2 として認めさせるなど国益を優先させたようにみえる一方で，自国の国債にも0%でないリスク・ウェイトを設定するなど相対的に厳しい基準となっていた。実際，1989年から早期に適用を始めた結果，いきなりLloydsが基底線である8%を割り込むなど，必ずしも自国の銀行に有利な条件ではなかったといえる。

第4章では，イギリスにおけるバーゼルⅠ導入以後の改訂等の動きと，銀行の経営行動，および金融危機について検証した。イギリスの銀行においては非金利収益の割合を高める一方で，リテール部門とりわけ家計向けの有担保貸出の割合を高め，結果的に不動産バブルを後押しする形となり，金融危機につながった。イギリス国内での視点に立つと，80年基準から88年基準（バーゼルⅠ）への改訂において住宅ローンのリスク・ウェイトが軽減されていたことが指摘できた。

第5章では，イギリスにおけるバーゼルⅢの導入過程と，銀行の対応状況について現時点でのデータから検証した。イギリスの銀行は，バーゼルⅢで求められているコアTier 1比率，総自己資本比率，流動性カバレッジ比率，レバレッジ比率というすべてを高い水準で満たしている一方で，収益性は低下していた。金融危機への反省から銀行の過度な収益性が戒められるのは当然ともいえるが，収益性を高めることはコアTier 1比率を高めるための前提でもあるため，このジレンマにどのように対応するかは今後も模索されるのであろう。またバーゼルⅢへ対応するなかで，銀行の預貸率が低下する一方で，総資産に対する住宅ローンの割合は維持もしくは増加する傾向がみられた。バーゼルⅢは住宅ローンについて，LTVにもとづく可変的なリスク・ウェイトを採用されており，結果的に住宅ローンのリスク・ウェイトはさらに軽減されている可能性がある。言い換えると，バーゼルⅢの仕組み自体は不動産バブルに対して抑制的に働く保証がない。もちろんバーゼルⅢとしてカウンターシクリカル・バッファーとレバレッジ比率規制によって，バーゼルⅠやバーゼルⅡほど無尽蔵に資産を膨らませることはできないが，マクロプルーデンス政策との整合性をどのようにとっていくかが重要となるのであろう。

第6章は自己資本比率規制を導入した後，イギリスにおいて銀行に対する規制監督体制がどのように変化し，現在のFPCを頂点とするツインピークス・アプローチ・モデルがどのようにとらえられるかを検証した。イギリスにおける銀行に対する規制監督体制は，自己資本比率規制や銀行業の変化にあわせて，業態別アプローチもしくは機能別アプローチから，FSA への統合アプローチへと変化した。FSA のような統合アプローチは，他国の規制監督体制にも影響を与え，バーゼルⅡが想定する規制監督体制のモデルにも影響を与えていたと考えられる。しかしながら，金融危機を防げなかった FSA は解体され，PRA と FCA からなるツインピークス・アプローチへ至った。ただし，ツインピークス・アプローチはいわば二重行政のようなものであるため，さまざまなリスクやコストも予想されている。またツインピークス・アプローチと言いながら，実質的にはマクロプルーデンスの観点から FPC がコントロールする体制ともいえ，イングランド銀行が物価の安定と金融システムの安定とのジレンマを抱える可能性も指摘できた。

第 7 章はソブリンリスクと自己資本比率規制との関係について，イギリスの経験から検証を試みた。バーゼル合意では銀行が自国の国債を保有する際のリスク・ウェイトを 0% もしくは，非常に低いリスク・ウェイトでの設定を可能としたが，イギリスでは80年基準の導入以来，公的部門向けエクスポージャーに対して一貫して一定程度のリスク・ウェイトを課していた。その背景には，インフレが高進する環境下で，国債の価格が下落するリスク（金利リスク）が意識されたこともあるが，より本質的には国債管理政策も担うイングランド銀行にとって民間の銀行による国債の保有が，マネーストックのかく乱要因になっていたことが考えられる。実際，イギリスにおいては自己資本比率規制の導入後，銀行部門による公的部門向けエクスポージャーが大きく減少した。ただし，国債にリスク・ウェイトを課すことの影響を考察する際は，政府による財政再建への取り組みもセットで考える必要があることを，イギリスの経験から読みとることができた。なお，金融危機後はリスク管理の観点から銀行間市場でも有担保取引が増加しており，銀行による国債の保有動機が一定程度高まっている。流動性規制を課しているバーゼルⅢの導入後はさらにその傾向が強まっているといえる。

第 8 章では，イギリスにおける国際銀行業務と自己資本比率規制との関係を検証した。国際金融センターであるロンドンを有するイギリスは，銀行業務のオフバランス化が進めばデリバティブ取引の中心地になり，その経験にもとづいてバーゼル合意に反映させるなど，自己資本比率規制と国際銀行業務が相互に影響しあうなかで，現在の地位を築いたといえる。今後のイギリスの懸念材料である LIBOR の公表停止と EU からの離脱の影響を見極めるにはもう少し時間が必要であるが，バーゼルⅢにおける適格中央清算機関に対するリスク・エクスポージャーへの自己資本賦課を優遇する措置は，現時点でのデータからはイギリスにとって優位に働いているようにみえる。

ここまでの内容だけみても，住宅ローンに対するリスク・ウェイトの優遇措置がイギリスの不動産バブルに結びついていたり，バーゼルⅠからバーゼルⅡに至る改訂についてはアメリカ主導であったり，必ずしもイギリスがバーゼル合意ひいては自己資本比率規制全般をうまくコントロールしてきたと思わない。しかしながら，国債に対するリスク・ウェイトの設定による国債管理政策との整合性の確保や，不動産バブルという副作用も伴いつつも国内リテール業務への回帰，国際金融センターの地位と経験を活用した貢献と報酬，など全体としてみれば，自国の課題解決にうまく自己資本比率規制を活用してきたといえるだろう。

なお序章の冒頭でバーゼル合意を学習指導要領に例えたので，ここでも少し考えてみたい。学習指導要領になぞらえると，バーゼルⅠは画一的な詰込みを教育のようなもので，各自の創意工夫を促すゆとり教育のようなことをやったのがバーゼルⅡであったが，学力（健全性）の低下を招いた反省から，もう一度学力の向上を目指しているのがバーゼルⅢという感じであろうか。いっそバーゼル合意も学習指導要領のように，10年に一度程度は必ず見直すことを前提にして，次期改訂に向けた動きを明示しても良いのかもしれない。

2. イギリスにおける銀行業，銀行の自己資本，および自己資本比率規制の歴史的展開

本書の内容をむすぶにあたって，本節では銀行業の発展と銀行の自己資本，そして自己資本比率規制の歴史的な展開について概観しておきたい。まず銀行業の発展と銀行の自己資本比率との関係について確認してみよう。本章でみて

表終–1　銀行業の形態的な発展と自己資本との関係における歴史的変遷

銀行業の発展	自己資本の意義	自己資本による制約	広義の自己資本
個人銀行	貸出の原資	貸出の総量	—
株式会社銀行（無限責任）	過渡期	過渡期	—
株式会社銀行（有限責任）			
金融自由化以前	預金債務に対する担保力	預金債務残高	非公表準備金
金融自由化直後	預金債務に対する担保力	資産の総量	—
自己資本比率規制導入後	不特定の損失の吸収	リスク・アセットの総量	一般貸倒引当金
			永久劣後債
			株式含み益 など
市場リスク規制導入以後	残余リスクの吸収	残余リスク	短期劣後債
バーゼルⅢ以後（レバレッジ比率規制含む）	残余リスクの吸収	残余リスク	—
	総資産の抑制	レバレッジ	

出所）筆者作成。

きた銀行業の発展段階と自己資本との関係は，表終–1で表すことができる。個人銀行にとって自己資本は貸出の原資であったが，銀行が株式会社化することで貸出の原資は他人資本（とくに預金債務）へと変化した。ただし，無限責任を負う株式会社銀行にとっては，経営者個人の信用力が問われる点において個人銀行と本質的な差は小さい。しかしながら，有限責任制が定着してくると，法人としての銀行自身の信用力が重視されるようになり，自己資本の充実が重要になってくる。一方で，イングランド銀行による中央銀行制度が確立してくると，最後の貸し手機能が銀行制度全体への信用力となり，個別銀行の自己資本充実は重要でなくなった。現在の感覚に照らし合わせればモラルハザードを生む仕組みであるが，個別銀行の自己資本を実質的に形骸化させることで経済成長に必要な資金を無尽蔵に提供できる銀行システムが完成した。

しかしながら，戦後の復興を経て経済成長が鈍化する一方で，インフレが高進するようになった経済環境の変化に対して，銀行のリスク・テイクを制約する必要が生じ，その手段として自己資本の充実が求められるようになった。また銀行自身の健全性を高める，もしくは破綻確率を低下させるため，銀行が保有する資産についてリスクを勘案する必要が生じ，リスク・ウェイト方式の自己資本比率規制が採用されるようになった。この段階で自己資本の役割は不特定の損失を吸収するために必要とされるようになった。

リスクを勘案した自己資本比率規制を課された銀行はリスク管理手法を開発し，より精緻にリスクを計測する能力を身に付け，それが市場リスク規制やバーゼルⅡで反映されるようになった。統計的なリスク管理手法にもとづいて期待損失は貸倒引当金等で対応し，残余リスクである非期待損失の吸収が自己資本の役割となった。金融危機を経て導入されたバーゼルⅢにおいて自己資本は，引き続き残余リスクを吸収するという役割を担う一方で，銀行の無尽蔵なリスク・テイクを制約するためにレバレッジ比率も課されるようになった。

以上の銀行業の発展と自己資本の変遷において，自己資本の範囲も徐々に広がっていったが，バーゼルⅢは基本的にコア Tier 1 を重視している。

本書は自己資本比率規制について分析してきたので，自己資本比率規制と，銀行業務および自己資本について，金融自由化からの動きに焦点を絞って検証してみよう。表終-2 は自己資本の意義を踏まえた上で，銀行業の変化と自己資本比率規制との関係をまとめたものである。金融自由化以前の銀行は伝統的な預貸業務を行っていたが，競争制限的な規制体系であったためレントを享受できていた。自己資本は形式的には預金債務に対する担保であり，イングランド銀行による預金債務に対する自己資本充実の指導もあったようであるが，最後の貸し手機能の下で自己資本の役割は形骸化していた。それが金融自由化を経て，伝統的な預貸業務を行う銀行も競争にさらされるようになり，破綻確率が高まったことを受けて，リスク・ウェイト方式の自己資本比率規制が課されるようになった。リスク・ウェイト方式の自己資本比率規制の導入は，銀行のオフバランス業務の拡大につながり，オフバランス業務も自己資本比率規制においてリスク計測の枠組みで捕捉するようになった。そして，金融ビッグバンを経て証券業務への進出を果たし，また統計的なリスク管理手法を導入した銀行に合わせるように，自己資本の役割が残余リスクの吸収へと変化し，市場リスク規制やバーゼルⅡの成立に至った。

こうした動きを踏まえて，バーゼルⅢが導入されている現在の状況を確認しておきたい。まず自己資本比率規制とは別に，投資銀行業務に対する制約が課されるようになっている。イギリスにおいてはリングフェンス構造が導入さ

表終-2　自己資本比率規制導入後の銀行業の展開と自己資本の役割の発展

時代区分	銀行業の変化	自己資本の意義	自己資本比率規制（意義）
金融自由化以前	預貸業務（非競争的）	預金債務に対する担保力	預金債務に対する自己資本充実（預金債務の増大に対する制約）
自己資本比率規制の導入	預貸業務（競争的）	不特定の損失の吸収	リスク・アセットに対する自己資本（資産の拡大に対する制約）
自己資本比率規制の展開（バーゼルⅠを含めた規制化）	オフバランス業務の拡大（リスクの定量化）	不特定の損失の吸収	リスク・アセットに対する自己資本（リスク・テイクに対する制約）
市場リスク規制の導入	銀行の証券業務への進出（統計的な市場リスク管理）	残余リスクの吸収	市場リスクに対する自己資本（残余リスクに対する制約）
バーゼルⅡの導入	リスク管理技術の向上（統計的な信用リスク管理）	残余リスクの吸収	残余リスクに対する自己資本（残余リスクに対する制約）
バーゼルⅢの導入	投資銀行業務に対する制約 流動性規制への対応 リスク管理手法利用の制約 量的な拡大に対する制約	残余リスクの吸収	残余リスクに対する自己資本（残余リスクに対する制約）
		リスク・テイクの抑制	リスク・アセットに対する自己資本（リスク・テイクに対する制約）

出所）筆者作成。

れ，銀行グループとして投資銀行業務は可能であるものの，RFB単体では投資銀行業務が禁止されている。RFBに関しては伝統的な預貸業務への本業回帰となっている。ただし，流動性カバレッジ比率規制や純安定調達比率規制が課されているため，資産変換機能が制約を受けており，現状のデータでも預貸率の低下がみられる。またそれらの制約を回避するために国債等の流動性の高い資産で運用する場合も，レバレッジ比率規制によって総資産が量的に規制されている。こうしたがんじがらめの状況で，総資産に占める住宅ローンの割合が維持もしくは増加していることは確認できたものの，イギリスの各銀行・各グループがどのような業務を重視していくかはもう少し今後の動きをみてみないとわからない。

ただし，本書での検証を踏まえて，以下の3つを結論として示しておきたい。1つには，バーゼルⅢは銀行のリスク・テイクについて量的・質的に大きな制約を課す形になっているが，これは本来イギリスが銀行のバランスシートの膨張を抑えようとした80年基準の導入目的の1つと整合している点である。オフバランス業務や証券業務への進出といった銀行業の変化の中で，自己資本の意義が不特定の損失や残余リスクの吸収へと収斂していったが，量的な制約というイギリスの視点からみれば原点回帰といえる。

2つ目には自己資本比率規制が単独では有効ではなくなり，流動性規制やレバレッジ規制と併用されるようになった点である。第1章で自己資本比率規制の導入は，歴史的に低下をし続けてきた銀行の自己資本比率の向上を目指す歴史的な転換であることを述べたが，バーゼルⅢの導入は自己資本比率規制だけでは不十分であることを明示した歴史的な転換であるといえる。自己資本比率規制とどのような規制を組み合わせていくべきか，ということが問われるようになったという点では新たな局面である。

最後の3つ目は，リングフェンス構造のような一種の業務分野規制が復活したことである。もちろん投資銀行業務を禁止されているのはRFBだけであり，銀行グループとして禁止されているわけではなく，イギリスにおいてはむしろ国際銀行業務の自由度が高まった可能性すらある。しかしながら，リスク・ウェイトを勘案しながら銀行が自由に資産選択を行い，そのリスクに見合った自己資本の充実度に責任を持つ，という自己資本比率規制の導入時から共有されてきた基本的な規制監督方針が大きく転換したことを意味する。

以上の3点でみても，バーゼルⅢは量的な制約という自己資本比率規制の原点回帰でありながら，流動性規制と組み合わせる新しい局面でもあり，かつ一種の業務分野規制という金融自由化以前の時代に逆戻りしたような局面でもある，という非常に複雑な様相である。ただし本書でみたとおり，我々は量的な制約としての役割を期待された時代の自己資本比率規制や，（もっと単純な形であったが）流動性規制との併用，そしてもちろん業務分野規制が課されていた時代を知っている。そうした歴史に学びながら，バーゼルⅢにおける銀行業の変化と帰結について，今後も継続的に検証していく必要がある。

3. 今後の課題

本書を終えるにあたり，今後の課題としていくつか触れておきたい。

本書でみてきたとおり，イギリスの自己資本比率規制は，1960年代～1970年代における金融構造の変化を受けて導入されたものであった。この期間の最も大きな金融構造変化として，1971年のニクソン・ショックによって金とドルとの交換性が停止し，金本位制が名実ともに終焉したことが挙げられるだろう。貨幣量もしくは貨幣価値に対する重要なアンカーであった金という象徴を失うなかで，何かしらの貨幣量に対する制約の1つとして無意識的に銀行の自己資本が選ばれたのではないか，というのが本書での研究を通して得られた筆者の直感である。残念ながら筆者の能力では学術的に証明できないが，少なくともイギリスでの80年基準導入前後のインフレ抑制と自己資本比率との議論からはそのように感じられた。もちろん第8章でみたとおり，金融危機前までクロスボーダー債権が拡大するなど，自己資本比率規制は通貨の膨張に対する歯止めにはなっていない。筆者自身，2008年にまとめた博士学位論文でバーゼルⅡが一定の自己資本さえ積めば，銀行が積極的にリスクをとってもよいかのような方向に向かっていることを懸念していた。ただし，本書でバーゼルⅢへの歴史を検証していくなかで，先進各国が成熟化して国内的には通貨の膨張が問題となる一方で，経済のグローバル化を前提に国際銀行業務が活発化してクロスボーダー債権が増加していったことは，ポジティブな側面が大きかったのであろうとも感じた。バーゼルⅢやリングフェンス構造等によって，銀行間でのクロスボーダー債権が激減している状況は，いよいよ国際的にも過度な通貨膨張を制限する段階にきているのかもしれない。そうした国際金融システムと自己資本比率規制との関係には十分に踏み込めなかった。

国際金融システムと自己資本比率規制との関係に十分踏み込めなかったということの関連では，シャドウバンキングシステムに対する論考も全くできていない。銀行のバランスシート上の自己資本から掘り起こした本書のスタイルでは，銀行以外の金融機関は議論の対象外とならざるを得なかったが，イギリスの第二銀行危機も今次の金融危機もシャドウバンキングシステムの問題から生じている。現在の規制監督当局の考え方は，シャドウバンキングシステムの影響をコアな銀行システムから隔離する方向であるが，シャドウバンキングシステムからの影響を完全に排除するのは難しいであろう。純粋に銀行の自己資本比率規制の研究をしていくとしても，シャドウバンキングシステムから受ける影響については検証していく必要があるだろう。

そしてシャドウバンキングシステムとの関係という意味では，フィンテックが銀行業に与える影響についても本書では全く検証できていない。筆者自身は，例えばキング（2019）の主張する内容を全面的に受け入れることには抵抗があるが，もし現在の技術をベースにゼロから金融業を作るとしたら，現在のような銀行にはならないという主張は個人的には大変興味深かった。フィンテックが銀行業を根底から変えてしまう可能性は否定できず，今後も検証していきたい。

今後の課題については書き始めるときりがないので，以上としたい。さまざまな課題や論証不足があることを承知しつつも，本書が金融機関論研究に少しでも貢献できていれば幸いである。

参考文献

アーマー，ジョン，ダン・オーレイ，ポール・デイヴィス，ルカ・エンリケス，ジェフリー・N・ゴードン，コリン・メイヤー，ジェニファー・ペイン（著），大久保良夫・高原洋太郎（監訳）(2020)『金融規制の原則』，金融財政事情研究会。

青木浩子（2003）『新バーゼル合意と資産証券化』有斐閣。

安部悦生（2003）「序章　問題の所在と概観」安部悦生（編）『金融規制はなぜ始まったのか』日本経済評論社，1-19 ページ。

池尾和人（1990）『銀行リスクと規制の経済学―新しい銀行論の試み―』東洋経済新報社。

――― (2000)「第 10 章　金融規制と制度改革」西川俊作（編）『経済学とファイナンス』東洋経済新報社，281-305 ページ。

――― (2006)『開発主義の暴走と保身―金融システムと平成経済―』NTT 出版。

石川達哉（2008）「国際比較で見る家計の貯蓄率と資金フローの動向―世界的な住宅ブーム終焉で基調は再び変わるのか？」，『経済調査レポート』，No.2008-04，ニッセイ基礎研究所。

井上貴子・小松啓一郎（監修）(2017)「英国におけるフィンテック（FinTech）の現状と中小企業の事業環境に与える影響」，日本貿易振興機構ロンドン事務所。

植田宏文（1998）「第 11 章　イングランド銀行」三木谷良一・石垣健一（編著）『中央銀行の独立性』東洋経済新報社，194-211 ページ。

太田康夫（2011）『バーゼル敗戦―銀行規制をめぐる闘い』日本経済新聞社。

――― (2019)『誰も知らない金融危機―LIBOR 消滅』日本経済新聞出版社。

岡本磐男（1988）『現代イギリスの金融と経済』東洋経済新報社。

尾崎翔太（2021）「英・EU が金融サービス規制協力の覚書締結，同等性認定にはなお時間も」『ビジネス短信―ジェトロの海外ニュース』ジェトロ HP 内（https://www.jetro.go.jp/biznews/2021/04/3b6047c5e9cd5ef6.html（最終閲覧日 2022 年 8 月 25 日））

香川保一・徳田博美・北原道貫〈編集代表〉(1995)『〈新版〉金融実務辞典』，金融財政事情研究会。

掛下達郎（2019）「英国リングフェンス銀行の源流と導入」『商学論叢』第 63 巻第 1・2 号，pp.1-22。

鹿児嶋治利（2000）「自己資本比率規制に関する一考察」，『商学論纂』，中央大学商学研究会，第 42 巻第 1・2 号，pp.1-44。

片岡尹（2002）「第 5 章　通貨制度の歴史」大阪市立大学商学部編『ビジネス・エッセンシャルズ　金融』有斐閣，pp.105-127。

川合一郎（1982）『川合一郎著作集第六巻　管理通貨と金融資本』有斐閣。

河村賢治（2010）「金融規制改革の方向性」『企業と法創造』第 6 巻第 3 号，pp.6-16。

北野友士（2007a）「銀行規制における自己資本比率規制の位置付け―イギリスを事例として―」『経営研究』第 58 巻第 2 号，pp.129-153。

――― (2007b)「銀行業の発展と銀行自己資本の意義―イギリスを事例として―」『経営研究』第 58 巻第 3 号，pp.55-73。

――― (2009)「イギリスの自己資本比率基準と国債のリスク・ウェイト―PSBR との関係を中心として―」『経済論集』第 6 号，pp.43-55。

――― (2010)「イギリスにおける自己資本比率規制の展開―80 年基準からバーゼル合意の適用まで―」『証券経済学会年報』第 45 号，pp.67-78。

――― (2012)「バーゼル合意導入後のイギリスにおける銀行行動」『証券経済学会年報』第 47 号，pp.194-199。

――― (2015)「イギリスにおける金融規制監督アプローチの変化と課題」『金沢星稜大学論集』第 48 巻第 2 号，pp.27–35。
――― (2016)「ソブリンリスクに対する自己資本比率規制の対応と影響―イギリスの経験から」『証券経済学会年報』第 51 号，pp.35–47。
――― (2017)「イギリスにおける金融構造の変化と自己資本比率規制の導入過程の検証―イングランド銀行アーカイブ資料に基づいて」『経営研究』第 67 巻第 4 号，pp.1–19。
――― (2021)「バーゼルⅢおよびリングフェンス構造の導入がイギリス金融業に与えた影響の検証」『経営研究』第 72 巻第 2 号，pp.37–59。
――― (2022)「イギリスにおける国際銀行業務と自己資本比率規制―LIBOR 公表停止への示唆―」OCU-GSB　Working Paper　No.202201。
木村和三郎（1935）『銀行簿記論』大阪商科大学経済研究会。
キング，ブレット（著），藤原遠・上野博・岡田和也（訳）(2019)『Bank 4.0　未来の銀行』東洋経済新報社。
金融庁・日本銀行（2018)「バーゼルⅢの最終化について」
クチンスキー，ペドロ・パブロ（著），渡辺敏（訳）(1990)『中南米債務―危機のメカニズムと打開策』，サイマル出版会。
グリーン，E（著），石川通達（監訳）・関哲行・長谷川哲嘉・松田英・安田淳（訳）(1994)『図説銀行の歴史』原書房。
桑原幹夫 (1972)「イギリス銀行業における経理公開および監査制度の形成」『會計』第 102 巻第 2 号，pp.49–63。
経済企画庁（1997)「金融制度改革が促進する世界経済の活性化―第 2 章金融制度改革」『年次世界経済報告』(http://wp.cao.go.jp/zenbun/sekai/wp-we97/wp-we97-00301.html（閲覧日 2004 年 12 月 9 日)。
小林襄治（2013)「英国の新金融監督制度とマクロプルーデンス政策手段」『証券経済研究』第 82 号，pp.21–39。
斉藤美彦（2000)「1990 年代のイギリス四大銀行」『証券経済研究』第 28 号，pp.1–20。
――― (2020)「リングフェンス銀行の形成と経営」『証研レポート』1721 号，pp.34–46。
須藤時仁（2003)『イギリス国債市場と国債管理』，日本経済評論社。
第一銀行（1970)「経理内容の公開に踏み切った英国銀行界―銀行に対する自由競争原理導入のきっかけとなるか」『第一銀行調査月報』第 22 巻第 4 号，pp.25–29。
玉野井昌夫（1968)「イギリスの金融構造と金融機関の競争」『金融経済』第 109 号，pp.1–9。
千葉準一（1991)『英国近代会計制度―その展開過程の研究』中央経済社。
津村常雄（1987)「イギリスの銀行監督強化」『東京銀行月報』第 39 巻第 11 号，pp.4–25。
都留重人（編）(1996)『岩波　経済学小辞典〈第 3 版〉』岩波書店。
鶴野史朗（編著）(1989)『欧米銀行の情報開示』商事法務研究会。
ドゥワトリポン，M. J・ティロール .（著），北村行伸・渡辺努（訳）(1994)『銀行規制の新潮流』東洋経済新報社。
鳥畑与一（1995)「米国国際銀行貸出監督法とバーゼル銀行監督委員会の自己資本比率規制の展開」，『法経研究』，第 43 巻第 4 号，pp.160–202。
中島将隆（1977)『日本の国債管理政策』東洋経済新報社。
西村閑也（監訳）日本証券経済研究所ロンドン資本市場研究会（訳）(1982)『ウィルソン委員会報告―英国の金融・証券機構と産業資金供給―』日本証券経済研究所。
日本銀行金融研究所（1995)『〈新版〉わが国の金融制度』日本銀行金融研究所。
日本銀行調査統計局『日本経済を中心とする国際比較統計』各号。
野村総合研究所（1986)『10 年後の世界経済と金融・資本市場』野村総合研究所情報開発部。

橋爪明男（1931）『英国の株式銀行』日本評論社。
バジョット，W.（著），宇野弘蔵（訳）（1899）『ロンバード街―ロンドンの金融市場―』岩波書店。
長谷川俊明（1980）『英国銀行法の焦点』東京布井出版。
春井久志（1991）「イギリスの金融自由化，1971-1990 年」『名古屋学院大学論集社会科学篇』第 27 巻第 4 号，pp.45-73。
――― （1998）「第 9 章　中央銀行制度の諸機能―その生成と発展―」三木谷良一・石垣健一（編著）『中央銀行の独立性』東洋経済新報社，160-178 ページ。
――― （2000）「イギリスの金融サービス機構と消費者保護」『証券経済研究』第 28 号，pp.97-109。
秀島弘高（2021）『バーゼル委員会の舞台裏―国際的な金融規制はいかに作られるか』金融財政事情研究会。
氷見野良三（2005）『［検証］BIS 規制と日本〈第 2 版〉』金融財政事情研究会。
藤沢正也・蕗谷硯児（1976）「イギリスの経済的危機―スランプ・フレーションの金融的アプローチ」『経済評論』日本評論社，pp.94-115。
藤田勉（2015）『グローバル金融規制入門―厳格化する世界のルールとその影響―』中央経済社。
増田誠（1989）「英国イングランド銀行の BIS 自己資本比率規制実施細則」『財経詳報』財経詳報社，1724 号，pp.16-19。
松浦一悦（2003）「イギリスにおける銀行規制と監督―1987 年イングランド銀行（BOE）法と 1998 年 BOE 法の考察を中心にして―」『社会科学』第 71 号，同志社大学人文科学研究所，pp.1-33。
みずほ総合研究所ロンドン事務所（2003）「英国リテール金融市場におけるパッケージ商品をめぐる規制改革」http://www.mizuho-ri.co.jp/research/economics/pdf/euro-insight/er0002.pdf（最終閲覧日 2007 年 9 月 17 日）。
みずほ証券バーゼルⅢ研究会（編）（2012）『詳解　バーゼルⅢによる新国際金融規制』中央経済社。
宮内敦至（2015）『金融危機とバーゼル規制の経済学―リスク管理からみる金融システム』勁草書房。
三輪悌三（1965）「イギリスの貨幣・金融制度の史的考察」，ヤッフェ（著）『イギリスの銀行制度』日本評論社，pp.1-80。
ヤッフェ，E.（著），三輪悌三（訳）（1965）『イギリスの銀行制度』日本評論社。
簗田優（2012）「イギリス金融規制改革のゆくえ」『証券レポート』第 1675 号，pp.63-78。
――― （2013）「金融危機下のイギリス金融市場」『信用理論研究」第 31 号，pp.49-59。
山浦久司（1993）『英国株式会社会計制度論』白桃書房。
山口和之（2014）「銀行の投資業務の分離をめぐる欧米の動向」『レファレンス』，国立国会図書館調査及び立法考査局，平成 26 年 3 月号。
山地秀俊（2000）「銀行の情報公開―国家責任の空洞化過程の一環として―」山地秀俊（編著）『日本型銀行システムの変貌と企業会計』神戸大学経済経営研究所，pp.1-21。
楊枝嗣郎（1982）『イギリス信用貨幣史研究』九州大学出版会。
横山昭雄（監修）（1989）『金融機関のリスク管理と自己資本』有非閣。
吉井一洋（編著）（2019）『詳説バーゼル規制の実務―バーゼルⅢ最終化で変わる金融規制』金融財政事情研究会。
ラインハート，M・カーメン，& ケネス・S・ロゴフ（著），村井章子（訳）（2011）『国家は破綻する―金融危機の 800 年―』，日経 BP 社。
若奈さとみ（2019）『巨大銀行のカルテ―リーマンショック後の欧米金融機関にみる銀行の未来』ディスカヴァー・トゥエンティワン。
渡部訓（2012）『バーゼルプロセス―金融システム安定への挑戦』蒼天社出版。

Aiyar, S., C. W. Calomiris, and T. Wieladek, (2015), " Bank Capital Regulation: Theory, Empirics, and Policy," *IMF Economic Review*, Vol.63, No.4, pp.955-983.

Aramonte, S. and W. Huang, (2019), "OTC derivatives: euro exposures rise and central clearing advances," *BIS Quarterly Review*, December 2019, pp.83–93.

Atlunbas, Y., S. Carbo, E. P. M. Gardener, and P. Molyneux, (2007), "Examining the Relationships between Capital, Risk and Efficiency in European Banking," *European Financial Management*, Vol. 13, No. 1, pp.49–70.

Balogh, T., (1950), *Studies in Financial Organization*, The Syndics of The Cambridge University Press, Cambridge.（西村閑也・藤沢正也（訳）(1964)『英国の金融機構』法政大学出版局）。

Bace, E., (2016), "Bank profitability: Liquidity, capital and asset quality," *Journal of Risk Management in Financial Institutions*, Vol.9, No.4, pp.327–331.

Bank of England, (1970), "Statistical annex," *Bank of England Quarterly Bulletin*, Vol.10, No.4, December, pp.490–499.

———, (1975a), "The supervision of the UK banking system," *Bank of England Quarterly Bulletin*, Vol.15, No.2, June, pp.188–194.

———, (1975b), "The capital and liquidity adequacy of banks," *Bank of England Quarterly Bulletin*, Vol.15, No.3, September, pp.240–243.

———, (1978), "The secondary banking crisis and the Bank of England's support operations," *Bank of England Quarterly Bulletin*, Vol.18, No.2, June, pp.230–239.

———, (1980), "The measurement of Capital," *Bank of England Quarterly Bulletin*, Volume20, No.3, September, pp.324–330.

———, (1981), "Foreign Currency Exposure," *Bank of England Quarterly Bulletin*, Vol.21, No.2, pp.235–237.

———, (1983), "British economic policy over the last decade," *Bank of England Quarterly Bulletin*, Vol.23, No.2, June, pp.194–199.

———, (1984a), *Foreign Currency Option*, April.

———, (1984b), "Funding the public sector borrowing requirement 1952–1983," Bank of England Quarterly Bulletin, Vol.24, No.4, pp.482–492.

———, (1986a), "The net debt of the public sector," *Bank of England Quarterly Bulletin*, Vol.26, No.1, pp.74–77.

———, (1986b), *Off-Balance-Sheet Business of Banks*, a consultative paper, March.

———, (1986c), *Subordinated Loan Capital Issued by Recognised Banks and Licensed Deposit-takers*, (BSD/1986/2), March.

———, (1986d), *Measurement of Capital*, (BSD/1986/4), June.

———, (1987a), "Convergence of capital adequacy in the UK and US," *Bank of England Quarterly Bulletin*, Vol.27 No.1, pp.85–86.

———, (1987b), "Agreed proposal of the United States Federal Banking Supervisory Authorities and the Bank of England on primary capital and capital adequacy assessment," *Bank of England Quarterly Bulletin*, Vol.27 No.1, February, pp.87–94.（全国銀行協会連合会（訳）(1987)「アメリカ合衆国連邦銀行監督機関およびイングランド銀行の一次資本および自己資本充実度評価に関する合意提案」『金融』全国銀行協会連合会，第480号，pp.20–26）。

———, (1988), "Implementation of the Basle Convergence Agreement in the United Kingdom", (BSD/1988/3), October.

———, (1991), "The performance of major British Banks, 1970–90," *Bank of England Quarterly Bulletin*, Vol.31, No.4, pp.508–515.

———, (1998), "The Bank of England Act," Bank of England Quarterly Bulletin, Vol.38 No.2, May, pp.93–99.

Bank of England Archive, "Banking Act: Discussions on Proposed Regulatory System," 7A204/1.

———, "Banks and Bankers: Service," 7A116.

———, "International Division Files: Capital Adequacy of the World Banking System," 6A229/1.

———, "International Discussion Papers: Capitalism," 8A162/1.

———, "The Small Monetary Model," 6A160/2.

———, "Review of Banking Statistics," 13A125.

The Bankers' Magazine, (1969), "Clearing Banks' 'True' profits, 1968." Number 1502, pp.281–283.

Barrella, B., D. Karima, A. Ventouri, (2017), "Interest rate liberalization and capital adequacy in models of financial crises," *Journal of Financial Stability*, No.33, pp.261–272.

Basel Committee on Banking Supervision, (1988), "International Convergence of Capital Measurement and Capital Standard," http://www.bis.org/publ/bcbsc111.pdf.

———, (1996), "Overview of The Amendment to The Capital Accord to Incorporate Market Risks," http://www.bis.org/publ/bcbs23.pdf（最終閲覧日 2007 年 6 月 19 日），(日本銀行仮訳『マーケット・リスクを対象とするための自己資本合意の改訂の概要』http://www.boj.or.jp/intl/97/data/bis9601a.pdf（最終閲覧日 2004 年 12 月 9 日)。

———, (1998), "International Convergence of Capital Measurement and Capital Standards (updated to April 1998)," Bank for International Settlement.

———, (2003), " Overview of The New Basel Capital Accord, " *Consultative Document*, http://www.bis.org/bcbs/cp3ov.pdf（最終閲覧日 2004 年 5 月 20 日），(日本銀行仮訳「『自己資本に関する新しいバーゼル合意』の概論」, http://www.boj.or.jp/intl/03/data/bis0304b1.pdf（最終閲覧日 2005 年 3 月 20 日))。

———, (2005), "International Convergence of Capital Measurement and Capital Standards– A Revised Framework," Bank for International Settlements Press & Communications.

———, (2006) "International Convergence of Capital Measurement and Capital Standards: A Revised Framework Comprehensive Version," Bank for International Settlement.

———, (2011), "Basel III: A global regulatory framework for more resilient banks and banking system," Bank for International Settlements.

———, (2013), "Basel III: The Liquidity Coverage Ratio and liquidity risk monitoring tools," Bank for International Settlements.

———, (2014), "Basel III: the net stable funding ratio," Bank for International Settlements.

———, (2015), "Consultative document: Interest rate risk in the banking book," Bank for International Settlements.

———, (2016), "Standards: Interest rate risk in the banking book," Bank for International Settlements.

———, (2017), "Basel III: Finalising post–crisis reforms," Bank for International Settlements.

BDO and DLA Piper, (2012), "The New Twin Peaks Model: A Report on the Financial Services industry's views on upcoming regulatory issues."

Board of Governors of the Federal Reserve System, (1987), "Statements to Congress," *Federal Reserve Bulletin*, Vol.73, No.6, June, pp.435–440.

Boscia, S., (2021), "EU opens up to US clearing houses in blow to City of London," *CITY A.M.* 27th January 2021 (https://www.cityam.com/eu-opens-up-to-us-clearing-houses-in-blow-to-city-of-london/?__twitter_impression=true（最終閲覧日 2021 年 3 月 11 日).

British Bankers' Association, (2012), *British Bankers' Association Banking Abstract*.

Britton, K., L. Dawkes, S. Debbage, and T. Idris, (2016), "Ring–fencing: what is it and how will it affect banks and their customers?" *Bank of England Quarterly Bulletin*, Vol.56, No.4, pp.164–

172.

Brock, K. S., (1978), "Capital Requirement for Commercial Banks: A Survey of the Issues," DM/77/127.

Breuer, P., (2002), "Measuring off-balance-sheet leverage," *Journal of Banking & Finance*, No.26, pp.223-242.

Buncica, D. and M. Melecky, (2013), "Macroprudential stress testing of credit risk: A practical approach for policy makers," *Journal of Financial Stability*, No.9 pp.347- 370.

Butler, C. and R. Clews, (1998), "Money market operations in the United Kingdom," Bank for International Settlement. (https://www.bis.org/publ/confp03c.pdf).

Casu, B., F. di Pietro, and A. Trujillo-Ponce, (2019), "Liquidity Creation and Bank Capital," Journal of Financial Services Research, No.56, pp.307-340.

Caruana, J., (2013), "Foreword," *Proceedings of a seminar on sovereign risk including contributions by central bank governors and other policy-makers, market practitioners and academics* Basel, 8-9 January 2013.

Clark, R. J., (1970), "The Evolution of Monetary and Financial Institutions," David R. Croome and Harry G. Johnson, Money in Britain 1959-1969, Oxford University Press, pp.131-149, London.

Committee of London Clearing Bankers, (1978), T*he London Clearing Banks, Longman Group Limited, London.*

Committee on Payment and Settlement System, (2006), "Cross-border collateral Arrangements," Bank for International Settlement.

Dale, R., (1984), The Regulation of International Banking, Woodhead-Faulkner, Cambridge.

Degryse, H., A. Karapetyan, and S. Karmakar, (2019), "To ask or not to ask: bank capital requirements and loan collateralization," *Staff Working Paper* No. 778, Bank of England.

Deloitte, (2012), "Changing the domestic supervisory architecture in Europe: Scaling the peaks," (有限責任監査法人トーマツ（訳）「欧州における国内監督体制の改革—頂上を極める—」)

Figuet, J. M., T. Humblot, and D. Lahet, (2015), "Cross-border banking claims on emerging countries: The Basel III Banking Reforms in a push and pull framework," *Journal of International Financial Markets, Institutions and Money*, Elsevier, vol. 34(C), pp.294-310.

Financial Services Authority, (2000), *A new regulator for the new millennium.*

———, (2005), *Basel 2/CRD implementation in other jurisdictions and the FSA's work in EU and Global Committees.*

———, (2009), "The Turner Review: A regulatory response to the global banking crisis."

Fratianni, M. and J. C. Pattison, (2015), "Basel III in Reality," *Journal of Economic Integration*, Vol.30, No.1, pp.1-28.

Gilbody, J., (1988), *The UK Monetary & Financial System: An introduction*, Routledge, London.

G'omez, F. and J. Ponce, (2019), "Regulation and Bankers' Incentives," Journal of Financial Services Research No.56, pp.209-227.

Gowland, D., (1990), The Regulation of Financial Markets in the 1990s, Edward Elgar, Worcester. (ゴーランド，D（著），井澤裕司・筒井義郎・平山健二郎・福田充男・森伸宏（訳）(1992)『1990年代の金融規制』有斐閣)。

Grossman, R. S., (2002)," Fear and Greed: The Evolution of Double Liability in American Banking 1865-1930," Weatherhead Center for International Affairs. (http://www.wcfia.harvard.edu/seminars/pegroup/grossman.pdf（最終閲覧日 2007 年 4 月 16 日)).

Group of Thirty (2009), "The Structure of Financial Supervision: Approach and Challenges in a

Global Marketplace."

Hall, M. J. B. (1990), "The Bank for International Settlements Capital Adequacy 'Rules': Implications for Banks Operating in the UK," The Service Industries Journal, Vol.10, No.1, pp.147–171.

Hannoun, H., (2011), "Sovereign risk in bank regulation and supervision," Financial Stability Institute High–Level Meeting Abu Dhabi, UAE, 26 October 2011.

Hasan, I., S. J. Kim, E. Wud, (2015), "The effects of ratings–contingent regulation on international bank lending behavior: Evidence from the Basel 2 Accord," *Journal of Banking & Finance* No.61 pp. S53–S68.

Hawtrey, R. G., (1962), *A Century of Bank Rate: Second edition*, Frank Cass & Co. Ltd, London.（英国金融史研究会（訳）（1977）『金利政策の百年』東洋経済新報社）。

Heffernan, S., (2005), *Modern Banking*, John Wiley & Sons, Ltd.

Hills, S., R. Thomas, and N. Dimsdale, (2010), "The UK recession in context – what do three centuries of data tell us?" Bank of England Quarterly Bulletin, Vol. 50, No.4, pp.277–291.

HM Treasury, (2011), "A new approach to financial regulation: building a stronger system."

Hoare's Bank, (1955), *A Record 1672–1955: The Story of a Private Bank*, Collins Clear–Type Press, London.

Holgate, H. C. F., (1948), *English Bank Accounting: and Its Historical Background*, Staples press, London.

Independent Committee on Banking, (2011), *Final Report, recommendations.*

Jackson, P., (1995), "Risk measurement and capital requirement for banks," *Bank of England Quarterly Bulletin*, Vol.35 No.2, May, pp.177–184.

——— and W. Perraudin, (1998), "Testing value–at–risk approaches to capital adequacy," Bank of England Quarterly Bulletin, Vol.38 No.3, August, pp.256–265.

Jones, G., (1993), *British Multinational Banking 1830–1990*, Clarendon Press, Oxford.

Kapstein,E.B. (1991), "Supervising international banks: origins and implications of the Basle Accord," Essays in International finance, No.185, Princeton University, New Jersey.

Kochan, N., (2005), "Financial Services Authority: Too much of a good thing?" *The Banker,* Vol.155, No.953, pp.26–30.

Llewellyn, D., (1999), "The Economic Rationale for Financial Regulation," *FSA Occasional Paper.*

McCauley, R., P. McGuire, and P. Wooldridge, (2021), "Seven decades of international banking," *BIS Quarterly Review*, September 2021, pp.61–75.

Meeks, R., (2017), "Capital regulation and the macroeconomy; Empirical evidence and macroprudential policy," European Economic Review, No.95, pp.125–141.

Milia, M., J. M. Sahutb, H. Trimechec, F. Teulon, (2017), "Determinants of the capital adequacy ratio of foreign banks'subsidiaries: The role of interbank market and regulation," *Research in International Business and Finance*, No.42, pp.442–453.

Monetary and Economic Department, (2013), "Sovereign risk: a world without risk–free assets?" BIS Papers No.72.

———, (2016), "Triennial Central Bank Survey of foreign exchange and OTC derivatives markets in 2016," Bank for International Settlements.

———, (2019), "Triennial Central Bank Survey of foreign exchange and OTC derivatives markets in 2019," Bank for International Settlements.

———, (2022), "Triennial Central Bank Survey of foreign exchange and Over–the–counter (OTC) derivatives markets in 2022," Bank for International Settlements.

Munn, G. G.; F. L. Garcia., (1983), *Encyclopedia of Banking and Finance: Eighth Edition*, Bankers

Publishing Company, Boston.
National Board for Prices and Incomes, (1967), "Bank Charges," Report No. 34.（金融経済研究所（訳）（1968）「物価・所得委員会報告　第 34 号：銀行手数料」『金融経済』第 109 号，pp. 21–96)。
Nuoy, D., (2012), "Is Sovereign risk properly addressed by financial regulation?" Banque de France, Financial Stability Review, No. 16, April 2012.
OECD, (1980), *Cost and Margins in Banking, An International Survey*, Paris.
———, (1987), *Historical Statistics 1960–1985*, Paris.
Offiong, A. I., H. B. Riman, and E. S. Akpan, (2016), "Foreign exchange fluctuations and commercial banks profitability in Nigeria," *Research Journal of Finance and Accounting*, Vol.7, No.18, pp.121–126.
Parker, G., J. Brunsden, and M. Dickie, (2021), "EU 'not punishing' UK financial sector, London envoy insists," *The Financial Times*, 20th January 2021.
（https://www.ft.com/content/d6dd6f88-410e-4ced-923d-dc01b29dcb6f（最終閲覧日 2021 年 2 月 12 日）
Park, S. and Y. H. Kim, (2018), "International policy coordination for financial regime stability under cross-border externalities," *Journal of Banking & Finance*, No.97, pp.177–188.
Remolona, E., M. Scatigna, and E. Wu, (2007), "The dynamic pricing of sovereign risk in emerging markets: fundamentals and risk aversion,"（http://www.bis.org/repofficepubl/arpresearch_fs_200612.02.pdf（最終閲覧日 2015 年 5 月 27 日）.
Prudential Regulation Authority, (2015), "Implementing a UK leverage ratio framework," Policy Statement 27/15, Bank of England.
———, (2016), "CRD IV: Liquidity," Policy Statement 15/16, Bank of England.
———, (2013), "Implementing CRD IV: capital buffers," Polity Statement 3/14, Bank of England.
Richards, R. D., (1965), *The Early History of Banking in England*, Frank Cass & Co. Ltd, London.
Roll, E., (1993), "Independent and Accountable: A New Mandate for the Bank of England," Report of an Independent Panel, Center for Economic Policy Research.
Sayers, R. S., (1957), *Lloyds Bank in The History of English Banking*, Oxford University Press, London.（東海銀行調査部（訳）（1963）『ロイズ銀行―イギリス銀行業の発展―』東洋経済新報社)。
———, (1976), *The Bank of England 1891–1944 Volume 1, Volume 2, Appendixes*, Cambridge University press, Cambridge.（西川元彦（監訳），日本銀行金融史研究会（訳）（1979）『イングランド銀行（上）（下）』東洋経済新報)。
Sclip, A., C. Girardone, and S. Miani, (2017), "Large EU banks' capital and liquidity: Relationship and impact on credit default swap spreads," The British Accounting Review, No.51, pp.438–461.
Solomon, S., (1995), *The Confidence Game*, Simon and Schuster.
Temesvary, J., (2015), "Foreign activities of U.S. banks since 1997: The roles of regulations and market conditions in crises and normal times," *Journal of International Money and Finance* No.56, pp. 202–222.
Vo, L. H., (2015), "Lessons from the 2008 Global Financial Crisis: Imprudent Risk Management and Miscalculated Regulation," *Journal of Management Sciences*, Vol. 2, No.1, pp.205–222.
Wadsworth, J. E., (1973), *The Banks and the Monetary System in the UK 1959 – 1971*, Butler & Tanner Ltd, London.
Watt, M., (2015), "BCBS Reviews Sovereign Risk Weights for Banks," *The Banker*, April 2015, pp.32–34.
Willems, M., (2021), "London experiences massive drop in Euro swaps trading post-Brexit," *CITY*

A.M. 11th February 2021（https://www.cityam.com/london-experiences-30-per-cent-drop-in-euro-swaps-trading-post-brexit/（閲覧日 2021 年 3 月 11 日）.

索　引

著者紹介

北野友士（キタノ　ユウジ）

大阪公立大学経営学研究科・商学部准教授。1974年生まれ。大阪府出身。1999年に神戸大学経営学部会計学科（夜間主コース）卒業。民間企業勤務を経て，2003年に大阪市立大学（現大阪公立大学）大学院経営学研究科前期博士課程入学，2008年に後期博士課程修了。博士（商学）。2008年4月よりノースアジア大学（旧秋田経済法科大学）経済学部専任講師，2011年4月より金沢星稜大学経済学部准教授，2017年4月より桃山学院大学経済学部准教授を経て，2020年4月より現職。2013年4月より「金融経済教育を推進する研究会」（日本証券業協会）研究委員，2018年4月より日本FP学会幹事を歴任。

［主な研究業績］

著書：『危機の中のEU経済統合―ユーロ危機，社会的排除，ブレグジット―』（2018年，文眞堂），『EU経済入門』（2019年，文眞堂）（いずれも分担執筆）

論文：「バーゼルⅢおよびリングフェンス構造の導入がイギリス金融業に与えた影響の検証」（2021年，『経営研究』大阪市立大学経営学会），「金融リテラシーによる階層別の情報発信が家計の予想に与える影響の検証」（2021年，『証券経済学会年報別冊』），「地域金融機関による経営者教育が企業経営に与える影響の検証」（2019年，『信金中金月報』）。

受賞歴：第6回「FP向上のための小論文コンクール」最優秀賞（2015年，日本FP協会），「第15回金融教育に関する小論文・実践報告コンクール」奨励賞（2018年，金融広報中央委員会）

イギリスにおける銀行業と自己資本の展開
―自己資本比率規制に対する歴史的検証―

2023年3月16日　第1版第1刷発行　　検印省略

著　者　北　野　友　士
発行者　前　野　　　隆
東京都新宿区早稲田鶴巻町533
発行所　株式会社　文　眞　堂
電　話　03（3202）8480
FAX　03（3203）2638
http://www.bunshin-do.co.jp
郵便番号（162-0041）振替00120-2-96437

印刷／製本・美研プリンティング

定価はカバー裏に表示してあります
ISBN978-4-8309-5210-4　C3033